JN426012

Beverage, Culture & Business Manners

Choi In Sub

HyunWooSa

머 리 말

레드와인은 가슴에 품고 마신다는 말이 있듯 우리는 음료를 음용함으로 마음과 육체의 에너지를 얻고 따스한 위안을 받는다. 이러한 음료가 가지는 육체적 또는 정신적 기능 외에 음료는 커뮤니케이션의 중요한 매개체이면서도 다양한 문화적인 컨텐츠를 가지고 있다.

또한 세계화에 따라 각국의 식음료 문화를 접할 기회가 많아지고 사교적인 모임과 비즈니스에서 음료에 대한 매너와 상식은 각개인의 문화적 기호와 교류에 중요함을 더해가고 있다.

과거 국내 생산의 주류나 기호음료를 선호하던 소비자들의 니즈가 SNS속의 다양한 정보와 만남 속에서 그간 알지 못했던 새로운 음료에 대한 니즈를 증폭시키고 있다. 이에 외식 및 식음료 산업은 새로운 형태의 업종 탄생과 업종에 종사할 전문성을 가진 다양한 형태의 음료전문가를 필요로 하고 있다.

이에 본서에는 호텔경영 및 관광경영학을 전공하는 학생 또는 비전공 학생 그리고 식음료 관련 종사원이나 일반인 등에게 필요한 음료(Beverage)에 대한 내용을 가능하면 쉽게 핵심된 부분만 다루려고 노력하였다.

전반부에서는 음료에 대한 이해를 돕기 위해 우리가 일상에서 접하는 청량음료, 영양음료, 그리고 기호음료인 커피와 차 등에 대하여 기술하였다. 중반부에서는 맥주, 막걸리, 와인 등 주요 발효주를 중심으로 다루었으며, 끝부분에서는 다양한 증류주, 혼성주, 칵테일 그리고 비즈니스와 문화 등에 대하여 다루었다.

본서의 각 장에는 재미있는 음료 비즈니스 사례와 문화 그리고 역사 등에 대한 살아있는 정보와 이야기를 삽입하여 조금은 이론적인 교재를 탈피하도록 노력하였다.

끝으로 본서의 출판을 도와주신 주신 도서출판 현우사 배영환 사장 이하 관계직원들에게 깊은 감사의 말씀을 드립니다.

2017년 1월

최인섭

목 차

Chapter5

맥주

Chapter6

전통주

Chapter7

와인의 개요와 품종

Chapter8

와인의 제조 과정과 등급

Chapter9

구세계 와인

Chapter10

신세계 와인

Chapter11

와인 시음과 보관

Chapter12

증류주

Chapter13
혼성주

Chapter14
칵테일

Chapter15
비즈니스와 문화

Chapter 01

음료의 개요

01 음료의 정의

인간의 몸에 수분은 남녀에 따라 상이하나 20~30대 남성의 경우 70%에서 노화가 진행되며 노인의 경우 50%까지 내려가는데 몸속의 수분은 혈액과 뇌, 신장, 폐 등 장기와 근육의 많은 부분을 구성하고 있다. 인간이 활동하는 데 있어서 없어서는 안 될 필수적인 물의 부족은 탈수증세와 혈액순환 문제 및 면역력을 감소시킨다. 인간이 몸의 수분 균형을 유지하기 위해 마셔야 하는 물의 양은 몸무게의 차이에 따라 다르나 자신의 몸무게에 0.03을 곱해주면 되는데 보통 70kg 성인의 경우 약 2리터의 수분이 필요하다. 이와 같이 인간의 생명과 밀접한 관계를 가지고 수분을 공급하고 있는 것이 음료(Beverage)이다. 그러나 현대인들은 여러 가지 공해로 인한 수질오염 등으로 인하여 순수한 물을 마실 수 없게 됨에 따라 다양한 음료가 등장하게 되었고 그 중요성은 날로 더해가고 있다.

여기서 음료(Beverage)란 사람이 마실 수 있도록 만든 액체를 통틀어 이르는 것을 말하는데 뇌신경에 작용하여 자극을 주거나 은근한 영향을 미치는 물질, 즉 카페인 · 알코올 · 니코틴 등이 함유된 것을 포함하여 일컫는다.

음료라고 하면 한국인들은 주로 비알코올성 음료만을 인식하고 알코올성 음료는 술이라고 따로 구분해서 생각을 하지만 일반적으로 음료란 알코올성, 비알코올성 음료를 포함한, 마시는 것을 통칭 음료(Beverage)라 하며, 어떤 의미에서는 알코올성 음료로 더 짙게 표현되기도 한다.

[(스)아라니아 동굴의 벌꿀을 채취하는 여인] [주신 Bacchus – 까라바조(Caravaggio) 그림]

02 음료의 분류

탄산음료	무탄산음료	영양음료	양조주	증류주	혼성주

음료는 일반적으로 알코올 함유의 유 · 무에 따라 알코올성 음료(Alcoholic Beverage)와 비(非)알코올성 음료(Non-alcoholic Beverage)로 구분하며, 알코올성 음료는 제조방법에 따라 양조주, 증류주, 혼성주로 나누고, 비알코올성 음료는 청량음료, 영양음료, 기호음료로 분류하며, 기능성 음료를 추가하여 분류하기도 한다.

여기에서 주류에 대하여 부과되는 「주세법」 제1조, 동법 제3조 내용을 보면 '주정(酒精)과 알코올분 1도 이상의 음료인 주류에 대하여는 주세를 부과한다. 주류의 종류는 주정, 발효주류로서 탁주 · 약주 · 청주 · 맥주 · 과실주, 증류주류로서 소주 · 위스키 · 브랜디 · 일반증류주 · 리큐르, 기타주류로 한다'라고 명시되어 있다. 다시 정리하면 알코올성분을 1% 이상 함유한 음료가 우리가 흔히 말하는 알코올성 음료인 술이고 알코올성분이 들어 있지 않은 비알코올성 음료(Non-alcoholic Drink)는 탄산음료와 비탄산음료가 포함된 청량음료, 영양음료 그리고 커피나 차 같은 기호음료이다.

- 음료 (Beverage)
  - 비알코올성 음료 (Non-alcoholic Beverage)
    - 청량음료 (Soft Drink)
      - 탄산음료 (Carbonated)
      - 무탄산음료 (Non-carbonated)
    - 영양음료 (Nutritious Drink)
      - 주스류(Juice)
      - 유성음료(Milk)
    - 기호음료 (Fancy Taste Drink)
      - 커피(Coffee)
      - 차(Tea)
  - 알코올성 음료 (Alcoholic Beverage)
    - 양조주 (Fermented Liquor)
      - 곡류 (맥주, 청주, 막걸리 등)
      - 과일 (포도주, 사과주 등)
    - 증류주 (Distilled Liquor)
      - 브랜디(Brandy)
      - 진(Gin)
      - 럼(Rum)
      - 보드카(Vodka)
      - 테킬라(Tequila)
      - 위스키(Whisky)
        - 스카치 위스키 (Scotch Whiskey)
        - 아이리쉬 위스키 (Irish Whiskey)
        - 아메리칸 위스키 (American Whisky)
        - 캐나디안 위스키 (Canadian Whiskey)
    - 혼성주 (Liqueurs)
      - 과실류(Fruits)
      - 약초 · 향초류 (Herbs & Spices)
      - 종자류 (Beans & Kernels)

[음료의 분류]

03 알코올의 농도 표시

주류 선택시 보는 병 레이블상의 알코올 도수 표시는 저도주 또는 고도주의 기준이 되며 이는 소비자의 주류 선택의 중요한 고려 사항 중 하나이다. 주류의 농도 표시는 국가별로 차이가 있으며 소비자의 정보전달을 위해 병기해서 표시하는 경우도 있다. 일반적으로 알코올 농도는 온도 15℃에서 에틸 알코올의 양에 따라 결정된다.

Joseph Louis Gay–Lussac

PROOF 표기

ABV 표기

출처 – https://en.wikipedia.org/

1. 영국 도수 표시

영국식 도수 표시는 사이크(Syke)가 고안한 알코올 비중계에 의한 사이크 프루프(Syke Proof)로 표시하는데 이 표시방법은 계산이 상당히 복잡하다. 예를 들어 40%의 알코올은 미국식 프루프 표기로는 80proof이고, 영국식 프루프로 환산하면 70proof이다. 80년대 이후 영국식 프루프 표기는 ABV(Alcohol by volume)로 대체되었다.

2. 미국 도수 표시

미국산 버번위스키의 알코올 함유 농도 표시에 많이 사용되는데 이 방법은 주정도를 2배로 계산한 숫자로 미국 도수 표시인 80Proof는 한국 도수 표시로 환산하면 주정도 40%라는 의미가 된다.

3. 독일 도수 표시

독일은 중량비율(Percent by Weight)을 사용하여 알코올 농도를 계산하는데, 100g의 액체 중 몇 g의 순수 에틸알코올이 함유되었는가를 표시한다. 즉 술 100g 중 에틸알코올이 40g 들어있으면 40%의 술이라고 표기한다.

4. 프랑스 도수 표시

화학자이며 물리학자이었던 프랑스인 조셉 루이 게 뤼삭(Joseph Louis Gay-Lussac)이 고안한 알코올 도수 표시 방법으로 온도 15℃에서 원용량 100분 중 함유된 에틸알코올의 용량을 표기한다. 게 뤼삭의 표시방법은 세계에서 가장 표준이 되는 알코올 도수 표시방법이다. 우리나라의 알코올 표기방법도 게 뤼삭의 용량분율을 채택하고 있다. 알코올도수 표시방법은 나라별로 약간씩 다른 방법이 쓰이고 있으나 현재 일반적으로 전 세계의 주류에 표시되고 있는 알코올 농도는 게이 뤼삭의 ABV(Alcohol by volume)와 Proof가 많이 사용되고 있다.

Chapter 02 청량음료와 영양음료

01 탄산음료

1. 탄산음료의 정의

탄산음료는 청량감을 주는 탄산가스를 함유하고 차게 해서 마시는 음료를 말한다. 먹는 물에 식품 첨가물인 구연산, 액상과당, 설탕, 향료, 탄산가스 등을 넣어 단맛이나 향기를 느낄 수 있게 한 음료이다.

2. 탄산음료의 종류

1) 콜라(Cola)

최초의 콜라 음료는 1886년 미국의 약사 펨버튼(John Stith Pemberton)에 의하여 만들어졌다. 초기의 주원료는 코카 나뭇잎(코카인 함유)과 콜라나무의 열매(카페인 함유)로 코카콜라(Coca-Cola)라고 부르게 되었다. 코카나무 잎은 마약으로 분리되지만 과거 중남미 원주민들은 피로와 배고픔을 잊기 위해 코카 잎을 씹었다는 기록이 있다. 따라서 펨버튼은 몸에 에너지를 주고 잠을 쫓는 음료로 코카인 잎과 콜라열매를 사용했다고 보여진다. 그리고 콜라열매(Cola Nuts) 산지는 열대지방인 서아프리카 · 서인도제도 · 브라질 · 실론 · 말레이지아 등으로 커피 2배 정도의 카페인이 함유되어 있다. 현재의 코카콜라는 콜라나무 열매에서 추출한 엑기스에 레몬, 라임, 설탕, 시나몬, 탄산가스 등을 혼합한 음료로 알려져 있으나 정확한 제조법은 보안으로 미국 코카콜라 본사 일부 고위 임원만 공유하고 있다.

코카콜라의 라이벌 음료회사인 펩시콜라(Pepsi-Cola)는 1890년대 초 약사인 칼렙 브래드햄(Caleb Bradham)에 의해 개발되었는데 초기에 콜라나무 열매에 소화효소인 펩신이 첨가되어 펩시콜라라는 이름이 만들어졌다. 콜라 음료는 주로 버번 위스키나 럼에 섞어서 마신다.

2) 사이다(Cider)

사이다는 무색의 탄산음료로 원래는 사과를 발효시켜 만든 일종의 과실주로 불어로는 시드르(Cidre)라고 한다. 포도 생산이 어려운 프랑스 북부 지역에서 가을에 수확한 사과를 압착과정을 거쳐 사과 과즙 상태로 만든 다음 겨울 동안 통에 4개월 정도 발효시켜 시드르를 만든다. 우리나라에서는 주로 구연산, 감미료, 향료, 탄산가스 등을 함유한 음료를 말하며, 세븐 업(7up), 스프라이트(Sprite), 칠성사이다 등이 있다.

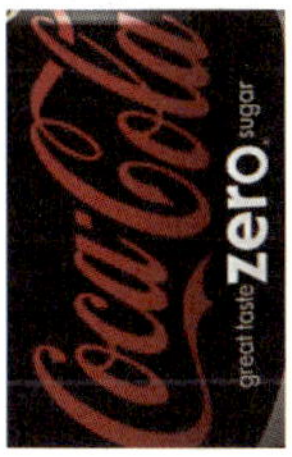

Coca-Cola

Pepsi-Cola

칠성사이다

Sprite

7up

3) 진저엘(Ginger Ale)

처음에는 생강주였으나 현재는 생강의 향과 레몬, 설탕, 계피, 정향, 탄산가스를 혼합한 음료이다. 식욕의 증진이나 소화에 효과가 있으며, 칵테일 조주 시 위스키, 브랜디, 진 등과 잘 어울린다.

4) 토닉워터(Tonic Water)

영국인들이 소다수에 레몬, 라임, 키니네(quinine), 당분, 탄산가스 등을 배합하여 만든 음료로, 원래는 영국의 식민지인 열대지방에서 말라리아 예방과 더위 및 식욕부진을 방지하기 위한 식민지용 보건음료로 이용되었으나 점차 식전음료로 마시게 되었다. 토닉워터는 진(Gin)과 잘 어울려 진 토닉(Gin Tonic)이라는 칵테일 조주 시 첨가한다.

5) 칼린스 믹서(Collins Mixer)

소다수에 레몬, 라임, 설탕, 탄산가스 등을 혼합한 음료로 대부분의 술과 잘 어울리며, 칵테일 조주 시 하이볼(Highball) 음료에 많이 사용된다.

6) 소다수(Soda Water)

소다수는 순수한 물에 이산화탄소를 인공적으로 혼합한 물이다. 대표적인 탄산음료로 무색이며, 이산화탄소의 자극이 청량감을 주는 동시에 위장을 자극하여 식욕을 돋우는 효과가 있다. 소다수는 일반적으로 소화제로 마시거나 그대로 마시기도 하지만 칵테일 조주 시 시럽, 과즙 또는 고도주와 섞어서 마시기도 한다.

			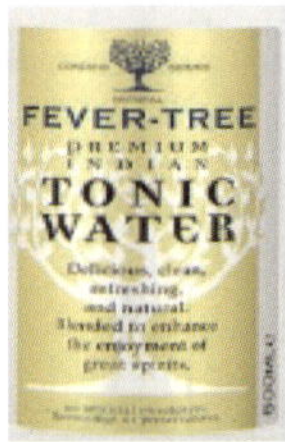	
Collins Mixer	Ginger Ale	Tonic Water	Tonic Water	Soda Water

Beverage History

약사의 손에서 탄생한 콜라, 알고 계셨나요?

[코카콜라 개발자 John Sthith Pemberton(왼쪽)과 펩시콜라 개발자 Caleb Bradham]

느끼한 음식을 먹을 때나 속이 체한 것처럼 더부룩할 때같이 톡 쏘는 콜라 한 잔이 간절해지는 순간들이 있다.

몸에 절대 좋을리 없다는 걸 알지만 실가는 데 바늘이 안 갈 수 없듯이, 치킨이 들어가는데 콜라가 안 들어갈 수 없는 법. 오늘도 톡 쏘는 시원한 콜라를 사러 편의점에 들어간 당신, 원래 콜라가 약사의 손에서 탄생했다는 건 알고 계시는지? John Stith Pemberton은 실용약학 면허를 받은 약사였다.

그는 1865년 미국 남북전쟁 당시 부상을 입게 되었는데 이 부상으로 인한 고통을 줄이고자 먹었던 진통제인 모르핀에 중독이 되고 말았다. 약사였던 Pemberton은 자신의 모르핀 중독을 해결할 방법을 찾기 위해 진통제 효과는 있지만 모르핀과 같은 중독성은 나타내지 않는 대체물질을 찾기 위해 노력했다.

코카나무를 가지고 이런 저런 실험을 거듭한 그는 마침내 kola nut과 damiana(서양민들레) 등을 원료로 한 음료개발에 성공했다. 이렇게 탄생한 코카콜라가 처음 팔리기 시작한 것은 아틀란타(Atlanta)에 있는 Jacob 약국(Jacob's pharmacy)이었으며 처음엔 모르핀 중독, 소화불량, 신경쇠약, 두통, 발기부전의 특허약으로 팔렸다. 하지만 이렇게 코카콜라가 상품화된 직후 Pemberton은 파산했다.

그가 파산한 이유가 계속된 모르핀 중독으로 인해 많은 돈이 들었기 때문이라고 하니 아이러니 하게도 코카콜라는 모르핀 중독 치료에는 별 효과가 없었던 모양이다. 아무튼 그는 돈을 마련하기 위해 그의 제조 비법에 대한 권리를 그의 동업자들에게 조금씩 팔아넘기기 시작했다. 단, 코카콜라가 국민적인 음료가 될 것을 예감한 그는 자식을 위해 조금의 권리는 남겨두려 했지만 당장 돈이 필요했던 Pemberton의 아들은 결국 남은 권리마저 Asa Candler에게 넘겨버리고 말았다. 이후의 역사는 모두가 아는 대로다. Candler의 공격적인 마케팅에 힘입어 코카콜라는 큰 상업적 성공을 거두게 되고 미국을 상징하는 음료로 떠오르게 된다.

한편 코카콜라와 양대산맥을 이루는 펩시콜라 역시 약사의 손에서 만들어졌다. 미국의 약사였던 Caleb Bradham은 자신의 약국에서 Brad's Drink라는 이름의 소화제 및 자양강장제를 팔기 시작했다. 이후 소화제로서의 효과를 부각시키기 위해 소화효소 펩신과 성분 중 하나였던 kola nut의 이름을 펩시콜라로 바꾸었다. 개발과 상업화 직후 권리를 팔아넘겼던 Pemberton과 달리 Bradham은 스스로 회사를 차리고 펩시콜라를 상업적으로 크게 확장해 나갔다.

하지만 대공황 이후 설탕 값이 뛰면서 경영이 크게 어려워졌고 결국 파산을 선언, 회사를 매각한 뒤 다시 본업이었던 약국 운영으로 돌아가게 되었다. 제품 개발 이후의 삶은 다르지만 두 사람 모두 기념비적인 업적을 남긴 약사로서 기억되고 있다. 국민 드링크라 불리는 박카스 역시 의약품으로 출발했음을 생각할 때 두 약사의 업적이 현재 약사들의 직능 확대에 시사하는 바가 적지 않다. 약사 직능 확대에 대한 약사 사회의 고민이 깊어가는 지금, 그 답을 시원한 콜라 한 잔에서 찾아보는 건 어떨까.

출처 – 약사공론(2016.12.20.)

02 무탄산음료

1. 무탄산음료의 정의

우리가 평소에 마시는 물인 자연수(H_2O)로 무색, 무미, 무취의 액체이다. 고체상태의 얼음으로 제조되기도 하며 일반적으로 탄산가스가 함유되어 있지 않은 음료를 말한다.

2. 무탄산음료의 종류

1) 물(Pure Water)

우리가 보통 마시는 물로 천연 액체상태는 바닷물, 강물, 지하수, 빗물, 온천수, 수증기 등이 있고 고체상태는 눈이나 얼음 등이 있다.

2) 광천수(Mineral Water)

광천수에는 칼슘, 마그네슘, 인, 칼륨, 염소, 철 등의 광물질이 함유되어 있다. 유럽에는 지역에 따라 차이가 있으나 물에 석회 성분이 다량 함유되어 있어 광천수를 오래 전부터 음용해 왔다. 대표적인 광천수는 다음과 같다.

(1) 에비앙(Evian)

프랑스와 스위스 사이의 레망(Léman)호수에 위치한 온천 휴양도시인 에비앙레벵(Evian-les-bains) 근처에서 용출되는 천연광천수로 다량의 광물질을 함유하고 있으며, 1830년 첫 병입 후 세계적인 광천수의 하나가 되었다.

(2) 비텔(Vittel)

프랑스 북동부의 보주(Vosges)지방에 위치한 온천 관광도시인 비텔(Vittel)시에서 나오는 천연광천수로 병입한 제품이다.

(3) 볼빅(Volvic)

프랑스 오베르뉴(Auvergne) 화산지대에서 용출된 광천수로 1938년부터 본격적으로 판매되었으며, 비교적 부드러운 물맛이 특징이다.

(4) 뻬리에(Perrier)

남프랑스의 소도시 님므(Nimes)시에서 17km 떨어진 베르게즈(Vergeze)라는 작은 마을에서 생산되는 천연 스파클링 워터로 로마시대부터 갈증 해소용 광천수로 유명하였다. 현재 네슬레(Nestle) 자회사인 뻬리에–비텔(Perrier–Vittel)사에서 생산한다.

(5) 비시(Vichy)

프랑스 중부 아리에(Allier) 지방에 위치한 온천 휴양도시인 비시에서 용출되는 광천수이다.

(6) 초정탄산수

초정리 광천수는 세계 광천학회에서 미국의 샤스터, 영국의 나포리나스와 함께 세계 3대 광천수로 선정한 물로 조선시대 세종대왕(世宗大王)이 친히 이곳에 행차하여 60일간 머물면서 안질(眼疾)을 치료하였으며, 세조대왕(世祖大王)도 이곳에서 질병을 치료하였다고 한다.

초정탄산수

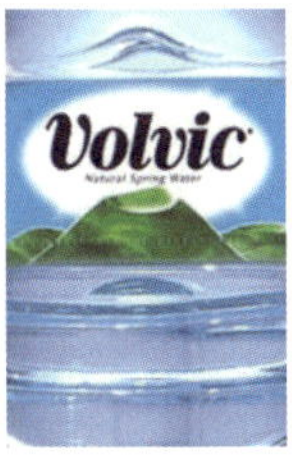

Volvic

Evian

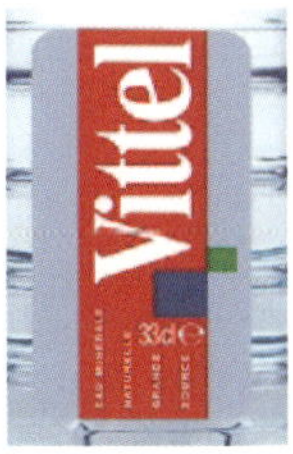

Vittel

Vichy

Perrier

03 영양음료

영양음료란 건강음료로서 건강에 도움을 주는 각종 영양성분이 함유되어 있는 음료로 일반적으로 과일 · 야채주스류와 우유제품 등을 말한다.

1. 유성음료

유성음료는 유지방, 유단백, 유당, 수분 등이 함유된 우유와 유제품으로 구분할 수 있다.

1) 우유

암소의 젖에서 분비되는 생유를 살균하여 사람들이 마시기에 편하도록 만든 시중에서 판매되는 우유를 말하며, 칵테일 조주 시에도 사용되는데 레시피는 라이트 크림(Light Milk) 사용 시 일반 우유를 사용하고, 헤비 밀크(Heavy Milk)는 생크림 종류를 사용한다. 일반적으로 마시는 우유는 유지방분이 0.3% 이하, 1.5~1.8%, 3.5%로 우리나라에서는 주로 1.5~1.8%가 함유된 우유를 마시며, 유럽에서는 3.5%의 유지방분이 포함된 우유를 마신다.

살균유

저온살균유

멸균유

생크림

저지방우유

2) 유제품

유제품은 요구르트(Yoghurt), 버터, 크림, 치즈, 전분유, 탈지분유 등을 말한다. 유지방분의 함유량에 따라 우유에서 유지방분이 18% 이상인 것은 크림(Cream), 18~25%가 함유된 것은 생크림(light cream), 45% 이상이 함유된 것을 휘핑크림(Whipping cream)이라고 한다. 또한 살균처리 방법에 따라 일반적으로 마시는 살균우유(pasteurized Milk)와 저장성을 높인 멸균유(Sterilized milk) 등으로 구분한다. 한편 기타 영양음료로는 두유(豆乳), 감주, 보리음료 등이 있다.

2. 주스류

1) 정의

주스(Juices)는 과일 액즙이나 야채의 즙을 짜서 과당 및 첨가물을 넣어 만든 음료로 과일주스와 야채주스로 구분할 수 있다. 주스는 사람의 몸에 유익한 비타민 및 각종 영양소를 공급해 주는 역할뿐만 아니라 향미와 풍미로 기분 전환 및 갈증 해소에 도움을 주는 음료이다.

국내에서 판매하는 주스는 대개 과일이나 채소에서 짜낸 즙을 농축한 상태로 운반 및 보관했다가 다시 물과 당분 등을 첨가해서 제조한다. 예를 들어 오렌지에서 즙을 1,000g

짰다면 이를 미국 등 산지에서 143g으로 농축해 국내에 들여온다. 여기에 과당 30g, 구연산, 비타민C, 오렌지향 등 식품첨가물 1g과 물 826g을 넣어 주스 상태로 다시 돌린다. 시중의 주스 라벨에 '100%' 주스라고 표기하는 것은 정확한 표현은 아니지만 국제관행상 인정하고 있다.

2) 종류

(1) 과일주스

오렌지 주스(Orange Juice), 파인애플 주스(Pineapple Juice), 그레이프프루트 주스(Grapefruit Juice), 크렌베리 주스(Cranberry Juice), 망고 주스(Mango Juice), 피치 주스(Peach Juice), 애플 주스(Apple Juice), 레몬 주스(Lemon Juice), 라임 주스(Lime Juice) 등

(2) 야채주스

토마토 주스(Tomato Juice), 당근 주스(Carrot Juice), 셀러리 주스(Celery Juice) 등

Orange

Grapefruit

Cranberry

Lime

Mango

Chapter

03 커피

01 커피의 역사와 품종

커피는 아프리카 에티오피아가 원산지인 커피나무 열매의 씨 부분을 로스팅해서 가루로 만든 다음 뜨거운 물 또는 찬물 등으로 우려내어 마시는 음료로 쓴맛, 단맛, 떫은맛, 신맛 등의 맛과 카페인 성분의 각성 효과로 오래 전부터 인류가 마셔온 대표적인 기호 음료이다.

커피에 사용되는 커피콩은 주로 적도를 중심으로 남 · 북위 25° 사이의 열대 지역에서 재배된다. 맛있는 커피를 만드는 커피품종은 크게 아라비카(Arabica), 로브스타(Robusta)로 구분하는데 과거 우리가 많이 음용했던 인스턴트 커피는 주로 로브스타 품종이며, 스페셜티 커피(Specialty Coffee)라고 칭하는 고급커피는 일반적으로 아라비카 종을 수확해서 가공한다. 먼 북아프리카 고원지역에서 우연히 발견된 커피는 한때 악마의 음료로 이교도인 기독교에서 배척을 받다가 당시 기독교 수장인 교황의 세례로 유럽인의 주요한 문화 음료로 재탄생되었다. 우리나라에는 19세기 말부터 전해져 현대를 살아가는 한국인들을 매료시키는 가장 친숙한 기호식품으로 자리 잡게 되었다.

1. 커피의 어원과 유래

커피의 식물학적 속명은 코페아(Coffea)로 커피(Coffee)라는 단어가 어디에서 유래된 것인지 정확하지 않다. 다만 아랍어에서 유래되었다고 보는 견해도 있고, 커피의 원산지인 북아프리카 에디오피아의 지명에서 나왔다는 견해도 있다. 에디오피아 중부 고원지대에 지금도 야생으로 자라는 커피나무가 우거진 곳이 있는데, 그곳에 카파(Kaffa)라는 주(州)가 있는 것으로 보아 상당한 신빙성을 지니고 있다. 또한 '기운을 돋우는 것'을 뜻하는 아라비아어인 카화(Qahwa)나 카붸(Kahve)에서 유래했다는 설도 있다. 커피가 유럽에 전해진 후 영어로는 커피(Coffee), 프랑스어로는 카페(Café), 이탈리어로는 카페(Caffè)라고 불리게 되었다.

커피의 발견에는 여러 가지 설이 전해져 오는데 칼디(Kaldi)의 전설과 오마(Omar)의 설이 많이 알려져 있다. 이 가운데 가장 많이 알려진 염소치기에 관한 이야기는 다음과 같다. 7세기 경 에디오피아 서부지방 카파(Kaffa)주의 고원에 염소 떼를 돌보던 목동 칼디는 어느 날 염소들이 빨간 체리 같은 열매를 먹고 흥분하며 날뛰는 모습에 놀라 수도원 사제를 찾아가 도움을 청했다. 사제들은 흥분하는 염소들을 관찰한 후 먹이 때문일 것이라고 생각하고, 염소 떼를 따라 다니며 먹는 것을 관찰했다. 그리고 염소들이 전에 보지 못한 나무열매를 먹는 것을 발견하고 호기심으로 그 나뭇가지를 꺾어 왔다. 그 열매를 시험삼아 맛본 사제들 역시 흥분상태를 느꼈다. 이후 그 열매를 졸음을 쫓고, 영혼을 맑게 하며, 신비로운 영감을 느끼게 하는 성스러운 것으로 여기게 되었다고 한다.

또 다른 커피의 기원에 대한 이야기는 다음과 같다. 오마라는 사람이 중병에 시달리던 왕의 딸을 치료한 후 공주와 사랑에 빠지게 되어 왕의 미움을 받아 추방 당해 떠돌이 생활을 하던 중 큰 나무 아래서 하얀 꽃에 빨간 열매가 열린 나무를 발견하였다. 그는 그 열매를 따서 수프를 만들어 먹었는데, 기운이 솟고 피로가 회복되었다. 이를 신기하게 생각한 오마는 많은 열매를 따서 수프를 만들어 병들고 나약한 사람들을 구했고 이로 인해 면죄를 받아 다시 고향으로 돌아가게 되었다. 그 후 이 열매는 약용으로 널리 보급하게 되었다는 이야기이다.

이 두 가지 이야기는 전설처럼 전해지고 있을 뿐이며, 커피에 관해 문서로 남겨진 가장 오래된 기록은 약 1,000년 전 바그다드에 살던 저명한 의학자 라제스(Rhazes, 850~922)가 기록한 문헌이다. 라제스에 의하면 커피나무의 붉은 열매로 즙을 내어 마시면 소화를 돕고, 심장을 강하게 하며, 이뇨작용에 효과가 있다고 기술하였다. 그리고 약 1세기 후 아라비아의 의학자인 아비센나(Avicenna, 980~1037)가 남긴 기록에도 커피의 의학적 효능을 기록한 문헌이 있다.

아프리카에서 발견된 커피는 12세기 경 홍해를 거처 예멘으로 전파된 후 아랍국가 전역에 퍼지면서 16세기 경 터키의 유럽 침공을 계기로 유럽에 알려지면서 세계적인 기호음료가 되었다.

출처 – http://www.coffeecrossroads.com/

[칼디의 전설]

우리나라의 커피 관련 가장 오래된 기록은 미국의 퍼시벌 로웰(Percival Lowell, 1855~1916)이 쓴 "조선, 고요한 아침의 나라(Chosön : The Land of the Morning Calm)"에 나타나 있다. 로웰은 1884년 1월의 추운 어느 날, 조선 고위 관리의 초대를 받아 한강변 별장으로 유람을 가게 되었는데 꽁꽁 얼어붙은 겨울 한강의 정취를 즐기던 중 "우리는 다시 누대 위로 올라 당시 조선의 최신 유행품이었던 커피를 마셨다."라는 기록을 남겼다. 이러한 기록으로 보아 해외를 오가는 상인들과 조선의 지도층들은 그 전부터 커피를 마셨을 것이라고 짐작할 수 있다. 우리나라에서 최초로 커피를 접한 것으로 알려진 고종황제는 1896년 아관파천으로 러시아 공사관에 머물며 커피를 마셨다고 한다. 고종은 러시아 공사의 처형인 독일계 러시아인 손탁(Sontag)이 만든 양식을 즐겨 먹었고, 러시아 공사관에서 볶은 원두커피에 매료되어 덕수궁으로 환궁한 뒤에도 음미할 정도로 커피를 좋아했다고 한다. 고종의 커피 시중을 들던 손탁은 왕실 소유의 땅을 하사 받아 중구 정동에 2층짜리 '손탁호텔'을 세워 1층에 레스토랑을 열고 커피를 판매하였다.

그 후 개화기와 일제강점기에 종로, 명동, 충무로 등에 커피점이 생겼지만 당시 커피는 사치품이자 소수의 특정 계층만 마시고 즐기던 음료였다. 커피의 대중화는 6.26 전쟁 시기에 미군에서 유통된 암거래 커피를 통해 대부분의 소비가 이루어졌으며, 점차 국내 커피 소비가 증가하게 되면서 1968년 인천에 커피공장인 동서식품이 설립되었다. 1976년에는 동서식품에서 세계 최초의 커피믹스가 출시되어 믹스커피 문화가 자리잡게 되었고, 80년대 중반부터 시작된 원두커피 시장은 90년대 후반 국내 진출한 해외 커피 전문점들의 진출과 성공으로 기존 인스턴트 커피 소비 중심에서 원두커피 소비 문화로의 변화를 가져왔다.

2. 커피의 재배 조건

커피는 주로 열대와 아열대지역, 그리고 일부 온대지방이 커피 재배에 적합한 기후 및 토양조건을 갖추고 있는데, 위도상으로 보면 북위 25도에서 남위 25도 사이의 지역이다. 이렇게 커피가 잘 자라는 지역을 커피 존(Coffee Zone) 또는 커피 벨트(Coffee Belt)라고 한다. 커피나무는 기후, 토양, 강우량, 고도 등 자연환경의 영향을 받는다. 주요 생산 국가들이 위치한 중남미의 안데스 산맥같은 해발 고도가 높은 곳은 상대적으로 일교차가 커 원두의 밀도와 산도가 높으며 맛과 향이 저지대 재배 커피에 비해 우수하다.

커피나무가 성장하는 데 이상적인 연간 강우량은 아라비카 품종이 1,500~2,000㎜, 로부스타 품종은 2,000~3,000㎜이다. 그리고 커피나무의 커피 열매가 잘 크기 위한 일조량은 연간 1,900~2,200시간이다. 또한 커피나무는 서리와 강한 햇빛에 약하기 때문에 셰이드 트리(Shade tree)를 심어 생산성에 도움을 주기도 한다. 커피 꽃이 피기 전과 성장기에는 적당한 강수량이 필요하고, 건기와 우기가 뚜렷해야 하며, 화성암 풍화지대로 토양이 비옥하고 배수가 잘 되는 지역이 좋다.

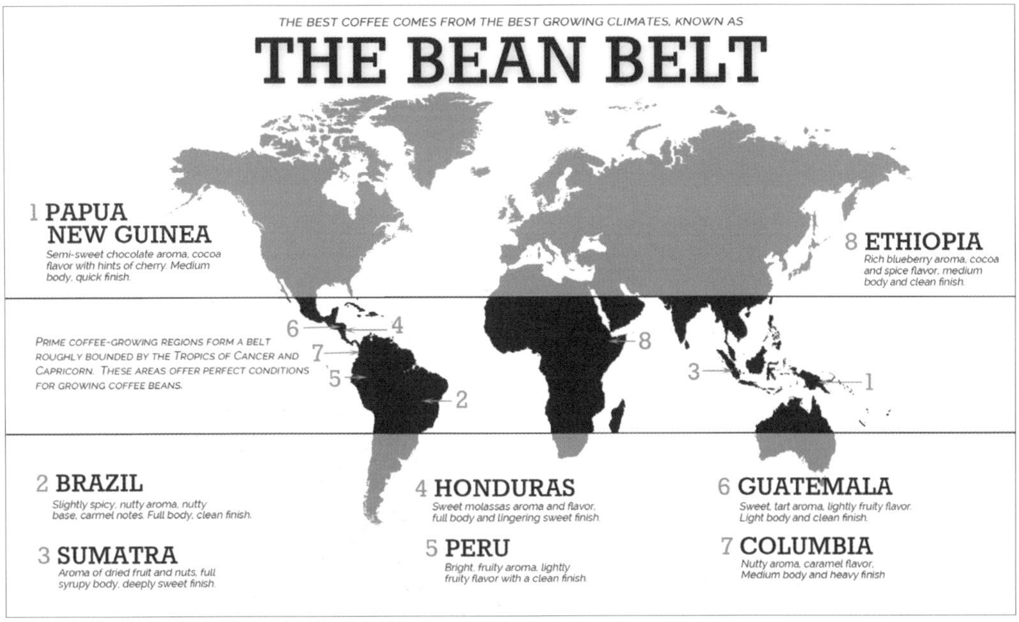

출처 – http://www.camanoislandcoffee.com/

[커피 벨트]

3. 커피의 품종

커피나무는 꼭두서니과(Rubiaceae)의 커피속(Coffea)에 속하는 쌍떡잎식물로 전 세계적으로 약 60여 종의 품종이 있지만 현재 가장 많이 재배되고 있는 커피품종의 '3대 원종'은 아라비카 종(Arabica), 로부스타 종(Robusta), 리베리카 종(Liberica)으로 분류된다.

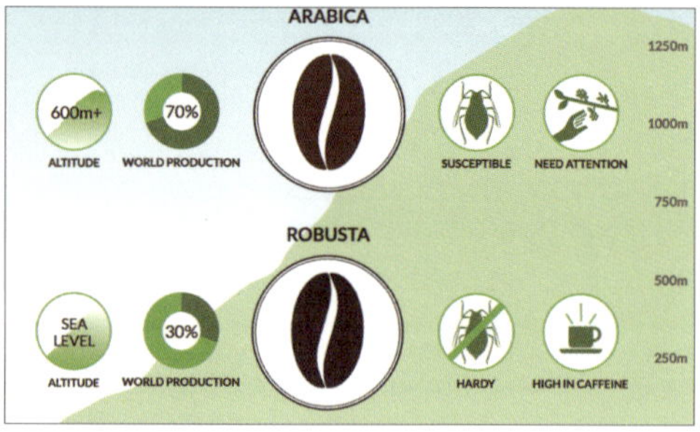

출처 – http://www.istitutoitalianocaffeologia.it/, http://www.theroasterie.com/

[아라비카 VS 로브스타]

1) 아라비카(Coffea Arabica)

아라비카 종은 품질면에서 가장 우수한 종으로 에디오피아가 원산지로 알려져 있으며 브라질, 콜롬비아, 멕시코, 과테말라 등에 걸친 중남미지역과 에디오피아, 탄자니아, 케냐, 르완다, 인도네시아, 하와이 등 대부분의 커피 존에서 생산되고 있다. 연간 기온차가 적은 고도 800~2,000m의 고지대에서 재배되며, 기후조건에 영향을 많이 받아 재배가 어렵고 병충해에 약하지만 풍부하고 섬세한 향으로 종자개량과 연구가 활발하게 이루어지고 있다. 세계 커피 생산량의 약 70%를 차지하고 있으며 최고급 커피의 품종들은 아라비카 종에 속한다.

자료 – http://www.swsbm.com/

자료 – http://cubicocoffee.com/

[아라비카 품종]

2) 로부스타(Coffea Robusta)

원산지는 아프리카 콩고로 코트디부아르, 알골라, 인도, 인도네시아, 베트남 등에서 생산되고 있다. 로부스타 종은 아라비카 종보다 품질은 못하지만 병충해와 질병에 대한 저항력이 강하다. 재배하기 쉬운 저지대형 커피나무로 어려운 환경에서도 잘 자라며, 쓴맛이 강하고, 향은 우수하지 않지만 인스턴트 커피를 제조하는 데 많이 사용하기 때문에 경제적인 이점이 있다.

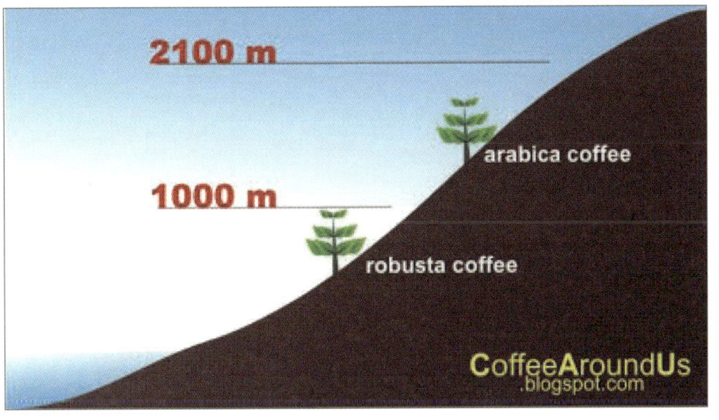

출처 – http://2.bp.blogspot.com/

[아라비카와 로부스타 품종의 생육 고도]

3) 리베리카(Coffea Liberica)

아프리카 서부지역인 라이베리아가 원산지로 나무 크기는 약 9m까지 자라며, 열매인 체리 콩은 아라비카 종에 비해 큰 편이다. 해발 200m 이하의 저지대에서도 잘 자라고, 병충해에 강하며 재배하기 쉽지만 향기와 맛이 떨어지고, 쓴맛이 지나치게 강하여 품질이 좋지 않다. 주로 가이아나, 라이베리아, 수리남, 필리핀, 인도네시아 등에서 재배되는데 산지에서 주로 소비되며 생산량은 한정적이다.

출처 – http://nutscoffee.com/wp-content/

[인도네시아(Jambi) 리베리카]

02 커피의 종류와 기구

1. 에스프레소 베이스 커피

1) 에스프레소(Espresso)

에스프레소는 모든 메뉴의 기본이 되는 추출방법으로 빠르다는 익스프레스(Express)의 의미에서 유래하였다. 아주 곱게 분쇄된 원두가루에 약 95℃의 뜨거운 물을 약 9기압의 압력으로 추출하여 크레마(Crema)와 향기롭고 진한 커피의 원액이 특징으로 유럽에서는 식후 또는 일상의 커피 전문점에서 즐겨 마신다.

2) 카푸치노(Cappuccino)

수도사란 의미의 카푸치노는 커피잔에 올려진 거품이 가톨릭 수도사의 모자 모양을 닮아서 붙여진 이름으로 에스프레소에 스팀우유 그리고 밀도 있게 만든 우유거품을 많이 얹은 커피이며, 우유거품 위에 계피가루를 뿌린다.

3) 카페라떼(Caffè Latte)

라떼는 우유라는 의미로 진한 에스프레소에 스팀밀크와 고운 우유거품이 어울려진 커피로 주로 아침에 많이 마신다.

4) 카페모카(Caffè Mocha)

모카는 커피 발생지와 근접한 예멘의 항구도시 모카에서 생산되는 초콜릿 아로마가 나는 커피이다. 고가의 원두로 에스프레소에 초콜릿 소스와 스팀밀크를 채운 후 휘핑크림으로 마무리한 커피로서 가니쉬로 초코릿 소스나 코코아 가루를 올린다.

5) 에스프레소 콘빠냐(Espresso Con Panna)

빠냐는 생크림을 의미하며, 에스프레소 위에 휘핑크림을 살짝 얹은 커피이다.

Espresso	Cappuccino	Caffè Latte	Caffè Mocha	Con Panna

6) 에스프레소 마끼아또(Espresso Macchiato)

마끼아또는 반점의 뜻으로, 에스프레소 위에 우유거품을 살짝 점을 찍듯 얹은 커피를 말한다.

7) 아메리카노(Americano)

에스프레소를 추출 후 더운 물을 부어 커피의 농도를 연하게 제조한 미국인 스타일의 커피로, 보통 에스프레소를 마시는 유럽인의 취향과는 다르게 미국인을 위해 만들어져서 아메리카노라고 부른다.

8) 아이리쉬 커피(Irish Coffee)

위스키가 유명한 아일랜드 더블린 공항의 로비라운지에서 추운 겨울 여행객들에게 제공하던 커피에서 유래한다. 커피잔에 레몬즙으로 슈거 리밍(Sugar Rimming)을 한 후 위스키를 부은 다음 설탕을 넣고, 알코올 램프 위에서 설탕을 완전히 녹인 후 커피를 첨가해서 아이리쉬 위스키와 휘핑크림을 올려 만든다.

출처 – http://www.bunn.com/

9) 카페 로마노(Café Romano)

진하게 추출한 에스프레소인 리스트레토(Ristretto)에 레몬 조각을 얹은 커피이다.

10) 도피오(Doppio)

도피오란 영어의 더블(Double), 즉 두 배란 의미로 보통의 에스프레소보다 두 배의 양(50~60㎖)이 제공된다.

Macchiato	Americano	Irish Coffee	Café Romano	Doppio

2. 커피의 추출 방법 및 기구

1) 드리퍼(Dripper)

드리퍼는 여과지를 올려놓고 분쇄한 원두를 담는 깔때기 모양의 형태로 터키 커피의 전성시대인 1711년 프랑스에서 아마로 짠 직물을 가공해서 만든 좁고 긴 자루에 커피 가루를 넣고 뜨거운 물을 넣은 포트 속에 넣어 커피를 뽑아내는 방법에서 비롯되었다. 대표적인 드리퍼에는 메리타(Melitta), 고노(Kono), 카리타(Kalita), 하리오(Hario), 융 드리퍼 등이 있다. 일반적으로 플라스틱 드리퍼가 많이 사용되나 도기나 금속 재질의 것도 있다. 드리퍼를 이용한 추출 방법은 적은 비용으로 간편하게 사용할 수 있고 비교적 맛이 좋기 때문에 많이 이용되고 있으며, 보편화된 전기 커피메이커에 이용되는 추출법이기도 하다.

Melitta	Kalita	Kono

2) 사이폰(Syphon, Siphon)

1840년 영국의 로버트 네이피어(Robert Napier)에 의해 발명된 사이폰의 추출 원리는 증기압과 삼투압을 이용한 진공식 추출 방법이다. 뜨거운 물이 담겨있는 아래쪽의 플라스크를 알코올램프로 가열하면 수증기압에 의해 물이 커피가 있는 상부 로트로 올라간다. 이때 커피 액을 일정하게 저어주며 가용성분을 침출 후 불을 끄면 커피가 하단으로 내려오고 로트를 제거한 후 서빙하는 방식이다. 다양한 볼거리를 제공하는 커피 추출법이다.

출처 – https://www.groupon.sg/

[사이폰 커피메이커]

3) 모카포트(Moka pot)

모카포트는 주전자 형태로 간편하게 이탈리아식 에스프레소를 추출할 수 있는 기구인데 위 아래로 두개의 포트와 그 사이를 연결하는 필터로 구성돼있다. 하단 포트에서 끓은 물이 필터의 바스켓 부분에 넣은 커피가루를 통과해 상단의 포트에 추출되는 원리로 에스프레소 머신같은 크레마는 없지만 맛과 향이 우수한 추출법이다. 모카포트는 재질에 따라 스테인리스, 알루미늄, 도자기 등으로 제작되며 특히 도자기로 만든 모카포트는 아메리칸 커피를 즐기는 마니아들이 선호하는 추출기구이다.

출처 – https://www.behance.net/

[모카포트 사용법]

4) 에스프레소(Espresso) 머신

에스프레소(Espresso) 커피 머신은 19세기에도 존재했는데 오늘날 머신과 크게 다르지 않았다. 고압에서 크레마가 생성되는 기계는 1948년 이탈리아 밀라노의 가찌아(Achille

Gaggia)가 발명하였다. 이것은 가압추출법에 의한 커피 기구로 커피가루에 강한 압력으로 뜨거운 물을 통과시켜서 빠르게 커피를 추출하는 기구이다. 속성으로 커피를 추출할 수 있다는 장점 때문에 빠르다는 의미의 에스프레소라고 부르게 되었다. 머신의 종류로는 사람의 힘으로 피스톤을 작동해서 추출하는 수동형 머신, 전통적인 형태로 바리스타가 원두를 탬핑하여 추출하는 반자동형 머신, 버튼 하나로 분쇄와 추출이 이루어지는 전자동형 머신 그리고 최근 유행했던 캡슐형 머신 등이 있다.

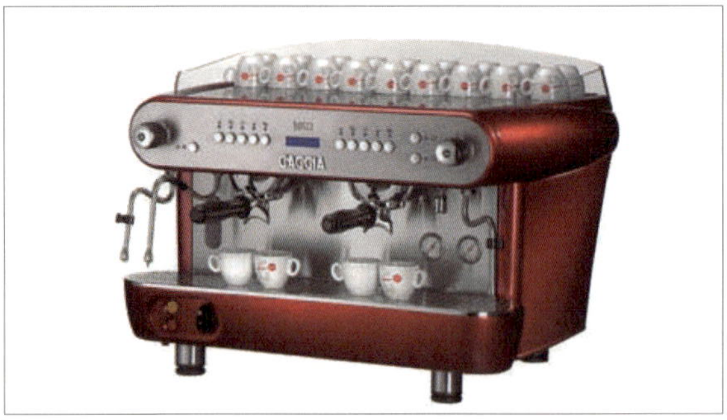

출처 – http://www.gaggia.com/

[가찌아 에스프레소(Espresso) 머신]

5) 더치커피(Dutch coffee)

네덜란드의 식민지였던 자바 섬에서 만들던 방식이라고 전해지는데 커피를 오랜 시간에 걸쳐 저온 추출하기 때문에 오랜 시간이 지나도 맛의 변화가 적고, 부드러운 특징이 있다. 찬물을 이용해 추출하는 방식으로 워터드립(Water drip)이라고도 하며, 여름철에 주로 차게 해서 마시기 때문에 위생에 많은 신경을 써야 하는 추출법이다.

출처 – https://www.dutch-coffee.nl/

[더치커피 기구]

6) 프렌치 프레스(French press)

프랑스에서 개발된 침용필터 방식의 기구로 1710년 발명된 커피를 끓이지 않고 우려내는 방식의 카페티에르(Cafetière : 직물로 만든 주머니에 커피를 넣고 끓인 물을 부어 추출하는 기구)가 발전된 형태이다. 20세기 초 멜리오르(Melior)사에서 오늘날 사용되는 형태의 프렌치 프레스를 개발했는데 유리용기에 분쇄된 원두와 더운 물을 넣고 3~4분 후 프레스를 밑으로 천천히 밀어 내려 추출을 마무리하는 방식으로 커피 성분이 충분히 우러나지 못하는 단점이 있다.

출처 – http://expresso.cultureforum.net/

[멜리오르 프렌치 프레스]

7) 이브릭(Ibrik)

터키식 커피를 추출하는 주전자 모양의 기구로, 미세하게 분쇄된 커피에 찬물을 넣은 후 가열하는 방식이다. 커피를 거르지 않고 음용하기 때문에 찌꺼기가 입에 남게 된다.

출처 – https://www.turkishcoffeeworld.com/

[이브릭]

[시선★피플]
세계에 커피문화를 전파한 스타벅스 CEO '하워드 슐츠'

[시선뉴스 한지윤 에디터] 인어를 연상시키는 바다 요정이 그려진 초록색 간판. 문 앞에서부터 느껴지는 커피 향기 하면 무엇이 떠오를까? 바로 세계 굴지의 커피 기업인 '스타벅스'가 떠오를 것이다. 스타벅스는 전 세계 모든 지점에서 똑같은 품질, 똑같은 서비스를 유지하는 것으로 고객들에게 호평을 받고 있다.

이런 스타벅스를 만든 사람은 63세의 미국인 하워드 슐츠다. 하워드 슐츠는 2016년 포브스 선정 빌리어네어 595위를 차지한 CEO기도 하다. 지금은 세계적으로 유명한 경영자이지만 슐츠는 뉴욕 브룩클린의 빈민가에서 생활했다. 그는 어린시절 가죽공장에서 일하며, 미식축구 실력 덕분에 겨우 대학교에 진학할 수 있었던 평범한 서민이었다. 이런 그가 어떻게 억만장자가 되는 성공을 이룰 수 있었을까?

"미국에 유럽식 커피문화를 도입하다"

원래 스타벅스는 1971년 알프레드 피트와 세 명의 동업자가 창립한 원두커피 회사였다. 당시 가정용품업체 하마플라스트의 부사장이던 슐츠는 우연히 시애틀에 있는 스타벅스를 방문하여 '커피'의 매력에 빠지게 되었다. 커피의 세계에 눈을 뜬 슐츠는 1982년 스타벅스의 마케팅 총괄 책임자로 입사했다.

그 무렵 슐츠는 이탈리아 여행에서 경험한 밀라노식 에스프레소 바에 영감을 받는다. 그는 스타벅스 경영진에게 에스프레소와 커피음료를 파는 유럽식 커피문화를 미국에도 소개하자고 제안했다. 그러나 스타벅스는 원두커피를 파는 회사의 취지와 맞지 않는다며 슐츠의 제안을 거절했다.

그러나 슐츠는 포기하지 않고 1986년 커피전문점 '일지오날레(Il Gionale)'를 창업했다. 이후 242회에 이르는 투자설명회 끝에 자금 유치에 성공했고, 1987년 스타벅스를 인수, 회장 겸 최고경영자의 자리에 올랐다.

결국 '커피문화'라는 비전을 포기하지 않고 부사장 자리에서 물러나며 창업까지 한 슐츠의 끈기가 그를 대부호로 만들어 준 첫 번째 성공비결인 셈이다.

이후 슐츠는 전 세계적으로 스타벅스 매장을 확대하고 스페셜티(원두의 생산지와 품종, 로스팅 정도 등에 따라 차별화되어 판매되는 커피) 커피회사 최초로 스타벅스의 상장까지 성공시킨 후, 2000년에 경영 일선에서 물러났다.

"소비자의 마음을 훔치는 것도 기업이 해야 할 일이자 목표다"

그러나 슐츠가 떠난 후 스타벅스는 2000년대 후반에 큰 위기를 맞이했다. 매장 수를 늘리는 방식으로 외형 성장에 주력한 결과 커피의 품질이 떨어지고 스타벅스만의 서비스 정신이 훼손되었기 때문이다. 2007년에는 방문고객 증가율이 사상 최저치를 기록하고 주가도 42%나 하락하는 등 회사가 흔들리게 되었다.

위기에 빠진 회사를 지켜볼 수 없었던 하워드 슐츠는 2008년 1월 CEO로 복귀했다. 그리고 하루 매출 600만 달러를 포기하고, 경영진과 이사회 주주들의 반대까지 무릅쓰며 대대적인 '개혁'을 시도했다. 그는 2008년 2월 26일 미국 전역에 있는 스타벅스의 문을 닫고 모든 바리스타들이 에스프레소 제조와 고객 서비스에 대한 교육을 다시 받도록 했다.

또 2년 동안 슐츠는 고객들의 니즈를 실현하기 위해 새 메뉴를 개발하고 고객만족 서비스 문화를 확립하는 등 기업의 가치를 살리기 위한 노력을 했다. 결국 스타벅스는 이런 슐츠의 노력 덕분에 2010년에 사상 최대 매출인 11조 원을 기록하며 제 2의 전성기를 맞는다.

"무언가를 시작하려 할 때 그 꿈을 꿀 수 있는 용기만 있다면 그 즉시 시작하라"

빈민가 출신 소년이던 하워드 슐츠는 커피에 대한 '꿈' 하나만으로 45년만에 스타벅스를 전 세계 60여 개국에 2만 여 매장을 거느린 '글로벌 기업'으로 만들었다. 꿈을 꿀 수 있다면 무엇이든 시작할 수 있다는 그의 정신은 성공을 꿈꾸는 사람들에게 구체적이고 실질적인 길을 안내해 주고 있다.

한지윤 에디터 spiegelji@sisunnews.co.kr

출처 – http://www.sisunnews.co.kr/news/

Chapter 04 차

01 차(Tea)

1. 차의 정의

차는 차나무의 어린잎을 수확하여 뜨거운 물에 달이거나 우려서 마시는 음료를 말한다. 커피, 코코아와 더불어 세계 3대 기호음료로 그 중 가장 오랜 약 5,000년의 역사를 가지고 있다. 우리나라의 차에 대한 사전적 의미의 관점에서 볼 때는 식물의 잎, 뿌리, 과일, 곡물 등을 우려서 마실 수 있는 모든 음료를 차의 범주에 포함시킬 수 있지만, 본래의 차(Cha)는 차나무 잎을 인간의 손길로 가공하여 만든 기호음료이다.

오늘날 차를 의미하는 말을 살펴보면 크게 두 가지로 구분할 수 있는데 차(cha)와 티(tea)이다. 중국차의 집산지는 복건성(福建省)과 광동성(廣東省)인데 바다를 통해 차를 수입한 서유럽 국가들은 복건어계의 발음인 테(Te)에서 유래된 이름으로 차를 불렀다. 영국은 티(Tea), 프랑스는 떼(Thé), 독일은 테(Tee), 네덜란드는 테(Thee) 등 대부분의 유럽 국가들은 차를 복건성 발음으로 부르는데 유일하게 차를 유럽에 가장 먼저 소개한 포르투갈만이 광동어계 발음인 차(Chá)로 부르고 있다. 이는 차를 유럽에 전래한 네덜란드 상인들이 주로 복건성의 차를 수입했고, 신교도의 나라인 네덜란드인들이 구교도인 포르투갈인들이 부르는 발음인 차(Chá)를 고의적으로 피한 것이라고 할 수 있다. 육로를 통해 차를 전래받은 한국, 일본, 몽골, 폴란드, 루마니아, 아프가니스탄, 러시아, 이란, 티베트 등과 같은 국가에서는 차(cha)를 어원으로 부르고 있다. 차는 이렇게 각 나라마다 조금씩 다른 발음으로 사용하고 있지만 결국은 광둥어계 차(Cha)와 복건어계 테(Te)에 그 근원을 두고 있다.

2. 차의 기원

출처 – http://expresso.cultureforum.net/

[신농씨] [당나라 시대 용정차 경연대회]

차나무는 동백과의 식물로 기원지에 대해서는 각 나라마다 다른 견해가 존재하지만, 중국이 원산지라는 의견이 가장 일반적이다. 산지에서 재배되는 차나무의 학명은 카멜리아 시넨시스(Camellia sinensis)이며 '중국의 동백나무'라는 의미를 가지고 있다. 차나무는 크게 중국종과 아삼종으로 분류된다. 중국종은 20m까지 자라는 아삼종에 비해 작은 편이나 수령은 길다. 차나무는 차의 수확을 용이하게 하기 위하여 크기를 1m 내외로 관리한다.

차의 기원에 대해서는 정확히 알 수 없지만 중국에는 다음과 같은 전설이 있다. 약 5,000년 전 중국의 전설적인 왕인 신농씨(神農氏)가 각지에 사람들을 보내 약초를 구해오도록 했으며. 수백 가지 약초의 효능을 알기 위해 약초를 먹고 독에 중독되었을 때 차로 해독을 하였다고 전해진다.

기원전 2세기에는 차의 제조법과 음용법을 가르치는 학교도 설립되었고, 차는 치료제인 약용으로 이용되다 남북조시대(420~589)에는 기호음료가 되었으며, 당나라 시대(618~907)에 이르러 귀족, 승려로부터 일반인에 이르기까지 널리 음용되었다고 한다.

Camellia sinensis	꽃	열매

출처 – https://fr.wikipedia.org/

3. 우리나라 차의 전래

삼국사기(三國史記)에 의하면 9세기 초 흥덕왕 때 당나라에 다녀온 신라의 사신 대렴(大廉)이 중국에서 차 종자를 가져오자 왕이 지리산에 심도록 하였다고 전하며. 차는 7세기 선덕여왕 때부터 있었지만 이때에 이르러 성하였다고 한다. 또한 통일신라시대에는 사찰의 승녀들과 화랑들이 수행과 관련하여 차를 음용하는 풍습이 있었다고 한다.

또한 고려시대에는 불교문화와 더불어 널리 보급되어 왕실, 귀족계층, 사찰 등에서 차 문화가 융성했는데 거리 곳곳 어디서나 차를 마실 수 있을 정도로 차의 소비가 많았고, 대중화되었으며, 차를 관장하던 관서인 다방(茶房)도 있었다고 한다. 뿐만 아니라 국가의 중요 행사인 연등회, 팔관회나 국외에서 사신 방문 시 또는 왕실의 결혼식 등에도 차 의식이 거행되었다.

제사를 차례(茶禮)라 할 만큼 생활 속에 정착했던 차 문화는 조선시대 숭유억불 정책으로 쇠퇴하게 된다. 불교 억제정책과 아울러 기온이 급격히 떨어지는 소빙기를 맞아 차의 생산량이 크게 줄어 차 문화가 쇠퇴한 것이다. 그러다가 조선시대 차 문화가 중흥하기 시작한 것은 다시 기온이 높아지고, 우리나라에서 다성(茶聖)이라고 불리는 초의선사(草衣禪師)와 다산(茶山) 정약용(丁若鏞)같은 인물들이 등장해서 우리 차의 우수함을 전파하면서부터이다. 초의선사는 1830년 다신전(茶神傳)을 저술, 차의 효능과 우리 차의 우수성을 알리고, 1837년 '동다송(東茶頌)'을 지어 우리 차를 칭송하였다. 또한 정약용, 추사(秋史) 김정희 등과 차를 매개로 친교하였는데 정약용은 강진에서의 유배생활 중 차와 관련한 많은 글을 남겼다.

일제 강점기에는 일본인들이 전라도 무등산의 다원을 인수하여 차를 제조하였으며 1960년대에는 국가가 전라도 지역에 농특사업으로 다원을 조성하였다. 현재 우리나라에서는 경남 하동과 사천시, 전남 보성, 장흥, 구례, 순천 등이 주산지이고, 제주도에도 다원을 개발하여 재배하고 있으며, 지난 2010년부터 2014년까지 국내 차 생산량은 연평균 약 25%씩 증가하여 차 음료 시장은 약 2,500억 시장까지 성장하게 되었다.

출처 – http://www.hankyung.com/

[제주 오설록 차밭]

4. 다례

차로 예를 행하며 차를 대접하는 의식을 '다례(茶禮)'라 하는데, 삼국시대에는 헌다의식(獻茶儀式), 고려시대에는 진차의식(進茶儀式), 조선시대에는 다례의식(茶禮儀式)이라 칭하였다. 일본의 '다도(茶道)'와 중국의 '다예(茶藝)' 또한 예절을 지키고, 차를 마시는 일을 통해 몸과 마음의 수행하는 의식 행위를 일컫는다. 다례는 우리나라의 전통예절 중 하나로 차를 마시는 풍습은 오래 전부터 우리 음료 문화의 중요한 정신적 위치를 차지하고 있다.

1) 다구

차를 우려 마시는 데 사용하는 도구인 다구(茶具)는 다음과 같다.

(1) 찻주전자(다관)

차와 더운 물을 넣어 차를 우려내는 주전자로 다관이 갖추어야 하는 기능성에는 '3수3평(三水三平)'의 원칙이 있다. 3수란 출수(出水), 절수(切水), 금수(禁水)로 출수는 물대에서 나가는 물줄기가 예상 지점에 정확히 떨어지는 것을, 절수는 물을 따를 때 물 끊김이 깨끗해 다관 몸통으로 흘러내리지 않는 것을, 금수는 뚜껑의 공기 구멍을 막으면 물이 한 방울도 새지 않을 정도로 뚜껑이 꼭 맞는 것을 말한다. 3평이란 물대의 끝과 몸통의 찻잎을 넣는 입구, 손잡이의 끝이 같은 높이가 되어 수평을 이루는 것을 말한다.

(2) 귀때그릇(숙우)

다관에 넣을 끓인 물을 식히는 데 사용하거나 우려낸 찻물을 찻잔에 나눌 때 사용한다. 사발 모양으로 물을 따를 때 흘러내리지 않도록 한쪽에 귀때가 달려 있다.

(3) 개수그릇

다관과 찻잔 예열에 사용한 물이나 첫 탕에서 차를 씻어낸 물을 버리기 위해 따로 담아두는 그릇으로 마시고 남은 찻물과 차 찌꺼기를 이곳에 버리기도 한다.

(4) 찻잔

차를 담아 마시는 잔으로 일반적으로 5개가 다구를 구성한다.

(5) 찻잔받침(차탁)

찻잔받침은 찻잔과 주로 동일한 재질을 사용하는데, 주로 도자기가 사용되지만 잔과 받침이 부딪히는 소리가 거슬릴 경우 나무, 한지, 천 등을 사용한다.

(6) 찻숟가락(차시)

차통에서 차를 다관에 옮길 때 사용하는 도구로 대나무나 오동나무 제품을 많이 쓴다.

(7) 다선(차전)

가루 형태의 차를 저을 때 사용하는 거품기로 주로 대나무로 만든 말차용 다구이다.

		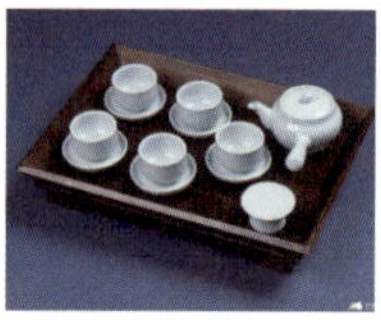
말차용 다구	다반에 놓인 다구	다관과 찻잔

출처 – https://encykorea.aks.ac.kr/

2. 차 우려내기

> 다구, 차, 물 준비(100도) → 예열(숙우, 다관, 찻잔 순으로 뜨거운 물로 행구며, 예열 후 개수 그릇에 담아둔다.) → 숙우에 물 식히기 → 차 우려내기(다관에 숙우의 물을 넣고 2~3분 간 우려낸다.) → 찻잔에 따르기(조금씩 나누어서 붓는다.) → 마시기(차를 차탁에 올리고 음용한다.)

차를 우려내는 물은 석간수가 가장 좋지만 보통 수돗물의 앙금을 하룻밤 정도 가라앉히고 사용하면 좋다. 물은 섭씨 약 100도까지 끓여서 세작은 낮은 온도로, 대작은 높은 온도로 우린다. 즉 찻잎의 크기에 따라 물 온도를 조절한다. 차를 우려내는 시간은 물 온도가 고온일수록 짧게, 저온일수록 길게 우려낸다. 그 다음 잘 우려낸 차는 놓여있는 찻잔에 조금씩 위에서 아래로 다시 아래에서 위로 고르게 분배해서 따른다. 차를 마실 때 찻잔은 왼손으로 받치고 오른손으로 마시며 천천히 여러 번 나누어 시음한다. 또한 다식(茶食)을 곁들여 차를 즐기기도 한다.

02 홍차

1. 홍차의 정의

찻잎을 효소작용에 의해 산화 발효시켜 만든 차로 향과 맛이 강하다. 또한 홍차는 녹차나 우롱차보다 더 발효시킨 차이다. 차의 빛깔이 붉다고 하여 홍차(Red Tea)라고 칭하지만 유럽에서는 찻잎의 색깔이 검은 빛을 띠고 있어 블랙티(Black Tea)라고 부르게 되었다. 세계에서 생산되는 차의 약 80%가 홍차로 주로 녹차를 음용하는 중국, 일본, 북아프리카 등 특정한 지역을 제외하고는 차는 대부분 홍차를 의미한다.

홍차(Black Tea)	우롱차(Oolong Tea)	녹차(Green Tea)	백차(White Tea)

출처 – http://www.goodasgold.com/

2. 홍차의 기원과 역사

유럽식 홍차의 원형은 16세기 중국 복건성에서 시작된 발효차인 무이차(武夷茶)이다. 중국의 음료인 차가 유럽으로 유입된 것은 17세기 초 '네덜란드 동인도회사'에 의해서였다. 1630년대 중엽부터 유럽에 건너간 홍차는 독일, 프랑스, 영국 등으로 확산되었다.

홍차는 18세기 말에서 19세기 초에 이르러 영국의 국민 음료가 되면서 영국의 세계 지배와 함께 홍차 문화 또한 퍼져나가게 되었다. 차 소비의 증가는 중국과의 아편전쟁과 식민지인 미국의 반란 사건인 보스턴 차사건을 일으켰지만 유통분야에 있어서는 쾌속선과 기선의 출현을 촉진시키는 결과를 가져왔다.

차의 수입을 전적으로 중국에 의존하던 유럽인들은 차 무역에서 탈피, 직접 재배하고 생산하기 위하여 많은 노력을 기울여 드디어 식민지에 차의 재배를 시도하였다. 1823년 스코틀랜드의 로버트 브루스(R. Brus)가 인도의 북동부 고원지대인 아삼 지방에서 '자생하는 차나무'를 발견하게 된다. 1834년 영국은 '차 위원회'를 통해 인도에서의 차 생산을 본격화하였고, 같은 시기 로버트 브루스의 형제인 찰스 알렉산더 브루스는 인도의 아삼 지역에서 차의 재배 및 생산에 성공하게 되었다. 그리고 1839년 아삼에서 수확한 차가 영국 런던에 도착, 영국은 차의 자국생산을 인도에서 스리랑카 등으로 그 다원을 확대해 나갔다.

또한 1880년대 차의 제조 과정에 도입된 기계화를 통하여 품질의 균일화, 대량 생산을 통해 저렴한 가격의 홍차를 생산하게 되었다. 이로 인해 중국 홍차의 유럽 유입은 점차 감소하게 되었으며, 중국으로 대표되던 차산지는 영국 식민지인 인도, 스리랑카로 변하게 되었다. 한편 현재는 세계 약 40여개 국에서 차나무가 재배되고 있다.

16세기 이전	중국 시대 – 차의 발견과 주변국으로 확산
16세기	포르투갈 시대 – 유럽에 차의 정보 발신
17세기	네덜란드 시대 – 차의 유럽 전래
18세기	영국 시대 – 차의 유럽 정착, 세계로 확산

출처 – 박광순(2002), 홍차 이야기, 도서출판 다지리.

[홍차의 확산 과정]

3. 홍차의 종류

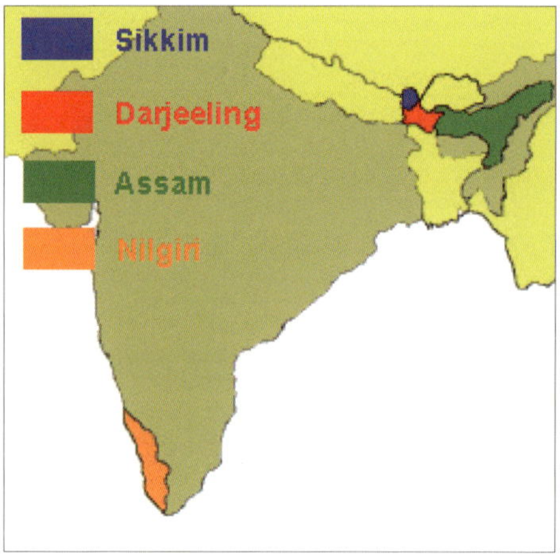

출처 – http://www.betterbeverage.co.uk/

[인도 차산지]

출처 – http://www.palaisdesthes.com/

[스리랑카 차산지]

1) 아삼(ASSAM)

인도 북동부 평원의 아삼 지방은 영국인 브루스 형제에 의해 발견되기 전까지는 정글 지역이었으며, 현재는 인도 차 생산의 1/3을 차지하고 있는 주요 생산지이다. 아삼은 강한 남성적인 맛으로 알려져 있는데 5~6월 생산한 차가 향과 빛깔이 뛰어나다고 한다. 따뜻한 물에 우려내면 검은 빛을 띤 진한 붉은색을 나타낸다. 홍차 자체의 향과 맛이 강하기 때문에 향료나 우유를 섞어 밀크티로 주로 마시며, 잉글리쉬 브렉퍼스트의 기본적인 재료로 사용된다.

2) 우바(UBA)

스리랑카 남동부의 고산지대로 세계 3대 홍차 산지이며 진한 맛과 밝은 홍색에 장미향이 나는 홍차이다. 7월에 수확한 홍차를 최고로 평가하며 8월 중순까지 향이 좋은 차가 수확된다. 아이스티의 경우 레몬을 곁들이거나 밀크티로도 많이 마신다.

3) 딤불라(DIMBULA)

스리랑카 남서부의 고지대 다원으로 1월~2월에 건기를 맞이하며 이때 수확되는 차가 품질이 좋다. 딤불라 홍차는 밝고 깨끗한 홍색에 꽃향과 부드러움이 특징이며 타닌성분이 적으며 블렌딩용으로 많이 사용된다.

4) 다르질링(DARJEELING)

최고의 홍차로 알려진 다르질링은 인도 북동부의 히말라야 산록 고지에서 생산되며 밤과 낮의 기온차가 심하기 때문에 발생하는 안개와 공기로 인하여 독특한 감칠맛과 향을 지니고 있다. 스리랑카의 우바차와 중국 안휘성의 기문홍차와 더불어 세계 3대 홍차 중 하나이다. 봄에 수확해서 만든 홍차는 '홍차의 샴페인'이라고 부르며, 신선한 향이 나고 엷은 찻물이 우러난다. 그리고 여름에 생산되는 두물차는 머스켓 향과 진한 적색을 띠는 오렌지 색이다. 우기인 10월 이후의 차는 맛과 색은 진하지만 향이 약하다.

출처 – http://www.palaisdesthes.com/

최종일의 [세상곰파기]
스리랑카 홍차 '독립' 뒤엔 고집스러운 한 장인의 40년 투쟁이

인도양의 진주로 불리는 스리랑카는 실론티로 유명하다. 수도 콜롬보에서 약 90㎞ 떨어져 있는 옛 왕조의 수도 캔디와 차(茶) 생산지 하푸탈레를 잇는 낡은 열차에서 바라보는 드넓은 차밭은 녹색 바다로 출렁인다. 최근 다녀온 스리랑카에서 인도양 해변과 더불어 시선을 떼기 힘든 장관이었다. 어느 블로거는 '윈도우 배경화면이 몇시간 동안 계속된다'고 말할 정도다.

현재 '스리랑카=차'로 불릴 정도로 실론티는 유명하지만 그 역사는 채 200년이 되지 않았다. 차 문화는 영국이 1824년 중국에서 들여온 차 나무 한그루를 심으면서 꽃을 피우게 됐다. 당시 실론(Ceylon)으로 불리던 스리랑카를 영국이 식민통치(1815~1948년)했던 시절의 일이다.

차 농사가 확산되는 데엔 시간이 걸렸다. 1860년대까지 스리랑카는 세계 최대 커피 생산국 중 하나였다. 커피 녹병 창궐은 진로를 바꿨다. 대다수 영국 커피 재배업자들은 품목을 차로 갈아탔다. 19세기 후반 들어 자연스럽게 차 문화는 만개했다.

현재 차 재배는 국내총생산(GDP)의 약 2.5%를 차지하고, 수출 규모는 15억 달러(2013년)에 달한다. 생산 규모는 30만 톤(2014년)을 웃돈다. 차밭의 총 면적은 얼추 제주도만하다. 수출량에서는 케냐와 중국에 이어 3위이지만, 금액 기준으로는 2위다. 프리미엄 전략 덕분이다.

고품질의 실론티는 현재는 스리랑카의 자랑이지만 그 속엔 아픈 노동의 역사가 담겨 있다. 노동착취를 근간으로 한 식민지 플랜테이션 방식으로 재배되어 왔기 때문이다. 플랜테이션은 영국인이 자본 · 기술을 제공하고 원주민 · 이주노동자가 값싼 노동력을 제공하는 농업경영 방식이다.

약 150년 전 동인도 회사는 인력이 필요해 인도 남부에서 타밀 여성들을 대거 데려왔다(타밀인들의 이주는 2009년까지 20여 년 동안 지속된 내전을 일으킨 주요 원인 중 하나다). 플랜테이션 방식은 식민 지배와 더불어 시작됐지만, 피식민의 관계가 끝나도 수익 구조가 달라진 것은 없었다. 스리랑카인들이 뼈빠지게 일해도 큰 돈을 벌어가는 쪽은 영국 업체였다.

모순적 구조에 온몸으로 맞서 스리랑카의 첫 독자 브랜드를 일궜고 윤리 경영을 지독하게 고집하는 메릴 조셉 페르난도(86)의 이야기는 그래서 흥미롭다. 페르난도는 1930년 스리랑카 서부 항구도시 니곰보의 중산층 가정에서 출생했다. 18세에 처음으로 차 업계에 발을 들여놓게 됐다.

처음에는 법조계에서 일하길 원했지만 생각대로 되지 않았다. 그러다 영국의 한 회사에서 차 감별사 연수 기회를 갖게 됐다. 당시 스리랑카 정부는 영국 회사들에 스리랑카인들을 차 감별사로 훈련시켜 달라고 압박을 넣었는데 한 회사만 이에 응했다.

인종차별주의가 만연했던 때였다. 영국에 머무를 때는 동료로부터 “너희들은 카레를 너무 많이 먹어, 차를 제대로 감별할 수 없어”라는 발언을 듣기도 했다. 차별은 받았지만 당시 전 세계 차 거래의 중심지였던 런던 민싱 레인에서의 생활로 현실을 적나라하게 볼 수 있었다.

페르난도의 시선을 끈 것은 모순적 시스템이었다. 차 생산 국가는 원재료 공급에만 역할이 국한됐고, 브랜딩과 부가가치는 해외에서 이뤄지고 있었던 것. 이로 인해 대부분의 수익은 차 생산국에 돌아오지 않는다는 점을 깨닫게 된 것이다.

최근 한 언론과의 인터뷰에서 그는 1950년대 실론티가 킬로그램당 1달러에 팔리면 다국적 기업들은 블렌딩과 패킹 그리고 브랜딩을 해 킬로그램당 50~60달러에 팔았다고 했다. 그는 “나는 이 과정을 뒤집길 원했다. 내 조국에 더 많은 가치가 돌아가길 원했다”고 했으며 또 “우리는 그들을 부유하게 하고, 그들은 우리를 가난한게 한다”고 말했다.

수익 창출에만 관심을 보이는 업계의 행태도 페르난도가 남다른 꿈을 꾸게 한 요인이었다. 그는 “찻잎 혼합이 무척이나 우려스러웠다. 실론티라고는 하지만 실제 실론 차는 30~40%에 불과했다”며 “해외 업체들이 결국에는 실론티를 사용하지 않거나 아주 소량만 사용할 수 있겠다는 생각을 하게 됐다”고.

페르난도는 스리랑카 고유 브랜드를 떠올렸다. 고향에서 재배된 차를 고향에서 생산해 전 세계에 수출하고 생산자들에게 수익을 돌려주는 구상이다. 그는 “내 스스로가 말했다. 고객들에게 최고의 차를 전할 것이다. 또 만약 내가 성공한다면, 나는 차 생산자들과 노동자들에게 더 나은 대우를 해줄 것이라고 다짐했다”고 말했다.

페르난도는 귀국 후 1962년까지 한 회사에서 일했다. 당시는 시리마보 반다라나이케 총리의 사회주의 정책으로 일부 영국 회사들은 스리랑카에서 철수할 때였다. 투자자들의 도움으로 한 회사를 인수했지만 주주들과 사사건건 대립했다.

그러다 꿈을 좇아 회사를 설립했다. 18명의 직원을 뒀다. 다국적 기업에 차를 파는 게 주업무였다. 업계 관행은 여전했다. 미국과 유럽, 호주의 바이어들은 스리랑카 차 비중을 줄이고 대신 값이 싼 다른 나라 차와 섞고 또 이로 인해 수익을 늘리리고자 했고 그는 이것을 지켜봐야 했다.

1970년대에 접어들면서 대형 업체들이 작은 회사들을 인수하기 시작했다. 당시에 차와 커피 무역 분야에선 가족 경영이 일반적이었다. 페르난도의 지인들도 회사를 팔아버렸다. 하지만 당시 그는 "다국적 기업의 전략은 차를 파는 것이지 실론티를 파는 것이 아니다"고 생각했다.

1970년대 두 차례의 토지개혁은 또 꿈의 실현을 늦추게 했다. 1988년에 그는 두 아들의 이름으로 만든 브랜드 딜마(DILMAH)를 론칭했다. 전 세계에서 차 생산자가 소유하는 첫 브랜드가 탄생한 순간이었다.

딜마는 차의 품질을 보존하기 위해 자동화를 피했다. 케냐와 인도에서 대다수 생산자들이 제조 프로세스를 통해 홍차만 집중 생산하지만, 보다 다양한 상품을 생산하기 위해 전통적인 접근을 선호했다. 또 사람경영의 가치를 추구하기 위해 가족경영을 고수하고 있다.

페르난도는 심지어 공정무역(Fair Trade) 라벨도 소비자에게 비용을 떠넘기는 마케팅 전략이라고 주장한다. 이 라벨은 중간상인을 거치지 않아 생산자가 수익의 많은 부분을 가져가는 제품에 붙는 라벨이다.

페르난도는 "많은 소비자들이 나에게 '공정무역 라벨을 붙이고 가격을 높일것'을 조언했다. 나는 그렇게 하지 않겠다고 답했다. 공정무역 라벨은 마케팅 전략이다"라며 "당신은 그걸 위해 추가 비용을 내야 하지만 농부는 그걸 볼 기회도 없다. 유통업자는 자기 몫을 가져가고 수입업자도 자기 몫을 챙긴다. 인상분은 농부에게 직접적으로 가지 않는다"고 잘라 말했다.

페르난도는 "무역에 관해서 공정한 것이 아무것도 없다. 무역이란 것은, 당신이 키우고 내가 구매하고, 돈을 버는 것이다. 그것이 무역이다. 당신이 당신의 작물을 마케팅한다면, 그것이 가장 공정한 형태의 무역이다"고 덧붙였다.

그는 또 "모든 다른 차 브랜드는 크든 작든 간에, 무역 회사에 속한다. 무역업자는 대도시에 있으면서 어디에서든 가장 싼 차를 사들이고, 그걸 포장하는 계약을 체결하고, 자신의 브랜드를 붙인다. 그는 그 업계에 충성심 혹은 애정을 갖고 있지 않다. 아무것도 없다"고 말했다.

그의 비판은 계속됐다. "우리는 루스 리프(loose leaf, 통잎 그대로 담긴)를 담은 일반적인 홍차로 시작했다. 그러다 봉지(envelope)가 나와 우리도 따랐다. 주로 방열 봉지였다. 그건 적합하다고 본다. 그런데 어느 회사가 끈이 달린 봉지를 내놓았다. 같은 차인데 끈이 달렸다고 가격이 인상됐다"

그는 "그러더니 그들은 종이 봉투를 줬다. 그 후 은박지 봉투로 바뀌었다. 항상 뭔가를 더했다. 가난한 차는 그대로다. 포장이 바뀌고 가격은 높아지는데, 누가 돈을 버나? 소비자들은 똑같은 차에 더 많은 돈을 지불한다"며 "또 그들은 첨가물을 첨가한 차를 내놓았다. 지금은 허브차다"라고 말했다.

땀은 결실을 맺었다. 딜마는 현재 전 세계 10대 차 브랜드 중 하나다. 2005년에는 브랜드 싱크탱크인 메딘지 그룹 양심 브랜드로 선정됐다. 세전 수익의 10%를 MJF 자선재단에 보내고 재단은 학교와 병원, 장애인 시설 등을 후원하고 있다. 또 소기업 창업 지원에도 힘쓰고 있다.

페르난도는 지난해 5월에는 '오슬로 기업평화상(Oslo Business For Peace Award)'을 받았다. 오슬로 비즈니스 평화상은 전 세계 기업 수장들의 사회적 책임에 기반한 기업활동을 독려 · 증진코자 제정됐다.

출처 – http://news1.kr/(2016.11.07)

Chapter 05 맥주

01 맥주의 개요

1. 맥주의 역사

맥주는 B.C 4,000년 경 티그리스강과 유프라테스강 사이에 위치한 수메르에서 처음 만들어진 것으로 보인다. 당시 맥주는 싹이 난 보리나 밀을 빻아 갈아서 물을 넣고 반죽하여 빵을 만든 후, 그 빵을 잘게 부수고 물에 담가서 빵의 이스트를 발효시킨 액체 빵 형태라고 한다. 그리고 B.C 3,000년 경에는 이집트에서도 나일강변에서 수확한 대맥을 이용해서 맥주를 제조했고, 그 후 그리스나 로마에까지 전파 되었다.

갈리아(Gallia : 현재의 프랑스, 벨기에, 스위스 서부, 라인 강 서쪽의 독일을 포함하는 지방) 사람들은 맥주의 일종인 곡주 세르부와즈(Cervoise)를 만들어 마셨으며 서반어로 맥주를 세르베사(Cerveza)라고 칭하는데 같은 어원에서 나왔다고 볼 수 있다. 맥주에 대한 평가는 와인에 비해 질이 낮다는 것이었으나, 중세에 들어서는 수도원을 중심으로 우수한 품질의 맥주를 만들게 되었다. 초기에는 수도원 자체의 필요에 의해 생산된 맥주가 점차 시민과의 교역 수단으로 발전하게 되었으며, 가정에서 맥주를 양조하는 일은 줄어들게 되었다.

중세에서 근세로 넘어오면서 도시의 발전과 길드제도의 정착과 더불어 맥주의 제조는 점차 수도원에서 시민에게로 이동되었다. 맥주의 저장성과 발효를 도울 목적으로 여러 가지의 식물가루가 첨가되었지만 중세시대 가장 큰 혁신은 호프의 사용이다. 그와 더불어 1516년 독일의 빌헬름 4세는 맥주의 품질 향상을 위해 맥주제조 원료를 규제하는 '맥주 순수령'을 제정하였다. 이것은 대맥, 호프, 물 3가지 원료 외에는 맥주제조 시 사용해서는 안 된다는 것으로 오늘날 독일이 맥주의 종주국으로 발전하는 계기가 되었다. 그러나 방부제가 첨가되지 않은 맥주는 장기 보존이 어렵고, 멀리 운송할 수 없었기 때문에 독일 맥주의 국제경쟁력을 약화시키는 원인이 되었다.

19세기 중엽 프랑스의 화학자이자 미생물학자인 루이 파스퇴르(Louis Pasteur 1822~1895)에 의해 열처리 살균법(pasteurization)이 발명됨으로써 맥주의 장기 보관이 가능하게 되었고, 1883년 덴마크의 한센은 파스퇴르의 이론을 바탕으로 효모의 순수 배양기술을 발명하여 맥주의 질을 향상시키는 데 공헌하였다. 또한 독일 엔지니어 카를 폰 린데(Carl von Linde)는 현대 냉동기술의 기본이 되는 암모니아 냉각기를 발명하여 최초로 사계절을 통한 맥주의 제조, 보관을 가능케 했으며, 냉장기술의 발전은 오늘날 맥주양조가 거대산업으로 발전하는 계기를 만들어 주었다.

우리나라에 맥주가 들어온 것은 구한말이었다. 1876년 개항 이후 서울과 개항지에 일본인 거주자가 늘어나면서 일본 맥주들이 흘러들어 왔는데, 처음 들어온 것이 '삿뽀로 맥주'였고, 그 후 1900년을 전후해서 '에비스 맥주'와 '기린 맥주'가 들어왔다. 당시 맥주를 마실 수 있는 계층은 일부 부유층과 상류층에 한정되어 있었으며, 1910년 경 일본 맥주회사들이 서울에 출장소를 내면서 소비량이 크게 늘어나기 시작했고, 1920년대에는 수입주류 가운데서 가장 큰 비중을 차지하게 되었다.

우리나라 최초 맥주회사의 설립은 1933년 일본의 대일본맥주 주식회사가 조선맥주를 설립한 것이 그 시초이며, 이어서 같은 해 12월 쇼와기린맥주 주식회사가 소화기린맥주(동양맥주의 전신)를 영등포에 설립하였다. 1945년 해방과 함께 이들 두 회사는 미군정에 의해 관리되어 오다가 그 후 1951년 민간에게 불하되었는데 이것이 조선맥주(현재 하이트맥주) 주식회사와 동양맥주(현재 오비맥주) 주식회사이다.

2. 맥주의 성분

맥주는 보리 · 물 · 호프(Hop) · 효모를 주원료로 하여 만든 탄산가스(CO_2)가 함유된 알코올성 음료로 보리를 대신하여 밀, 귀리, 녹말을 사용하여 제조하기도 한다. 특히 물은 맥주를 제조할 때 매우 중요한 요소로 일반적으로 옅은 색의 담색맥주(Pale beer)에는 단물인 연수(軟水)가 적합하고 진한 색의 농색맥주(Dark beer)는 일시적 경도가 높은 경수(硬水)가 적합하다. 한국 「주세법」에는 '맥아 및 홉과 백미 · 보리 · 옥수수 · 고량(高粱) · 감자 · 녹말 · 당질 · 캐러멜 중의 하나 또는 그 이상의 것과 물을 원료로 발효시켜 여과제성(濾過製成)한 것'으로 정의하고 있다. 맥아 이외의 녹말질 원료가 맥아 무게의 50%를 넘지 않도록 하고, 알코올분은 2도 이상 6도 이내로 규정하고 있다.

Malt	Hop	Yeast	Water

출처 – http://www.hainaut-terredegouts.be/

1) 맥아(Malt)

맥아는 맥주를 제조하는 주원료로 보리의 싹을 틔워 건조한 것으로 '엿기름'이라고도 한다. 싹이 난 상태의 맥아를 사용하는 것은 발아 시 생기는 효소가 전분을 분해해서 당분을 만들어 발효의 기본적인 1단계 과정이 진행된다. 맥아는 주로 두줄보리인 2조종이 사용되는데 양조용 보리는 우선 낟알이 크고 형태가 균일해야 하고, 병충해의 피해나 이물질의 오염에 의한 변색이 없으며, 광택을 띤 황금빛으로 단백질은 적고 전분 함량이 많은 보리가 적합하다.

2) 호프(Hop)

지중해 연안이 원산지인 호프는 뽕나무과에 속하는 다년생 숙근초 식물로 맥주에 상쾌함을 주는 향과 쓴맛을 낸다. 또한 잡균의 번식을 막고 보존성을 증가시키는 역할을 하며 맥주에 거품을 일게 하는 중요한 작용을 한다. 그리고 담금과정에서 맥아즙 속에 포함된 단백질을 침전 및 분리해서 맥아즙을 맑고 청정하게 한다. 기원전 6세기 경부터 맥주의 양조에 사용되었으며, 호프의 유명 산지로는 체코의 사츠(Saaz), 독일의 할렐타우(Hallertau)가 대표적이다.

3) 효모(Yeast)

효모는 맥아를 분쇄 후 물과 끓인 맥즙 속의 당분을 발효시켜 알코올과 탄산가스로 분해하는 미생물이다. 대부분의 맥주 양조에는 배양된 효모를 사용하는데 이 방법은 1882년 덴마크의 에밀 한센(Emil Christian Hansen)이 처음으로 순수 배양한 효모를 발효에 사용, 질 좋은 맥주를 생산함으로써 널리 보급되었다. 발효 후 탄산가스가 생기면 거품과 같이 표면에 떠오르는 상면발효 효모와 일정기간을 경과하고 밑으로 가라앉는 하면발효 효모가 있다. 맥주를 제조할 때 어떤 효모를 사용하느냐에 따라 맥주의 향과 맛이 달라진다.

4) 물(Water)

맥주와 물의 만남은 잘게 부순 맥아와 따뜻한 물을 섞는 담금과정에서 시작되는데 맥주의 중요한 맛을 결정하는 물은 투명하고 무색, 무미, 무향의 오염되지 않은 깨끗한 물이 좋다. 맥주 제조 과정에서 많은 양의 양조용수를 필요로 하기 때문에 맥주공장의 입지를 설정할 때에는 양질의 물을 충분하게 얻을 수 있는 장소가 중요한 조건이 된다. 우리나라 물은 연수로 필젠, 라거, 에일같은 담색맥주에 적합한 양조용 물이지만 오늘날은 기술의 발달로 연수와 경수 어느 성격의 물도 생산 가능하다.

3. 제조 과정

1) 담금과정

담금 공정은 맥즙을 제조하는 공정으로 잘게 분쇄한 맥아에 전분 등의 부원료를 더하여 따뜻한 물과 섞는다. 적당한 시간과 온도를 유지하면 맥아 속에 있는 효소의 작용에 의해 전분질은 효모가 이용 가능한 당분으로 변한다. 당화 및 단백분해를 마친 매시(Mash : 엿기름)를 여과하여 호프를 첨가하여 끓인 후 침전물을 제거한다.

2) 전발효과정

담금과정에서 만든 뜨거운 맥즙을 냉각시킨 후 여기에 효모를 첨가하여 발효 탱크에 넣는다. 하면발효의 경우 7~12일 간 발효가 이루어지는데 효모의 작용에 의해 맥아즙 속의 당을 소비하고 알코올과 탄산가스를 배출하는 발효과정이 진행된다. 전발효가 끝난 맥주를 미숙성 맥주(Young Beer)라고 하는데 이때 맥주의 상태는 맛과 향이 거칠다.

3) 후발효과정

전발효가 끝난 미숙성 맥주는 후발효 탱크에 옮겨져 0~1℃의 저온에서 40일~90일 간 숙성시키면 발효과정에서 생긴 맥주의 효모와 부유물은 가라앉고 탄산가스가 맥주에 용해되어 맥주의 맛과 향이 세련되고 조화된 풍미를 가지게 된다.

4) 여과과정

숙성이 끝난 맥주는 여과과정을 거쳐 맑고 투명한 황금색의 맥주가 탄생한다.

5) 병입

여과된 맥주는 저온살균 후 병이나 캔, 통에 넣어 출하되며 생맥주의 경우는 여과 후 살균하지 않고 미세한 여과기로 필터링 후 맥주에 남아있는 효모를 걸러내는 공정만 진행하기도 한다. 오래 보존 가능한 병맥주보다 생맥주가 신선한 거품과 맥주 본연의 풍미를 즐길 수 있다.

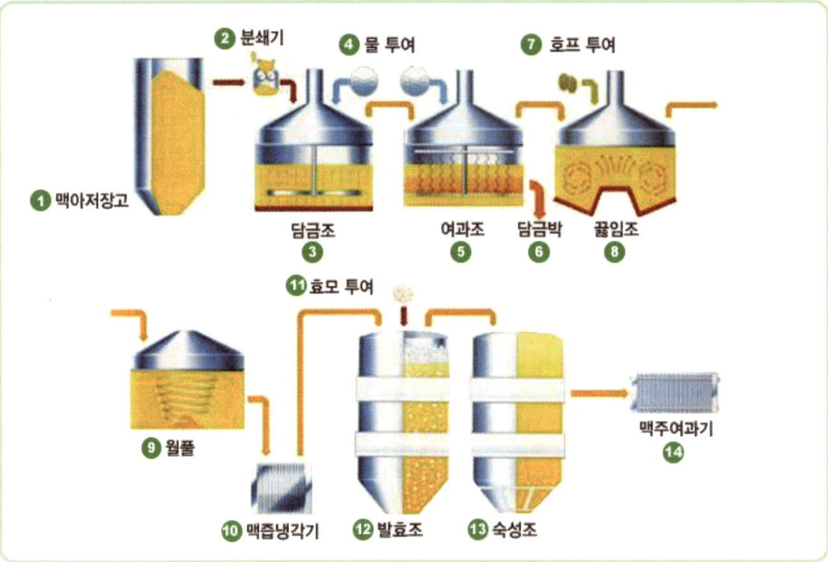

자료 – http://www.microbrewery.or.kr/

[맥주 제조공정]

02 맥주의 종류

맥주의 종류는 발효방식에 따라 크게 상면발효(上面醱酵) 맥주와 하면발효(下面醱酵) 맥주로 구분한다. 상면발효 맥주는 영국에서 주로 이용하는 방법으로 18~25도 정도의 비교적 고온에서 발효하며, 발효 후 효모가 표면에 떠있는 특성을 갖는 상면발효 효모(Ale yeasts)를 사용한다. 거품이 적고 호프의 냄새가 강하며, 쓴맛도 강하다. 밀을 첨가해 만든 휘트비어(Wheat Beer), 에일(Ale), 스타우트(Stout), 포터(poter), 램빅(rambic) 등이 이 방식으로 만들어진다.

세계맥주의 3분의 2 이상을 차지하는 하면발효 맥주는 7~15도 정도의 저온에서 발효시킨 맥주로 발효 후 효모가 밑으로 가라앉는 하면발효 효모(Lager yeasts)를 이용해 만든다. 단맛이 나고 도수가 비교적 낮다는 게 특징이며 필슨(pilsen), 복(Bock), 라거(Lager), 도르트문트(Dortmunt), 뮌헨(Munich) 등이 하면발효 맥주이다.

1. 상면발효 맥주

고온에서 상면발효 효모를 사용하여 발효시키는 맥주를 주로 만드는 국가는 영국으로 대표적인 효모로는 사카로미세스 세레비지에(Saccharomyces Cerevisiae)가 있다. 사카로미세스는 당곰팡이, 세레비지에는 맥주를 뜻하는데 맥주효모 또는 빵효모라고 한다.

1) 에일(Ale) 맥주

영국의 대표적인 맥주로 호프를 많이 첨가하기 때문에 호프 향이 강하고 쓴맛이 나는 맥주이다. 처음 에일 맥주는 프랑스와 네덜란드 북부지역에서 만들기 시작했다. 에일은 홉에 나쁜 영을 쫓는다고 알려진 로즈메리 향을 첨가했으며 맥주의 색은 구릿빛에서 적갈색을 띤다.

2) 스타우트(Stout) 맥주

검은색에 가까운 짙은 빛깔의 맥주로 맥아를 검은색이 날 때까지 볶아 다소 탄 냄새를 지니며, 강하고 진한 향과 맛이 난다. 이 맥주를 처음 만든 사람은 아일랜드의 아서 기네스(Arthur Guinness)로 맥아를 불 위에 볶다 태우게 되는데 이를 계기로 호기심 많은 기네스는 캐러멜 향과 초콜릿 향이 나는 검은 맥주를 만들게 된 것이다.

3) 포터(Porter) 맥주

흑맥아와 농색맥아를 블렌딩한 색이 진한 흑맥주로 스타우트 맥주의 사촌격이라 할 수 있다. 호프 사용량이 높고, 알코올 도수(5~7%)도 높다. 런던의 랠프 하우드가 1720년 경 만들었으며 그의 퍼브에서 마시는 손님들이 주로 시장에서 일하는 화물운반인(Porter)들이어서 포터 맥주라고 부르게 되었다고 한다.

4) 램빅(Lambic) 맥주

벨기에 브리셀(Brussel) 근교에서 양조되는 맥주로 약 65%의 맥아와 35%의 밀을 가지고 만든다. 발효는 250L나 650L 크기의 나무통에 효모를 무첨가한 맥즙을 넣어 자연 발효시킨 맥주이다. 발효과정은 수개월에서 3년까지 소요된다.

5) 알트(Alt) 맥주

독일의 뒤셀도르프(Düsseldorf)를 중심으로 시작된 맥주로 알트(Alt)는 전통이란 의미로 오래 전부터 전통적 방식으로 만든 맥주로 짙은 갈색에 쓴맛이 강한 편이다.

Stout

Porter

Ale

Lambic

Alt

2. 하면발효 맥주

저온에서 맥주를 발효시키는 하면발효 맥주는 우리나라와 독일, 체코, 미국, 일본 등에서 많이 생산하는 맥주 스타일이다. 대표적인 하면발효 효모로는 사카로미세스 칼스버겐시스(Saccharomyces Carlsbergensis)를 사용한다. 사카로미세스 칼스버겐시스는 1908년 한센이 붙인 학명으로 이 균주가 기존의 맥주효모와는 다른 성격을 갖고 있어 명명했다. 그러나 이미 1870년 독일의 미생물학자인 막스 리스가 발견한 사카로미세스 파스토리아누스(Saccharomyces Pastorianus)가 사카로미세스 칼스버겐시스와 같은 종이라고 밝혀졌다.

1) 라거(Lager) 맥주

라거 맥주는 세계에서 가장 많이 판매되는 맥주로 하면발효 맥주를 총칭하는데 알코올 도수는 낮은 편이고, 맑은 호박색을 띠며 후발효기간이 길다. 향미와 깔끔함이 좋은 맥주이다.

2) 필스너(Pilsener) 맥주

1842년 체코의 플젠(독어로 Pilsen, 체코식 지명은 Plzeň)에서 유래된 라거 타입의 맥주로 옅은 황금색이고, 맥아의 향기가 약하며, 맛이 담백하다. 플젠 타입의 맥주는 체코만의 독점이 아닌 유럽 다른 국가에서도 많이 생산되고 있기 때문에 체코 플젠 맥주의 원조격인 필스너 우르겔의 우르겔(Urquell), 즉 '오리지날'이란 명칭이 쓰이게 되었다.

3) 도르트문트(Dortmund) 맥주

독일 도르트문트 지역에서 생산되는 맥주로 센물(경수)을 사용하여 만들어 플젠 타입보다는 산뜻하고, 쓴맛이 적으며, 알코올 함유량은 3~4%이다.

4) 복(Bock) 맥주

독일 북부 아인베크에서 시작된 맥주로 현재 독일과 오스트리아에서 주로 생산된다. 갈색의 하면발효 맥주로 알코올 함유량이 6~7%로 높으며, 향미가 짙고 단맛을 띤 진한 맥주이다.

5) 메르첸(Märzen) 맥주

독일 바이에른주에서 시작한 라거 맥주로 주로 3월에 양조되어서 메르츠(März)란 단어에서 파생되어 메르첸이라고 부르게 되었다. 냉장시설이 없던 19세기 4월 이후 더운 날씨에 발생하는 박테리아를 피해서 이른 봄에 양조 후 날씨가 선선해지는 9월 말까지 개봉해서 마시던 맥주로 10월 맥주축제에 사용되어 옥토버페스트비어라고 부르기도 한다.

Lager	Pilsener	Dortmund	Bock	Märzen

Beverage Basics & Economy

출처 – http://www.moreaboutadvertising.com/

[글로벌 맥주시장 점유율]

출처 – http://newatlas.com/

[알코올 도수 순위]

3. 주요국가의 대표 맥주

1) 독일

독일은 체코와 아일랜드에 이어 1인당 맥주 소비가 많은 맥주의 종주국으로 독일 전역에는 약 1,300여 개의 맥주공장이 있으며 '맥주 순수령'에서 나타난 것처럼 오랜 품질관리의 전통을 가진 나라이다. 대표적인 제품으로는 레벤브로이(Löwenbraeu), 벡스(Beck's), 답(Dab), 홀스타인(Holstein), 크롬바커(Krombacher), 슈무커(Schmucker), 비트버거(Bitburger), 헤닝거(Henninger), 버스타이너(Warsteiner) 등이 있다.

Löwenbraeu	Beck's	Krombacher	Bitburger	Henninger

2) 영국

영국은 에일(Ale) 맥주와 포터(Porter) 맥주로 대표되는 상면발효 맥주를 만드는 대표적인 국가로 맥주문화를 소비하는 공간인 펍(Pub)이 잉글랜드에만 8만여 개가 있다고 한다. 유명 제품으로는 바스(Bass), 기네스(Guiness), 풀러(Fuller), 머피(Murphy) 등이 있다.

Bass

Guiness

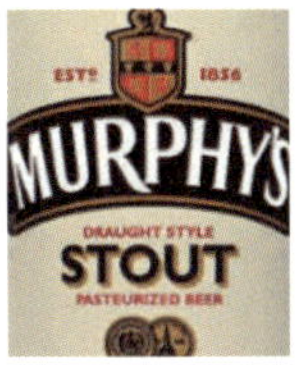

Murphy

Newcastle

Fuller

3) 덴마크

오랜 맥주 양조의 역사를 가진 나라로 15세기 경부터 판매 목적의 맥주를 만들었다. 덴마크는 1847년 칼스버그 양조장이 설립되고, 이 공장의 건립자 야코프 야콥센(Jacob Jacobsen)이 독일의 하면발효 방식을 도입하였으며, 한센을 통해 순수 배양기술을 도입, 덴마크 맥주 양조의 중요한 발전에 기여하였다. 유명 제품으로는 칼스버그(Carlsberg), 팍세(Faxe), 투보그(Tuborg) 등이 있다.

Carlsberg

Faxe

Tuborg

Amstel

Royal Export

4) 체코

세계에서 1인당 맥주를 가장 많이 소비하는 나라로 체코를 대표하는 필스너 맥주는 1842년 플젠에서 탄생하였다. 9세기부터 재배된 체코의 홉은 세계에서 가장 우수한 품질로 미국의 버드와이저도 체코의 지명에서 유래되었다고 한다. 유명 제품으로는 필스너 우르켈(Pilsner Urquell), 부데요비츠키 부드바(Budejovicky Budvar), 프리마토(Primator) 등이 있다.

Pilsner Urquell

Budejovicky

Primator

Kozel

Gambrinus

5) 네덜란드

14세기 이후 맥주에 호프를 사용하면서 맥주산업이 발전하였다. 현재 1937년 설립된 하이네켄(Heineken) 맥주와 같은 세계적 맥주회사를 가지고 있으며, 맥주 생산량은 세계

4위이다. 유명 제품으로는 하이네켄(Heineken), 브레다(Breda), 그롤쉬(Grolsch), 바바리아(Bavaria) 등이 있다.

Heineken

Breda

Grolsch

Hertog Jan

Bavaria

6) 미국

영국에서 메이플라워호를 타고 온 청교도들이 미대륙에 상륙하면서 맥주를 가내 소비 목적으로 양조하면서 맥주의 역사가 시작되었다. 초기에는 주로 상면발효 맥주인 에일 맥주가 주를 이루었으나 독일 이민자들이 들어오면서부터 하면발효 맥주를 만들었다. 유명 제품으로는 버드와이저(Budweiser), 밀러(Miller), 쿠어스(Coors), 롤링 락(Rolling Rock) 등이 있다.

Budweiser

Miller

Coors

Rolling Rock

Samuel Adams

7) 프랑스

프랑스는 고대 갈리아시대부터 세르부아즈라는 곡주가 있었고 중세 수도원에서는 맥주 양조가 활기를 띠었다. 19세기 벨기에의 영향을 받아 상면발효 맥주가 주를 이루었으며 20세기 초에는 약 3,000개소 정도의 맥주 양조장이 있었다. 현재는 약 20여 개소가 있는데 주로 프랑스 북동부의 알사스 지역과 프랑스의 북단 벨기에 국경지대에 분포되어 있다. 프랑스 맥주 시장의 85%는 Heineken, Kronenbourg(덴마크), InBev(벨기에 다국적기업) 3개 기업이 지배하고 있다. 유명한 맥주로는 크로넨버그(Kronenbourg), 펠포스(Pelforth), 피셔(Fischer) 등이 있다.

Fischer

Pietra

Pelforth

Mont Blanc

Goudale

8) 벨기에

세계 최대의 맥주회사인 안호이저-부시 인베브(AB InBev)의 본사가 위치해 있으며 세계 2위 업체인 영국의 사브밀러를 합병하여 전 세계 유명 맥주 브랜드를 가장 많이 가지고 있는 나라이다. 또한 국내 OB맥주도 안호이저-부시 인베브의 자회사이다.

Hoegaarden

Brugs

Kwak

Duvel

La Chouffe

9) 일본

메이지유신 이후 맥주문화와 양조가 시작되었다. 일본의 유명 제품으로는 아사히 맥주, 기린 맥주, 삿포로 맥주, 산토리 맥주 등이 있다.

Asahi

Sapporo

Kirin

Suntory

Coedo

Beverage & Business

국내 주류업계, '쪼개고 뭉치기' 역사

하이트진로, 오비맥주, 롯데주류는 국내 주류업계를 이끄는 대표 3인방이다. 각각 설립된지 수십년, 길지도 짧지도 않은 이 기간 이들은 '쪼개고 뭉치며' 현 구도를 만들었다.

◇ 하이트진로, '하이트'와 '진로'의 만남

하이트맥주는 1933년 대일본맥주주식회사(현 아사히맥주)가 '조선맥주주식회사'라는 사명으로 설립한 것이 시초이며, 광복 이후 명성왕후의 조카였던 민영익 씨와 증손자 민덕기 씨가 인수해 경영했다. 이어 1967년 현 박문덕 회장의 선친인 박경복 명예회장이 인수한 뒤 1991년에는 박문덕 회장이 사장에 취임해 '2세 경영' 체제에 돌입했다. 그리고 1993년 하이트맥주는 기존 '크라운맥주'를 버리고, 새 브랜드 '하이트'를 출시하는 모험을 했다. 사명도 하이트맥주주식회사로 바꾸었다. 결과는 성공적이었다. 하이트는 출시 3년만에 '국내 맥주시장 1위'에 올랐을 정도로 폭발적인 인기를 끌었다. 하지만 오래 가지 않아 큰 위기가 닥쳤다. 수요를 감당하기 위해 4,000억 원을 투자해 국내 최대 규모의 홍천공장 건립을 추진한 시기, 외환위기(IMF)가 터지면서 자금난을 겪게 됐다. 금융권으로부터 워크아웃, 구조조정 등의 압박이 가해지면서 하이트맥주는 자산매각, 외자유치를 통해 위기를 극복하고자 했다. 이 과정에서 국내 맥주역사를 대변하는 영등포공장도 헐값에 팔았다.

진로는 1924년 평안남도에 세워진 진천양조상회로 시작했다. 창업자는 고 장학엽 회장이다. 그는 한국전쟁이 발발한 뒤 남쪽으로 내려와 서광주조를 설립해 현재 우리가 알고 있는 두꺼비 상표 '진로'를 출시했다. (이전에는 원숭이 상표) 진로가 국내 소주시장 1위에 오른 때는 1970년이다. 이로부터 40~50년간 그 자리를 지키고 있다. 1973년에는 증권거래소에 상장했고 회사 이름도 진로도 바꾸었다. 맥주시장으로 저변도 넓혔다. 진로는 미국 쿠어스맥주와 합작해 1992년 진로쿠어스맥주를 설립했다. 바로 이 회사가 '카스맥주'를 생산한 곳이다. 이처럼 급성장하던 진로였지만 외환위기 사태를 기점으로 급격히 하락했다. 당시 진로는 소주 외 전선 제조, 건설, 운송, 백화점 등 계열사를 두고 있었다. 무리한 계열사 확장으로 경영난에 빠지면서 부도를 낸 것이다. 이후 진로는 화의, 법정관리를 거쳤다. 이 과정에서 1999년 자회사인 진로쿠어스를 오비맥주에 매각했고, 2005년 진로는 하이트맥주에 인수됐다.이어 6년이 흘러 두 회사는 합병했고 간판도 하이트진로로 바꿔 달았다.

◇ 오비맥주, 두산에서 AB인베브로

오비맥주는 1933년 일본 기린맥주주식회사가 '쇼와기린맥주주식회사'로 설립한 것이 시초다. 군정청이 소유 관리하던 회사의 경영권을 '박승직 상점'의 상무 박두병(박승직 아들)이 1945년 승인받은 것을 본격적인 출발로 보고 있다. 이어 민간기업으로 정식 출범한 때는 1951년으로, 당시 경영진은 정부 귀속재산 불하방침이 발표되자 회사를 인수했다. 이 과정에서 사명은 '동양맥주주식회사'로, 상표는 'OB(Oriental Brewery)'로 각각 바뀌었다. 이어 40년이 흘러(1995년) 동양맥주주식회사는 자사 맥주 브랜드인 '오비맥주 주식회사'로 사명을 변경했다. 외환위기 한파가 불었지만 오비맥주의 성장은 계속됐다. 오비맥주는 1998년 세계 2위 맥주회사인 인터브루와 합작사를 설립하는 등 해외투자를 유치했고, 1999년 당시 국내 맥주시장 3위 기업이던진로쿠어스를 인수하며 제품 포트폴리오를 넓혔다.

하지만 오비맥주는 2001년 주인이 바뀌었다. 두산그룹에서 구조조정을 하면서 벨기에 인터브루에 오비맥주를 넘긴 것이다. 이후 인터브루는 2004년 브라질 Am베브와 합병, AB인베브로 사명을 바꾸었다. AB인베브는 2009년 미국계 사모펀드인 KKR에 오비맥주를 2조 3,000억 원에 매각했다가 5년만에 다시 인수했다. (5년 안에 지분을 우선 매입할 수 있는 우선매수청구권 부여했었음) 이 과정에서 KKR은 막대한 차익을 거둬 '먹튀' 논란에 휩싸이기도 했다. 무려 차익만 4조 원에 달했던 것이다. 또한 5년간 받은 배당금도 7,100여 억 원에 달했다. 배당의 경우, 2013년 국세청에서 세금을 내지 않았다고 판단해 1,600억 원의 세금을 추징했지만 지난해 조세심판원이 KKR의 손을 들어줬다. 차입금과 관련해서는 아직 조사 중에 있다.

◇ 롯데주류, 두산에서 롯데로

롯데주류는 1926년 강릉합동주조가 시초다. 회사는 1945년 조선양조주식회사(1967년 백화양조주식회사로 상호 변경)로 본격 출범했다. 이어 1972년 백화인삼주를 시판했고, 1973년 기업공개를 했다. 두산그룹으로 편입된 해는 1985년이다. 상호는 1990년 백화, 1995년 두산백화로 변경됐고 1998년 두산그룹의 구조조정 작업 일환으로 두산주류BG(Business Group)가 됐다. 이후 두산그룹이 2009년 주류사업을 매각하면서 두산주류BG는 롯데주류에 편입됐다.

[CEO스코어데일리/박미리 기자] mjsa57@ceoscore.co.kr

출처 – http://www.ceoscoredaily.com/(2016.07.26.)

Chapter 06 전통주

01 전통주의 정의와 종류

우리의 전통주은 발효주인 탁주와 약주, 증류주인 소주로 분류할 수 있는데 이 중에서 쌀 누룩을 이용해 발효한 탁주가 가장 오랜 역사를 가지고 있다. 탁주에서 용수를 이용해 맑은 부분을 떠낸 것이 약주가 되며, 청주를 소주 고리를 사용하여 증류하면 소주가 된다.

1. 탁주(濁酒)

우리 민족의 가장 보편적인 토속주로서 예로부터 자가 제조로 애용되었기 때문에 독특한 제조법과 다양한 맛이 특징이다. 탁주는 막 걸러낸 술이라 하여 막걸리, 농부들이 즐겨 마시는 술이라고 해서 농주, 큰 잔에 부어 마신다고 하여 왕대포, 그 외 국주, 가주, 박주 등으로 부르고 있다.

2. 약주(藥酒)

약주는 탁주의 숙성이 끝날 때쯤 술독 위에 맑게 뜨는 액체를 '용수'(싸리나 대오리로 만든 둥글고 긴 통)를 이용해 걸러낸 청주(淸酒)이다. 약주라는 용어는 조선시대 양반들이 흉년으로 인해 금주령이 내려지자 이를 회피하기 위해 약용주로 신고하고 마시던 청주에서 기원한다.

조선 중종 때 서해라는 사람의 장님 아내가 남편이 요절한 후 기울어진 가세를 돕기 위해 청주를 양조해서 판매하게 되었다. 그 청주가 맛이 좋아 소문이 나게 되었고 서해의 아내가 서울 약현(藥峴) 사람이어서 그 술을 약주라고 부르게 되었다고 한다.

청주는 삼국시대부터 만들어진 한국의 술로 일본 '고사기(古史記)'에는 백제의 인번(仁番)이 응신천황(應神天皇, 270~312년) 때 일본에 건너와 새로운 방법으로 미주(美酒)를 빚었기 때문에 그를 주신(酒神)으로 모셨다고 전한다. 여기에서 말하는 미주가 바로 청주의 전신이다.

3. 소주(燒酒)

소주는 오래 보관할 수 없는 일반 발효주의 결점을 없애기 위해 고안된 술로 발효원액을 소주 고리에 증류하여 얻는 고도주이다. 고려시대 이후 제조되기 시작했는데 보통 가정에서는 솥과 시루, 솥뚜껑을 이용해 증류하였고, 판매를 목적으로 제조하는 경우에는 '고리'라는 증류기를 사용하였다.

4. 가향주(加香酒)

술에 여러 가지 향기를 첨가하기 위해서 꽃이나 식물의 잎, 과일, 과일껍질 등을 넣어 만든 술이다. 계절별로 꽃이나 줄기, 과일 등을 술에 첨가해 그 계절의 풍미를 즐길 수 있다. 진달래꽃을 넣은 두견주를 비롯하여 창포주, 국화주, 백화주, 연화주, 도화주 등 다양한 종류의 가향주가 있다.

02 막걸리

1. 막걸리의 원료

우리나라 국주인 막걸리는 제조법상으로는 발효주이며, 주세법상으로는 탁주이다. 주세법상 탁주는 '곡류 기타 전분이 포함된 물료 또는 전분당과 국(麴:누룩) 및 물을 원료로 하여 발효시킨 주요(술덧)를 여과하지 않고 혼탁하게 제성한 것 또는 그 발효 · 제성과정에 대통령이 정한 물료를 첨가한 것'으로 정의하고 있다. 한국의 전통적인 발효주는 곡물에 누룩과 물을 첨가해서 만든다. 전통적인 막걸리의 원료는 찹쌀, 멥쌀이 사용되나 1965년 쌀 부족에 따른 정부의 시책에 따라 순곡주의 제조가 금지되면서 밀 막걸리가 양조되기 시작하였다. 그 외에도 보리쌀, 옥수수, 현미, 고구마 등이 사용된다.

쌀 막걸리

보리쌀 막걸리

현미 막걸리

옥수수 막걸리

고구마 막걸리

2. 막걸리 제조법

처음 과정은 고두밥을 만들어 식한 다음 누룩(효모)을 물에 녹이고 발효할 통에 고두밥을 물과 함께 넣는다. 23~28도 온도에 놓아두면 4일 전후, 늦으면 7~9일 정도 지나 발효가 마무리되는데 발효기간에는 하루 1~2회 정도 저어준다. 이때 발효가 끝난 술덧은 약 16%의 원주가 되며, 술덧에 용수를 넣어 맑은 부분을 떠내면 청주(약주)가 된다. 또한 술덧을 여과 후 찬물을 첨가하면 막걸리가 완성된다. 물로 희석된 막걸리에 과당, 아스파탐, 포도당, 설탕, 물엿 등의 감미료를 첨가하여 병입한다.

막걸리 양조 기본 용어

국(麴) : 누룩은 밀, 호밀 등의 곡물가루를 반죽 및 성형하여 공기 중 곰팡이를 자연번식시킨 것으로 당화작용과 효모의 역할을 한다.

고두밥 : 멥쌀, 찹쌀 등을 찐 것으로 '술밥', '지에밥'이라고도 한다.

술덧 : 발효통에 고두밥과 누룩, 물 등을 넣어 발효시킨 것이다.

맥아 : 밀, 보리 등의 싹을 건조시킨 것으로 녹말을 당으로 분해하는 아밀라아제 성분이 들어있다.

제성 : 술덧을 여과해 물로 희석하거나 당이나 산류 등을 첨가하는 공정이다.

막걸리 제조 공정

① 재료

입국 : 찐 쌀에 곰팡이 균을 배양한 것으로 누룩을 개량했다.

누룩 : 효소가 들어있으며, 효소는 전분을 당분으로 분해한다.

효모 : 누룩과 입국 속 효소가 분해한 당분을 효모가 알코올로 변화시킨다.

고두밥 : 막걸리의 주재료. 1992년 이후 밀가루 대신 쌀을 사용한다.

팽화미 : 튀긴 쌀가루. 발효를 촉진시키기 위해 고두밥과 함께 넣는다.

정제수 : 삼투압 정수기로 걸러진 정제수를 사용한다.

올리고당 : 술맛을 부드럽게 하기 위해 첨가하며 정정작용 효과가 있다.

② 밑술 만들기

• 입국, 효모, 정제수를 넣고 저온 장기 발효

③ 담금조에서 배양하기

• 담금조의 적정온도 유지가 관건
• 하루 3회 저어줘 산소를 공급하고 덩어리를 풀어준다.

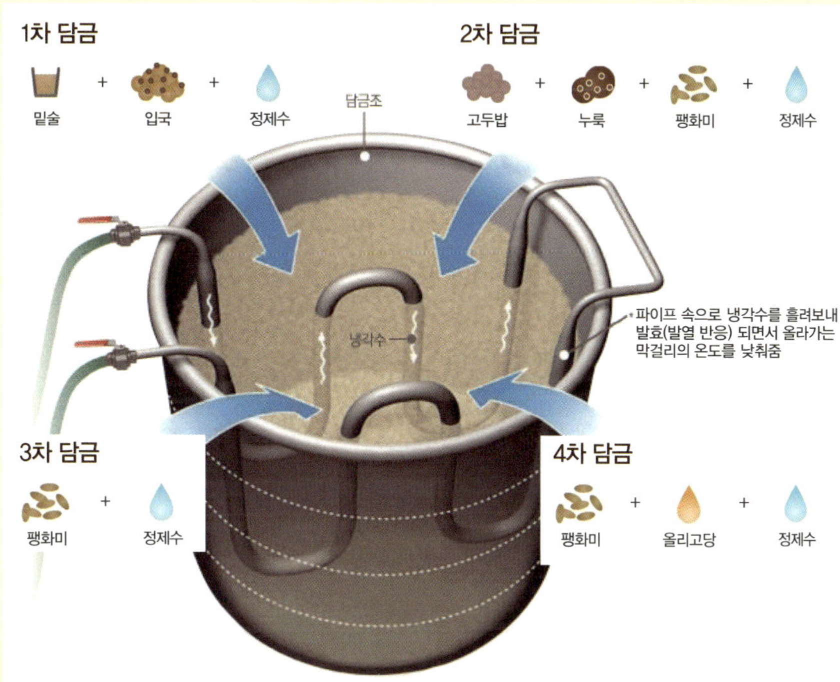

④ 거르기

• 담금조 숙성이 완료되면 건더기를 걸러 원액 상태로 거름통에 담는다.
• 원액에 물 정제수를 타서 막거리 규격을 맞춘다.

⑤ **포장 · 출고**

• 깨끗한 물로 병을 세척한 후 자동으로 주입한다.

⑥ **제품화 과정**

• 생막걸리(장수 막걸리)
숙성된 술덧 → 제성 → 주입 포장 → 출고

• 살균막걸리(월매 쌀막걸리)
숙성된 술덧 → 제성 → 선살균 → 주입 포장 → 후살균 → 출고

출처 – 서울탁주제조협회 http://www.koreawine.co.kr/

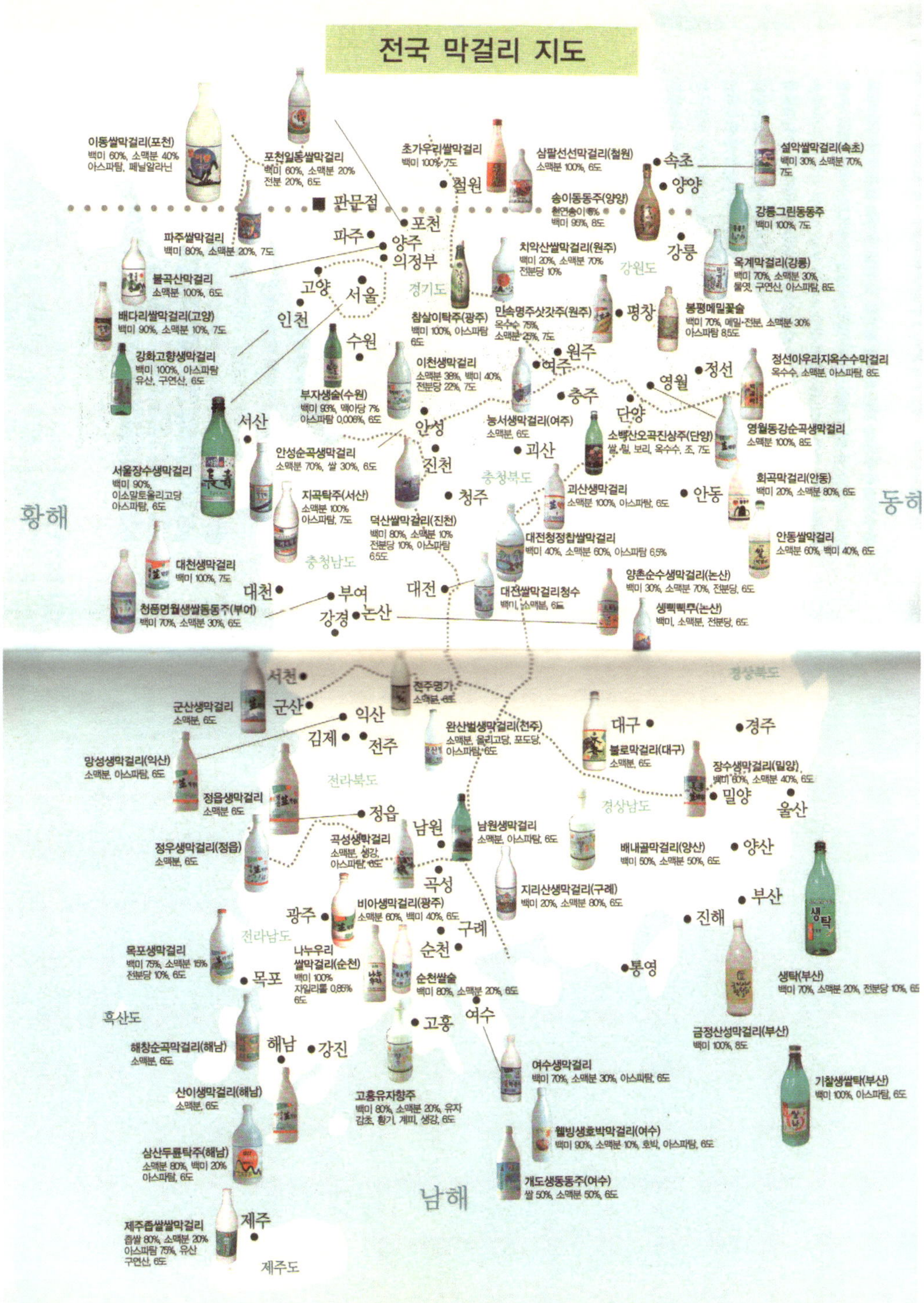

출처 – 정은숙(2010), 막걸리기행, 한국방송출판(주).

찾아가는 양조장

◇ 사업 목적과 현황

- 한국 각 지역의 양조장에 대한 환경개선, 품질관리, 체험 프로그램 개선, 홍보 등을 종합적으로 지원하여 체험–관광이 결합된 지역 명소로 조성하고 나아가 체계적인 양조장 관광산업을 육성하기 위해 지원하는 사업이다.
- 전통주 산업을 6차 산업화하여 국내 농산물 수요 확대 및 지역경제를 활성화하고, 전통주의 저변을 확대하여 판로 확대에 기여하기 위한 사업지역의 우수 양조장을 선정하여 전통주 생산에서 관광체험까지 연계된 복합공간으로 개발 지원
- 전통주 산업을 6차 산업화하여 국내 농산물 수요 확대 및 지역경제를 활성화하고, 전통주의 저변을 확대하여 판로 확대에 기여한다.

◇ 추진성과

- 다양한 체험프로그램 운영 및 홍보강화로 방문객 유치 확대
  – 양조장 방문객:(2013년) 151,972명 → (2014년) 260,478명(71.4%⬆)
- 방문객 현장구매 등을 통한 실질적 매출액 상승 견인
  – 양조장 매출액:(2013년) 6,972백만 원 → (2014년) 8,603백만 원(23.4%⬆)

◇ 찾아가는 양조장 지정 – 운영 : 24개소(2017년 1월)

업체명	대표자	소재지	주요생산품목	비고
신평양조장	김용세	충남 당진시	탁주, 약주	2013년
대강양조장	조재구	충북 단양군	탁주, 약주	2013년
산머루농원(영)	서충원	경기 파주시	과실주	2014년
(주)배상면주가	배영호	경기 포천시	탁주, 양주, 증류주	2014년
한산 소곡주	우희열	충남 서천군	약주, 증류주	2014년

업체명	대표자	소재지	주요생산품목	비고
(농)예산사과와인(주)	서정학	충남 예산군	과실주,증류주	2014년
태인합동주조장	송명섭	전북 정읍시	탁주, 증류주	2014년
해창주조장	김순례	전남 해남군	탁주	2014년
추성고을	양대수	전남 담양군	약주, 증류주 등	2014년
제주샘주	김숙희	제주 제주시	약주, 증류주 등	2014년
(주)우리술	박성기	경기도 가평군	탁주	2015년
전통주조 예술	정희철	경기도 홍천군	탁주, 약주	2015년
중원당	김영섭	충북 충주시	약주	2015년
조은술 세종	경기호	충북 청주시	탁주,약주,증류주,리큐르	2015년
문경주조	홍승희	경북 문경시	탁주,약주	2015년
명가원(명)	정찬삼,박홍선	경남 함양군	약주,증류주	2015년
대대로(영)	김예란	전남 진도군	증류주	2015년
명인안동소주	박재서	경북 안동시	증류주	2015년
배혜정도가	배혜정	경기도 화성시	탁주, 약주, 증류주 등	2016년
양촌양조	이동중	충남 논산시	탁주	2016년
제이엘	이종기	경북 문경시	과실주, 증류주 등	2016년
은척양조장	임주원	경북 상주시	탁주	2016년
한국애플리즈	한임섭	경북 의성군	과실주 등	2016년
금정산성토산주	유청길	부산 금정구	탁주	2016년

출처 – http://koreasool.co.kr/

03 우리나라 주요 전통주

1. 문배주

고려시대 신하들이 왕에게 진상하던 술로 메조와 찰수수를 사용하여 양조한 증류식 소주로 최소한 1년 이상 숙성 후 마셔야 맛의 깊이와 맛이 난다. 문배주는 문배나무(돌배나무의 일종)의 은은한 배꽃 향기가 난다고 하여 문배술이라 칭하고 있다. 알코올 도수는 40%의 고도주로 부드러운 피니쉬와 숙취가 없는 한국을 대표하는 전통식 증류주이다.

문배술 제조 방법

누룩 띄우기: 알이 잘 영근 국산 통밀로 만들어야 구수한 맛과 향이 나는 질 좋은 누룩을 만들 수 있다.

① 맷돌로 간 거친 밀가루에 물을 부어가며 반죽을 한다.
② 밀반죽을 누룩틀에 담아 누룩을 디딘다.
③ 25도 정도의 서늘한 곳에서 발효시킨다.

주모 만들기: 알이 노랗고 단단하게 영근 메조로 조밥을 지어 밑술에 넣는다.

④ 살균한 항아리에 물을 붓고 누룩가루를 섞어 밑술을 만든다.
⑤ 불린 메조를 쪄서 고두밥을 만든다.
⑥ 밑술에 조밥을 섞어 주모를 만든다.

덧술하기: 여러 번 덧술하는 중양법

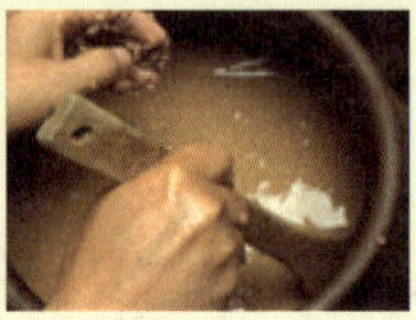

⑦ 수수밥을 만든다.
⑧ 5일 동안 발효된 주모에 수수밥을 지어 덧술을 안치고 서늘한 데서 발효시킨다.
⑨ 하루가 지난 덧술에 두 번째 덧술을 안친다. 여러 번 덧술을 하는 것을 중양법이라 한다.

소주 내리기: 두 번째 덧술을 안치고 열흘 뒤, 술을 증류하여 진정한 문배주를 만든다.

⑩ 달군 솥에 덧술을 넣어 끓인다.
⑪ 뜨거워진 솥에 소줏고리를 얹는다.
⑫ 소줏고리 위에 냉각수를 부어 술방울을 받는다.

숙성하기: 기다림 끝에 비로소 문배꽃향 가득한 문배주를 만나게 된다.

문배주는 증류 후에 바로 마시지 않는다.
술병에 담아 밀봉한 후 서늘한 곳에서 1년 정도 숙성시켜야 진정한 문배주의 향을 느낄 수 있다.

출처 – http://www.moonbaesool.co.kr/

2. 이강주

이강주(梨薑酒)는 한약재를 넣어 만든 전라도 전주, 완주, 익산 지방의 전통주로 소주에 배(梨: 배나무 이)와 생강(薑: 생강 강)이 들어간다 하여 이강주라 불리게 되었다. 이강주의 유래는 문헌 기록상 전하는 바가 없지만 조선 중엽에 제조가 성행했을 것이라 추정된다. 알코올 25%의 소주로 배, 생강, 계피, 꿀, 울금 등 약재가 첨가된 혼성주이다. 최남선이 선정한 조선시대 명주인 죽력고, 감홍로와 함께 3대 명주 중 하나로 고종황제가 한미통상조약 체결 때 건배주로 사용하였다고 한다.

출처 – http://www.leegangju.co.kr/

3. 안동소주

소주를 만드는 증류 기술은 처음 아랍의 연금술사들에 의해 발명되었으며, 안동소주의 기원은 신라시대 아랍과의 무역거래를 통해 페르시아인들에 의해 전래되었다고 한다. 또 다른 기록은 고려를 침략한 몽고군이 그들의 기지로 이용한 개성, 안동, 제주를 중심으로 증류주 제조법을 남긴 것으로 전해지는데 이중 특히 안동에서 증류한 소주가 유명해져 전국으로 퍼지게 되었다. 소주는 오래 전부터 소화불량, 식욕증진, 상처치료 등 약용으로 사용되었다는 기록이 전해진다.

문헌 속 소주 제조법

수운잡방(需雲雜方)

조선 초기 1540년 경에 탁청정 김유(濯淸亭, 金綏)에 의해 저술된 조리서로 상 · 하권 두 권에 술 빚기 등 경상북도 안동 지방의 121가지 음식의 조리법을 담고 있다.

진맥소주 : 밀(10되)을 쪄서 누룩(5되)과 함께 찧어 물(1동이)을 부어 발효시켜 5일 후 증류한다.

> **음식디미방(규곤시의방, 閨壼是議方)**
> 1670년 경 정부인(貞夫人) 안동 장씨(安東張氏)가 쓴 조리서이다. 음식디미방은 한글로 쓴 최초의 조리서로서 예로부터 전해오거나 장씨 부인이 스스로 개발한 음식 등 양반가에서 먹는 각종 특별한 음식들의 조리법을 자세하게 소개하였다.
> **소주**: 쌀(10되)을 쪄 누룩(5되)과 물(20되)을 섞어 발효시켜 7일 후 증류한다.
> **찹쌀소주**: 찹쌀(1되), 맵쌀(1되)을 가루로 내어 물(40복자)과 섞어서 끓여 풀처럼 만들어 누룩(4되)을 섞어 하루 뒤 이 밑술에 찹쌀(10되)을 쪄서 섞어 7일 후 증류한다.
> **밀소주**: 밀(10되)을 쪄서 누룩(5되)을 섞어 찧어서 물(1동이)을 섞어 발효시켜 5일 후 증류한다.
>
> 자료 – http://www.andongsoju.com/

4. 한산 소곡주

백제 때부터 빚어진 술로 문헌상 가장 오래된 전통주이다. 의자왕이 궁녀들과 함께 마신 술로 전해지며 백제 멸망 후 한산 건지산 주류성에서 백제 유민들이 한을 달래기 위해 제조했다고 한다. 일본에 양조법을 전파한 인번(仁番)이 백제 사람이기 때문에 일본 술의 원조라고 추측할 수 있다. 일명 '앉은뱅이 술'이라고 하는데 조선시대 한양으로 과거를 보러 가던 선비가 목을 축이러 주막에 들렀다 술맛이 좋아 며칠 밤을 새며 마셔서 과거시험 날짜를 놓치고 귀향했다는 이야기에서 유래한다. 소국주는 찹쌀, 멥쌀, 누룩을 사용해 발효시키며 알코올 도수는 18%이다.

문배주

익상주

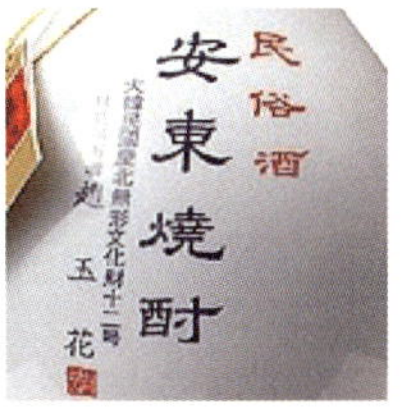

안동소주

한산 소곡주

5. 송화 백일주

노란 황금색을 띤 송화 백일주는 진묵대사(1562~1633)에 의해 개발된 산사의 술로 전북 완주 모악산 수왕사 주지들에 의해 양조법이 전해 내려오는 곡차이다. 진묵대사가 참선 중 고산병과 혈액순환장애를 예방하기 위해 1602년 경 모악산 주변 소나무 꽃인 송화가루와 솔잎을 넣어 빚었다고 한다. 이 외에도 산수유, 오미자, 구기자, 꿀 등의 재료를 넣어 100일 이상 저온 숙성하여 만든다. 송화 백일주는 알코올 38%의 혼성주이다.

송화백일주 제조 과정

① 보리, 콩, 조, 수수, 팥을 깨끗이 씻고 통밀로 만든 누룩을 준비한다.
② 고두밥과 누룩, 준비한 오곡을 갈아 함께 버무린 후 밀봉한 상태로 20여일 숙성시킨다.
③ 양수를 넣어 술을 빼면 16% 정도의 약주인 송죽오곡주가 탄생한다.
④ 송죽오곡주를 숙성시킨 후 그대로 증류시킨다.
⑤ 증류한 술에 솔잎, 댓잎, 산수유, 구기자, 오미자, 국화, 당귀 등을 넣어 100일 정도를 더 저온숙성시키면 38%의 송화백일주가 탄생한다.

6. 고소리술

고소리술은 쌀이 귀하던 제주도에서 쌀 대신 좁쌀로 빚은 오메기술을 '고소리(제주 방언)'라는 소줏고리를 사용해 증류한 고도주이다. 알코올 29%의 맛이 부드러운 증류식 소주이다.

7. 김천 과하주

조선 초기부터 김천(金泉) 남산동에 있는 과하천(過夏泉) 샘물로 만든 전통 민속주로, 여름 나기에 좋은 술이라고 해서 과하주(過夏酒)라고 한다. 전통주가 사라져가던 일제 강점기에도 한일합작으로 김천주조㈜라는 회사가 과하주를 생산하여 일본에도 수출했다. 김천 과하주는 일종의 발효주이지만 다른 지역에서 만든 과하주는 보관기간의 문제를 해결하기 위해 발효주에 증류주를 혼합한 주정강화주이다.

[酒유천하-경북의 술을 찾아서4]
400년 역사의 김천 '과하주'

과하주 주조법은 문헌에 따라 차이가 있다. 김천 과하주가 완전 발효주인데 반해 다른 지역에서 만든 과하주는 장기간 보존을 위해 소주를 혼합한 것이 특징이다. 이는 과하천의 샘물에 그 비밀이 있을 것이라고 추측하고 있다. 김천 과하주는 투명한 황갈색에 곡주 특유의 향이 있다.

1809년 발간된 규합총서(閨閤叢書)에 수록된 주조법에 따르면 과하주는 발효주(약주)와 증류주(소주)를 혼합한 특이한 술이다.

이에 대해 한 전문가는 "과하주는 '폭탄주'의 원조인 셈이다. 보존 방법으로 소주와 약주를 섞어 알코올 함량을 높였으나 그 맛은 약주에서 취했다"고 설명한 바 있다.

그러나 김천 과하주 문화재지정 조사보고서에는 "찹쌀로 고두밥을 찐 다음 국화(황국)와 쑥을 깔아둔 볏짚 위에서 식힌다. 이후 누룩 성분이 우러난 물을 사용해 고두밥을 떡으로 만들어 한지로 밀봉한 항아리에 넣고, 15~18℃ 사이의 온도가 유지되는 양조실에서 45일 이상 발효시켜 정주를 얻는다"고 돼 있다.

그리고 1938년 발행된 주조독본(酒造讀本)은 "조선의 과하주는 주정분 13~14도로, 가장 유명한 김천 과하주는 찹쌀과 분곡(밀기울을 골라낸 약주용 누룩)을 찧어 혼합해 술떡을 만들어 항아리에 넣어 밀봉하고, 한 달을 숙성시킨 후 정주를 건진다. 이 외에 소주를 첨가하는 과하주도 있다"고 소개하고 있다.

이로 미뤄보면 김천 과하주를 제외한 과하주들은 발효주와 증류주를 혼합한 술이었을 것으로 짐작된다.

송기동 김천문화원 사무국장은 "봄에 빚는 김천의 과하주는 소주를 섞지 않은 상태에서 그해 9~10월까지 두고 마셨다. 그래서 과하주라고 했다"라며 "이렇게 장기간 보존할 수 있었던 비결이 과하천의 샘물에 숨어 있었을 것"이라며 김천 과하주의 정통성을 강조했다.

박현주 기자 hjpark@yeongnam.com

출처 - 영남일보(2013.5.10.)

8. 교동 법주

교동 법주는 경주 최부잣집의 가양주로 약 350년의 역사를 가진 전통 약주이다. 찹쌀로 양조한 청주 경주법주는 예로부터 겨울 술인 청주의 전통에 따라 여름에는 술을 빚지 않는다. 16~18%의 맑은 청주로 외관은 맑고 미황색을 띠며, 찹쌀 특유의 쌉쌀한 맛과 누룩 냄새, 약간의 산미를 느낄 수 있는 그윽하고 부드러운 술이다.

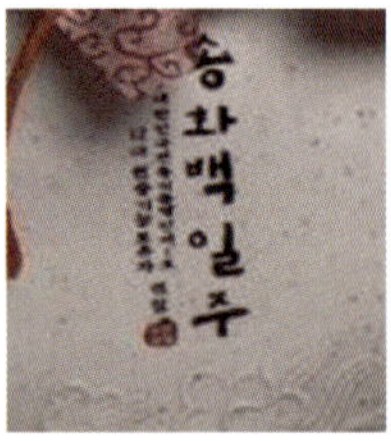

송화 백일주

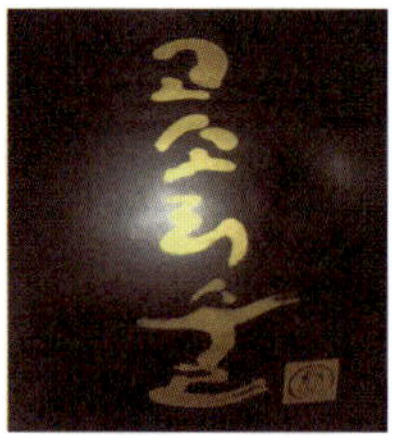

고소리술

김천 과하주

교동 법주

Beverage & Business

누룩서 역작 빚은 배상면의 '도전 60년'

故 배상면 국순당 창업주 60년 외길인생

"누룩 연구와 술 빚는 일은 내 일생의 즐거움이다. 나는 이 길에서 고뇌하고 방황했으며 인생의 가르침을 얻었다."

지난 7일 89세의 일기로 타계한 고 배상면 국순당 창업주가 남긴 자서전 〈도전없는 삶은 향기없는 술이다〉에 실린 글의 일부다. 60년 전통주 외길인생을 사는 동안 전통주와 누룩에 대한 고인의 사랑이 듬뿍 담겨 있다.

고인은 '누룩 대가', '누룩 박사' 등의 칭호를 받지만 전통주에 뛰어들게 된 건 우연이었다. 경북대학교 화학과에 재학하던 시절, 양조장을 운영하던 삼촌이 관련된 질문을 하자 체면상 대답을 하기 위해 양조공부를 시작한 게 계기가 돼 60년 세월이 흐른 것이다.

◇ 전통주 향한 60년 외길 인생

고 배상면 창업주는 일제강점기를 거치며 사라진 우리나라 전통주시장을 개척하고 거대 주류회사들 틈에서 '백세주 신화'를 이뤄냈다.

1924년 대구에서 태어난 고인은 1950년 경북대 농예화학과를 졸업하고 통역장교로 복무했다. 대학 재학시절, 미생물연구반을 조직하면서부터 누룩연구에 몰두했다.

1952년 대구에 기린 주조장을 경영하며 기린소주를 개발해 대성공을 거두고 1955년 '이화'(梨花)라는 약주를 생산했다. 1960년에는 쌀을 원료로 한 '기린소주'를 만들었다. 1960~70년대만 해도 전통주제조에 각종 규제가 많았다. 고인은 "옛날에는 600종에 이를 만큼 술이 다양했는데 지금은 그렇지 못하다"며 늘 안타까워했다.

◇ 필생의 역작 백세주

고 배상면 창업주는 척박한 전통주 복원사업을 위해 후학 양성에도 매진했다. 2009년에는 78억 원어치의 주식을 전량 처분하고 양조학교 설립에 투자하는 등 전통주시장 활성화에 열정을 바쳤다. 배 회장은 노환으로 병석에 눕기 전까지 9시 출근, 6시 퇴근을 지켜가며 주류연구소에서 술 빚는 연구에 매진한 것으로 유명하다. 60년 외길 인생은 후세에 귀감이 되기에 충분했다.

"백세주는 필생의 역작이다. 나는 이 술을 만드느라 숱한 날들을 뜬눈으로 지새웠다. 연구에서 연구로 이어진 날들 동안 누룩이 술이 되고 술이 인생이 됐다. 백세주를 통해 성취의 기쁨도 맛보았다. 경이적인 매출 기록으로 성공의 문턱에도 가보았다."

고인의 자서전에 나오는 대목이다. 백세주가 세상에 나온 건 1991년. 이미 일흔을 바라보는 나이에 이뤄낸 업적이다. 백세주 이후 배한산업이라는 상호명은 현재의 국순당으로 교체된다. 장남 배중호 대표에게 대표직을 맡긴 것도 이때부터다.

백세주의 히트는 국순당을 한걸음 더 도약하게 만들었다. 매출액 20억 원에 불과하던 회사가 2012년에는 1,150억 원으로 껑충 뛰었다.

이른바 '백세주 신화'를 이룬 것이다. 이때부터 백세주는 맥주 · 소주로 대별되던 대중주시장에 전통주라는 새로운 카테고리를 만들었다.

백세주 연구를 향한 고인의 열정은 젊은이 못지 않았다. 부족한 실험도구를 손수 만들어 쓰는가 하면, 누룩이 발효되는 최적의 온도를 유지하기 위해 밤잠을 설치며 연구를 계속하기도 했다.

배 창업주는 2000년 경영일선에서 손을 뗐지만 오히려 전통주 연구는 심화됐다. 전통주연구소, 배상면 주류연구소 등을 설립하고 병상에 눕기 전까지 매일 아침 9시 출근, 6시 퇴근을 지켜 연구에 매진했다.

◇ 아버지 가업 잇는 3남매

고 배상면 창업주의 세 자녀는 모두 전통주업체를 일군 것으로 유명하다. 장남인 배중호 국순당 대표를 비롯해 장녀인 배혜정 배혜정도가 대표, 차남인 배영호 배상면주가 대표까지 세 자녀가 모두 개성있는 전통주를 제조하며 일가를 이뤘다.

자녀 모두가 전통주업체에 몸담게 된 건 생전 고인의 바람이 컸다. 배 창업주는 자신의 자녀가 모두 전통주사업에 뛰어든 것에 대해 생전 '든든한 마음'이라고 표현했다.

고인은 자서전을 통해 "두 형제는 때로는 경쟁하면서, 때로는 서로를 격려하고 고무하면서 성장 발전하고 있다. 여기에 나의 딸이 운영하는 배혜정 누룩도가의 건강기능성 고급탁주 '부자'가 가세해 또 하나의 줄기를 형성하고 있다"라며 "나의 두 아들과 딸이 우리 민족주 개발에 진력하는 모습을 보니 든든한 마음이다"고 밝혔다.

장남인 배중호 대표는 연세대 생화학과를 졸업하고 1978년 무역업체인 롯데상사에 입사했다가 가업을 이어받기 위해 배한산업(현 국순당)에 돌아와야 했다. 배 대표는 당시 누룩제조 연구원으로 입사해 아버지를 도와 백세주 연구에 매달렸다. 배 대표는 백세주를 비롯해 생막걸리 등을 히트시키며 국순당을 궤도에 올려놓았다. 차남 배영호 대표는 형 배중호 대표와 함께 국순당에 몸 담았다가 1996년 배상면주가로 독립했다. 배영호 대표는 형과 마케팅 방향에 이견이 있다며 다른 길을 선택한 것으로 알려졌다. 배상면주가는 백세주를 잇는 '산사춘'과 '대포' 등을 잇따라 히트시키며 형의 아성을 위협할 만한 경지에 오르기도 했다.

장녀인 배혜정 사장은 가장 늦게 전통주사업에 뛰어든 케이스. 평범한 전업주부로 살던 배 사장은 마흔의 나이에 아버지의 조언으로 전통탁주사업을 시작했다. 배상면 회장은 평소 "나 죽으면 탁주를 누가 책임지려나"라고 말해왔고 외동딸인 배 사장이 고인의 뜻을 받들었다. 2000년 배혜정 도가를 연 배 사장은 '부자', '새색시', '우곡주' 등 고급 전통탁주를 잇따라 시장에 내놓았다.

하지만 고인은 자녀 모두가 가업을 잇게 하면서도 여전히 부족하다고 평했다. 아직 우리나라를 대표할 만한 명주를 만들지 못했다는 것이다. 프랑스의 코냑, 중국의 마오타이, 일본의 청주처럼 외국인에게 '이것이 우리의 술'이라고 내세울 게 없다며 아쉬워했다. 전통주에 대한 애정만큼은 타의 추종을 불허하는 고인의 모습을 엿볼 수 있는 한 단면이다.

〈머니위크〉(www.moneyweek.co.kr) 제285호

Chapter 07 와인의 개요와 품종

01 와인(Wine)의 정의와 역사

1. 와인의 정의

인류가 접한 최초의 알코올 음료인 와인은 포도즙을 발효시켜 만든 천연음료라고 정의할 수 있다. 와인의 어원은 라틴어로 '포도로 만든 술'이라는 뜻을 가진 'vinum'에서 파생되어 프랑스의 뱅(vin), 스페인과 이탈리아의 비노(vino), 영어의 와인(wine), 포르투갈의 비뉴(vinho), 그리고 독일의 바인(wein) 등으로 불리게 되었다.

술의 발효 : 당(설탕) + 효모 = 에틸알코올 + 이산화탄소(CO_2) 방출

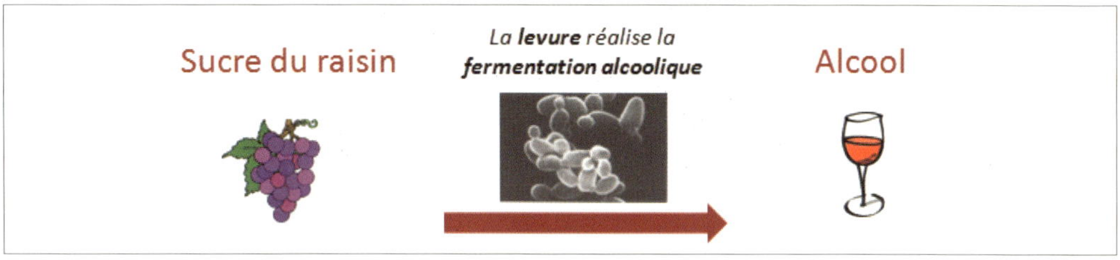

출처 – http://www.le-vin-pas-a-pas.com/

[포도의 발효 과정]

2. 와인의 역사

와인의 기원은 정확히 알려진 것이 없어서 우연의 결과에 의해 인류가 만나게 된 신의 선물이라고 할 수 있으나 고고학적 증거로는 BC 6000년 경 이란과 그루지아 지역에서 포도로 술을 양조한 것으로 보고 있다. 포도나무의 원산지는 흑해와 카스피해 사이의 소아시아 지방인 현재의 그루지아와 아르메니아 지역으로 알려져 있으며, 구약성서에는 노

아가 대홍수 후 아라라트산(Ararat Mt.)에 정착하여 첫 농사를 지어 포도주를 담갔다는 내용이 있다. 또한 포도의 원산지가 소아시아 지역이라는 식물학자들의 주장도 이런 신화나 전설과 대체로 일치한다.

와인은 페니키아인에 의해 그리스, 로마, 이집트 등으로 전파되었고, 로마의 유럽 전역으로의 영토 확장과 정복에 의해 와인 산지는 지중해를 중심으로 확대되었다. 당시 안전한 음료로서 와인은 로마군의 전력 유지에 중요한 역할을 하였고 본국에서 운송 거리가 멀어짐에 따라 정복지마다 포도 재배지가 확산되었다. 이를 위하여 로마는 프랑스의 론과 부르고뉴, 로마군 해군기지였던 보르도, 독일의 라인강 유역 그리고 스페인 등에 포도밭을 조성하였다.

와인은 단순한 음료 또는 약용으로서의 효능뿐만 아니라 붉은 색과 강한 생명력으로 중세에 기독교적 의미를 부여받게 되었다. 포도는 수도원을 중심으로 재배되었고, 교회는 경제적 수익원으로 포도밭을 경작하였으며, 수도사들의 포도에 대한 열정이 오늘날 유명 재배지의 와인 제조 기술과 연구 발전에 기여한 것이라고 할 수 있다.

출처 – https://lecon-de-vigne.fr/

[와인을 훔치는 수도승]

3. 와인 생성의 주요 요소

맛있는 와인을 양조하기 위해서는 포도나무를 중심으로 기후, 토양, 인간의 기술과 노력 등의 4가지 중요한 환경요소가 필요하다.

1) 포도 품종

콩코드, 캠벨, 거봉 같은 생식용 포도는 씨앗이 많지 않고 산미와 당도 또한 떨어져 와인 제조에는 사용하지 않는다. 좋은 와인을 만들기 위해서는 제조에 적합한 양조용 포도 품종이 필요하다. 적합한 토질과 기후에 맞는 품종을 식재해야 최적의 포도송이를 얻을 수 있다.

2) 기후

포도가 잘 자라기 위해서는 강수량, 일조량, 온도 등이 중요하다. 7~8월의 적절한 일조량과 높은 온도는 포도나무 열매에 감미로운 향과 당도를 높이며, 포도껍질의 색을 진하게 만들어준다. 구세계 와인의 선택에 중요한 기준인 빈티지(Vintage)의 가장 큰 요인은 강우량으로 강우량은 포도의 당도와 산도에 결정적 역할을 하는데 강우량이 적은 지역의 포도는 높은 당도와 낮은 산도를 보인다. 반대로 강우량이 많은 지역은 높은 산도와 낮은 당도를 보인다.

3) 토양

포도나무는 배수가 잘되는 자갈이 많은 척박한 토양에서 잘 자라는데 넉넉한 태양의 혜택을 받기 위해서는 남향 또는 남동향의 경사진 언덕이 좋다. 와인 산지는 일반적으로 산을 등지고 바다나 강을 바라보는 배산임수 형태의 지형이 좋으며, 고지대 생산 포도일수록 건강에 좋은 폴리페놀(Polyphenol) 함량이 올라간다. 또한 낮과 밤의 기온차가 있는 지형이 산도와 당도의 발란스를 유지시켜 준다.

4) 인간의 노력과 양조기술

지역에 적합한 포도 품종과 기후, 토양 등 자연적 요소와 더불어 인간의 끊임없는 노력이 조화롭게 어우러져야 최고급의 와인이 생산될 수 있다.

구대륙 와인의 선두주자인 프랑스에서는 떼루와(Terroir)를 중요시 하는데 이는 포도가 자라는 데 영향을 주는 지형과 토양 등 지리적인 요소와 일조량, 강우량 등의 기후적인 요소, 포도재배법과 인간의 노력 등의 수많은 환경적 요소를 모두 포괄한 천지인(天地人) 3가지 요소로 압축될 수 있다. 따라서 와인은 포도나무가 자란 지방의 자연적 환경 및 여러 가지 다양한 요소들이 결합된 양조예술이라고 할 수 있다.

포도 품종	**기후**	**토양**	**인간의 노력과 양조기술**

출처 – http://www.chateau-mouton-rothschild.com/

02 와인의 분류(Classification)

1. 색에 의한 분류

1) 레드 와인(Red wine)

레드 와인은 양조용 적포도를 포도껍질째 발효해서 붉은색을 띠고 있다. 씨와 껍질에 있는 타닌(Tannin) 성분은 레드 와인의 저장성을 높여주지만 떫은 맛이 나기 때문에 시음 시 상온으로 마신다.

2) 화이트 와인(White wine)

화이트 와인은 청포도를 압착 후 주스만을 발효해서 만드는데 일부 지역에서는 적포도의 씨와 껍질을 제거 후 압착해서 만들기도 한다. 레드 와인과는 다르게 으깬 뒤 바로 압착하여 나온 주스를 발효시켰기 때문에 타닌 성분이 적어 맛이 상쾌하고 부드럽다. 과일향이 풍부하며 저온으로 마신다.

3) 로제 와인(Rosé wine)

핑크색을 띤 로제 와인은 주로 붉은 포도로 만든다. 와인 제조 과정에서 포도껍질에 있는 색소가 덜 우러나온 상태인 단기침용과정을 통해 만들거나 화이트 와인과 레드 와인을 블렌딩하여 만들기도 한다. 레드와 화이트 와인의 중간 성질을 갖기 때문에 육류나 어류 등 경계를 오가는 식사에서 무난하게 매칭해서 마실 수 있는 특징이 있다. 오래 숙성하지 않고 가볍게 마시는 와인으로 비교적 저온으로 마시는 게 좋다.

Red wine	White wine	Rosé wine

출처 – http://www.diogene-atmosphere.com/

2. 제조 방법에 의한 분류

와인은 제조 방법에 따른 다양한 종류가 있는데 우리가 보통 마시는 와인은 스틸 와인(Still wine)이고, 샴페인과 같이 탄산가스를 함유하고 있는 스파클링 와인(Sparkling wine) 그리고 브랜디(Brandy)를 첨가한 주정강화 와인(Fortified wine), 가향 와인(Flavored wine)등으로 분류된다.

Still wine

Sparkling wine

Fortified wine

Flavored wine

1) 스틸 와인(Still wine)

일반적으로 마시는 와인을 스틸 와인이라고 한다. 이것은 포도가 발효되는 과정 중에 발생되는 탄산가스(CO_2)를 완전히 제거한 와인으로 대부분의 와인이 여기에 속한다.

2) 스파클링 와인(Sparkling wine)

탄산가스를 함유하고 거품이 나는 와인을 발포성 와인(Sparkling wine : 8~12%)이라고 하며, 대표적인 발포성 와인은 프랑스의 샴페인(Champagne)과 이탈리아의 스푸만테(Spumante), 스페인의 까바(Cava) 그리고 독일과 오스트리아의 젝트(Sekt) 등이다. 세계 최초의 스파클링 와인은 프랑스 랑그독(Languedoc) 지방의 리무(Limoux)에서 생산된 블랑께트(Blanquette de Limoux, 1531)로 샴페인보다 약 100년을 앞서 생산되었다. 대표적인 발포성 와인인 샴페인은 프랑스 샹파뉴 지방에서 생산된 술만을 샴페인이라고 하고 그 외 지역 생산의 스파클링 와인은 일반적으로 뱅무쓰(Vin Mousseux)라고 한다. 한편 약발포성 스파클링 와인으로는 프랑스의 크레멍(Crémant), 뻬띠앙(Vouvray Pétillant), 독일의 페를바인(Perlwein) 그리고 이탈리아의 프리잔테(Frizzante) 등이 있다.

3) 주정강화 와인(Fortified wine)

주정강화 와인은 포도즙 발효 중간이나 발효가 끝난 와인에 오드비(Eau－de－vie : 증류주, 브랜디)와 같은 독주를 첨가하여 알코올 도수를 18% 이상으로 높인 술 말한다. 와인에 오드비를 첨가하여 알코올 도수를 높인 것은 백년전쟁 후 저렴하게 보르도 와인을 구매할 수 없었던 영국 와인 무역상들이 포루투갈에서 저렴한 와인을 찾았으나 운송 중 변질되는 문제가 발생, 와인의 저장성을 높이는 방법의 하나로 와인에 독주를 첨가하게 된 것이다. 대표적 주정강화 와인으로는 포르투갈의 포트(Port)와 마데이라(Madeira) 그리고 스페인의 쉐리(Sherry) 등이 있다. 주정강화 와인은 제조과정에 따라 식후에 마시는 단맛의 식후주(Dessert wine)와 식전 입맛을 돋구는 식전주(Aperitif)가 있다. 또한 일반 와인과는 다르게 와인 속의 미생물이 제거되어 오픈 후에도 위스키처럼 상온에 저장이 가능하다.

4) 가향 와인(Flavored wine)

발효 전후에 과즙, 약초 등의 천연향을 첨가하여 만든 와인이다. 대표적인 것으로는 프랑스나 이탈리아에서 주로 생산되는 버무스(Vermouth)가 있다. 버무스는 독일어의 향쑥을 의미하는 베아무트(Wermut)에서 유래한 것으로 보통 화이트 와인에 쓴 향쑥과 키니네, 코리엔더, 두송실 등 여러 향료를 첨가해서 만드는데 대표적인 브랜드는 마티니(Martini)이다. 드라이한 맛과 스위트한 맛이 있어 식전주 또는 식후주 그리고 칵테일 조주에 많이 사용한다.

3. 식사 용도에 의한 분류

1) 식전용 와인(Aperitif Wine)

식전용 와인은 본격적인 식사를 하기 전 위를 자극하고 위액을 분비시켜 입맛을 돋우기 위해 마시는 와인이다. 주로 단맛이 없는 샴페인 브뤼(Brut)나 산미가 있는 드라이한 화이트 와인을 마신다. 이 밖에도 식전용 와인에는 드라이 쉐리와 버무스가 있다.

2) 테이블 와인(Table Wine)

식사 중 마시는 와인을 말하며, 소스의 종류 그리고 생선이나 고기 지방의 많고 적음에 따라 와인과의 매칭이 중요하다. 통상 붉은 육류의 요리인 경우 레드 와인을 선택하는데 레드 와인의 타닌 성분이 기름진 육류의 느끼함을 잡아준다. 그리고 생선류의 경우 화이트 와인의 산도와 청량감이 생선의 맛을 살려준다.

3) 식후용 와인(Dessert Wine)

식사를 마친 후 소화 촉진과 마무리로 입안을 개운하게 하기 위해 마신다. 식사의 마무리 단계인 만큼 당도가 높으며 알코올 도수가 약간 높은 스위트 와인을 주로 마시는데 프랑스 소테른(Sauternes) 지역의 귀부 와인, 독일의 아이스바인(Eis wein) 또는 스위트한 주정강화 와인 등이 여기에 해당된다.

Aperitif Wine

Table Wine

Dessert Wine

출처 – http://www.diogene-atmosphere.com/

03 포도 품종

칡의 일종인 포도나무 품종(쎄빠쥐 : Cépage)은 유럽종인 비티스 비니훼라(Vitis Vinifera), 미국의 자생종인 비티스 라브라스카(Vitis Labrusca) 그리고 교배종으로 구분된다.

와인을 만드는 포도 품종의 학명은 비티스 비니훼라(Vitis Vinifera)종으로 카베르네 소비뇽, 피노 누아, 샤르도네 등이 사용되는데 양조용 포도 품종은 식용 포도에 비해 포도 알이 작고 촘촘하며, 씨가 많고 당도가 높다. 비티스 라브라스카는 생식용 또는 양조용으로 사용되며 콩코드(Concord), 카토바(Catawba) 등이 있는데 해충에 대한 면역력이 좋아 대목용으로도 사용한다. 현재 수준급의 와인을 제조하는 데 사용되는 양조용 포도나무는 30여 종이 주로 사용되고 있다. 그러나 같은 포도나무라고 해도 재배되는 지역의 기후와 토질에 따라 다른 맛과 향을 갖게 되며 지역에 따라 여러 가지 포도나무에서 재배된 와인을 섞어서 생산하기 때문에 와인의 종류는 매우 다양화되었다.

먼저 좋은 와인을 만들려면 세빠쥐가 있어야 한다. 수확된 포도의 품질이 와인의 질을 좌우하기 때문이다. 그래서 기후와 토양 조건이 좋은 곳에서 좋은 품종을 선택하여 인간의 노력과 기술을 더하여 포도를 재배하는 것이다. 와인의 맛과 향은 어떤 품종의 포도를 사용했는지를 알면 어느 정도 짐작할 수 있으며, 같은 품종으로 만든 와인이라 할지라도 지역에 따라 조금씩 차이가 있어서 와인 품종을 이해하게 되면 와인을 마시는 즐거움도 배가시킬 수 있다. 한편 현재 와인 생산에 많이 사용되는 청포도 및 적포도 품종은 다음과 같다.

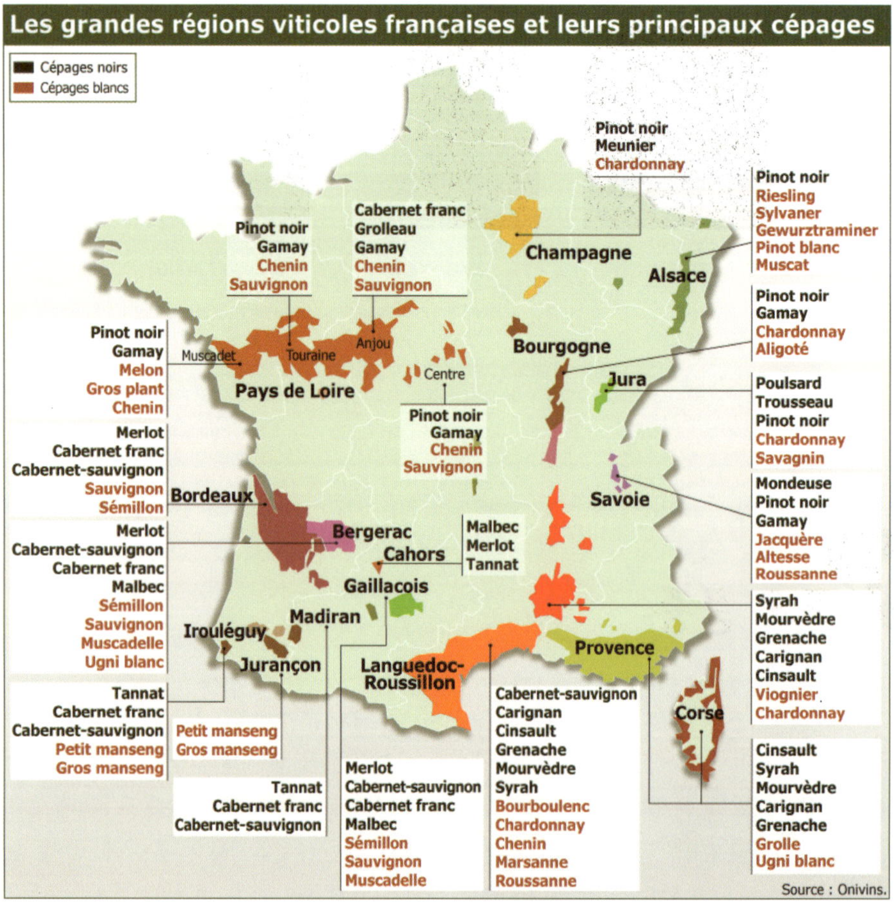

출처 – http://cave-coupe-dor.eklablog.com/

[프랑스 주요 와인 산지별 포도 품종]

1. 청포도 품종

1) 샤르도네(Chardonnay)

향 : 사과, 복숭아, 감귤, 멜론, 바나나, 파인애플, 시나몬, 서양 배, 버터캔디, 꿀, 카라멜, 바닐라(오크숙성)

원산지는 프랑스 브르고뉴(Bourgogne) 지방으로 샴페인과 샤블리(Chablis) 지역의 고급 화이트 와인들을 생산한다. 비교적 재배하기 쉬운 품종으로 세계 전역에서 재배되고 있다. 프랑스 샤블리나 마콩 같은 지역은 오크를 사용을 하지 않고 포도즙 자체의 순수함과 떼루와에서 주는 자연의 맛을 표현하려고 노력하고 있다. 반면 대부분의 신세계 지역에서는 오크 숙성을 통해 훈연향과 바닐라, 꿀, 버터 등 풍부한 맛의 샤르도네를 생산하고 있다.

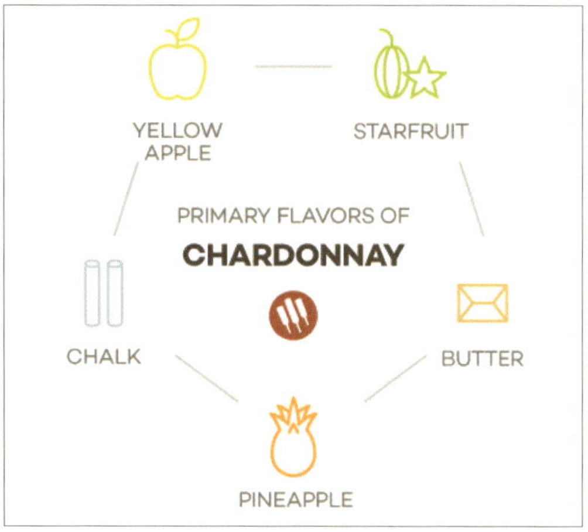

출처 – http://winefolly.com/

[샤르도네의 향]

2) 리슬링(Riesling)

향: 사과, 마르멜로, 시트러스 계열, 복숭아, 서양 배, 꽃향

독일 최상급 포도 품종으로 라인(Rhine) 지방이 원산지이다. 독일과 프랑스 알자스 지방에서 주로 재배되는 품종으로 높은 산도가 특징이며, 당도가 균형있게 조화를 이루고 아주 드라이하고 상큼한 맛의 화이트 와인을 양조하기도 한다. 드라이한 와인부터 스위트한 와인 그리고 스파클링까지 다양한 화이트 와인을 양조하는 데 사용된다.

출처 – http://wine-academy.wiine.me/

[리슬링의 향]

3) 소비뇽 블랑(Sauvignon Blanc)

향 : 막 베어낸 풀, 구스베리, 고양이 오줌, 강렬한 감귤류, 패션푸르트, 멜론, 야채, 민트, 청후추

프랑스에서 재배되는 가장 오래된 포도나무의 하나로 높은 산도가 특징이다. 고급 화이트 와인은 주로 서늘한 기후의 지역에서 생산된다. 대표적인 지역은 프랑스 르와르(Loire) 지방으로 상세르와 푸이퓌메 등이 소비뇽 블랑의 명산지로 알려져 있다. 그 외 보르도 지방, 미국 캘리포니아, 뉴질랜드, 호주, 칠레 등에서도 재배되는데 특히 뉴질랜드 말보로(Marlborough)는 짧은 역사에도 불구하고 풍부한 햇빛과 서늘한 기후로 산도가 높고, 열대과일 풍미와 톡 쏘는 강렬한 풀 냄새가 특징인 소비뇽 블랑을 생산하고 있다.

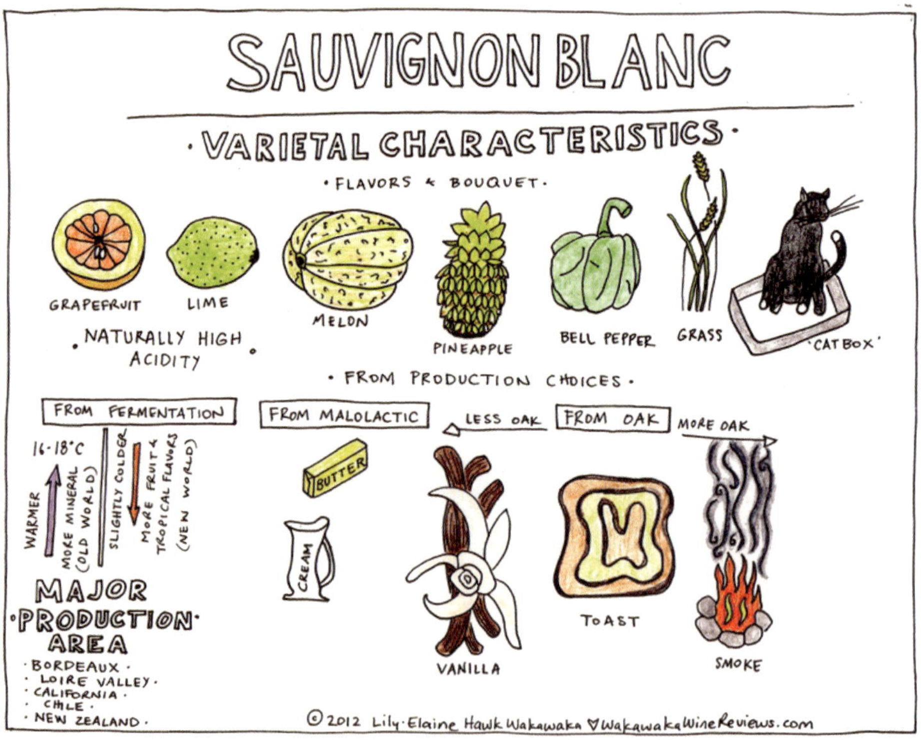

출처 – http://wakawakawinereviews.com/

[소비뇽 블랑의 향]

4) 쎄미용(Semillon)

향 : 풀, 레몬, 꿀, 토스트 냄새, 사과, 자몽, 복숭아(오크 숙성)

보르도 지역에서 재배되며, 소비뇽 블랑과 블렌딩하여 산뜻하고 짜릿한 신맛의 좋은

와인을 만드는 데 쓰이며 산도는 부드러운 편이다. 소테른(Sauternes) 지역에서는 귀부병에 감염된 포도를 사용, 매우 감미로운 스위트 와인을 만들기도 한다.

출처 – http://winefolly.com/

[쎄미용의 향]

5) 게뷔르츠트라미너(Gewurztraminer)

향: 리치, 계피, 장미, 향신료

독일과 프랑스 알자스 지방 등 선선한 지방에서 잘 자라는데 재배하기 쉽지 않아 많은 지역에서 재배되지는 않는다. 분홍색 껍질을 가진 품종으로 낮은 산도와 높은 알코올이 특징으로 과일 향이 풍부하며, 스파이시한 미네랄 향을 풍기는 화이트 와인을 생산한다. 게뷔르츠(Gewürz)는 양념, 향료의 뜻을 가진 독일어이다.

출처 – http://winefolly.com/

[게뷔르츠트라미너의 색상과 포도]

2. 적포도 품종

1) 카베르네 소비뇽(Cabernet Sauvignon)

향: 블랙커런트, 블랙체리, 삼나무, 피망, 다크초콜릿

프랑스 보르도 지역의 대표적 품종으로 세계 전역에 걸쳐 재배된다. 적포도 품종의 대표주자로 따뜻한 기후에서 잘 자라고 작고 두꺼운 껍질이 특징이며, 타닌 성분이 많아 장기 숙성 고급 와인 양조에 주로 사용된다. 메를로 품종과는 달리 점토질의 토양보다 보르도 좌안의 자갈밭에서 잘 자란다. 주로 풀바디(Full-bodied) 레드 와인 스타일을 만드는 데 쓰인다.

http://www.wine-family.com/

[카베르네 소비뇽의 향]

2) 메를로(Merlot)

향: 자두, 블루베리, 블랙베리, 장미, 블랙체리, 민트

보르도 우안의 점토질 토양에서 잘 자라는 품종으로 산도가 낮고 타닌 성분이 적어 맛이 부드럽다. 알코올이 높아 카베르네 소비뇽에 비해 대중적이며 마시기 쉬운 와인을 만드는 데 사용된다. 과일 향이 풍부한 여성적 섬세함이 특징으로 블렌딩 와인 품종으로 조화로운 와인을 만들기도 하지만 남부 프랑스 지역이나 신세계 와인 산지에서는 단일 품종으로 진가를 발휘하기도 한다.

출처 – http://www.conchaytoro.com/

[메를로의 향]

3) 피노 누아(Pinot Noir)

향 : 라즈베리, 크랜베리, 딸기, 체리, 민트, 바이올렛, 장미, 송로, 가죽

부르고뉴 지역의 대표 품종으로 프랑스가 원산지이다. 추운 대륙성 기후나 덥지 않고 서늘한 지역에 적합하다. 껍질이 얇고 타닌 함량이 높지 않으며 산도는 높은 편이기 때문에 섬세하고 부드러운 타닌과 산도가 있는 라이트 바디 와인을 주로 만든다.

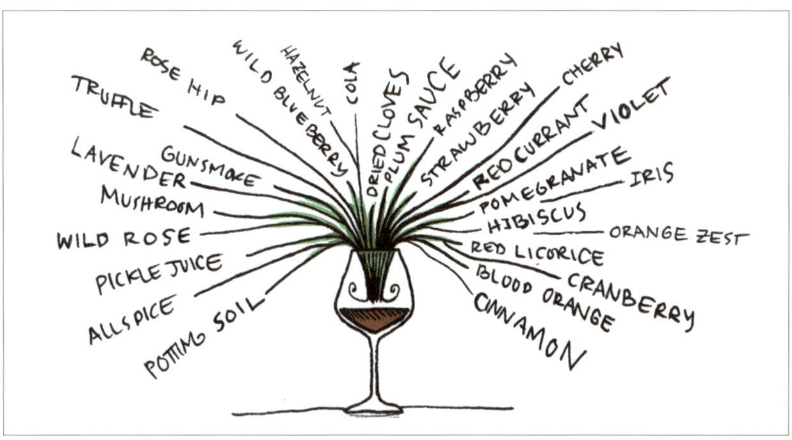

출처 – http://winefolly.com/

[피노 누아의 향]

4) 말벡(Malbec)

향 : 검은 과일, 계피, 바닐라, 서양 자두

보르도 지역에서는 말벡이지만, 까오르(Cahors) 지방에서는 이 품종을 오쎄루아(Auxerrois)라고 부른다. 그 외에도 지역에 따라 그리포랭(Grifforin), 베스빠롤(Vesparol), 그로 누아르(Gros Noir), 프레싹(Pressac : 쌩떼밀리옹 지역), 프롤롱조(Prolongeau) 등 다양한 이름으로 불린다. 말벡의 원산지는 프랑스 서남부 지역으로 현재에도 많이 재배되고 있다. 19세기 중반 프랑스에서 아르헨티나로 들여온 말벡 품종은 사막성 기후를 보이는 건조한 현지 테루와에 잘 적응하여 아르헨티나를 와인 강국의 반열에 올려놓은 품종이다. 프랑스 보르도 지역에서 색상을 조절하는 블렌딩 용으로 사용되었던 말벡은 진한 색상의 블랙와인을 만들며 타닌이 풍부한 풀바디 와인이다. 남부 프랑스에서 생산되는 와인에서는 자두, 감초, 담배 등의 향이 특징이며 아르헨티나 말벡에서는 검은 과일, 라즈베리, 체리 등 풍부한 과일 향이 느껴진다.

출처 – http://elportaldemendoza.com/

[말벡 품종과 멘도사]

5) 네비올로(Nebbiolo)

향 : 라즈베리, 감초, 장미, 말린 자두, 건포도, 체리, 송로, 바이올렛, 초콜릿

이탈리아의 포도나무로 작고 껍질이 두꺼우며 타닌과 산도가 높아 향이 풍부하면서 드라이한 와인을 만드는 품종이다. 이탈리아 북서부 피에몬테(Piemonte)의 바롤로(Barolo)와 바르바레스코(Barbaresco)에서 힘이 있고, 섬세하며, 우아한 와인을 만든다.

출처 – http://winefolly.com/

[네비올로의 향]

6) 시라/쉬라즈(Syrah/Shiraz)

향: 블랙베리, 블랙커런트, 검은 후추, 다크초콜릿, 훈제향, 감초, 그린 올리브, 라즈베리, 블루베리, 레드커런트, 민트, 가죽, 자두, 담배, 제비꽃

프랑스와 영어권의 두 가지 이름을 가지고 있는 이 품종은 프랑스 남부론(Rhône) 지역과 프로방스(Provence)에서는 시라라고 부르며 구대륙의 절제되며 매력적인 맛을 표현하고, 신세계 지역에서는 쉬라즈로 재탄생하여 진한 잉크색의 화려하고 자극적인 남성적 스타일의 와인이 특징이다. 시라 품종의 도입 지역은 일반적으로 알려진 페르시아나 이집트가 아니라 DNA 검사 결과에 따르면 남동부 프랑스의 듀레(Duret, Dureza)와 몽두스 블랑슈(Mondeuse blanche) 두 가지 품종을 조상으로 두고 있음이 밝혀졌다. 생기 있는 산도와 높은 타닌감 그리고 매콤한 스타일의 미디엄부터 풀 바디 레드 와인을 만든다.

출처 – http://www.conchaytoro.com/

[시라/쉬라즈의 향]

7) 진판델(Zinfandel)

향 : 라즈베리, 블랙베리, 블루베리, 자두, 후추, 스타 아니스, 장미향

스타일 : 미디엄 바디(Medium-bodied)에서 풀 바디(full-bodied) 레드 와인

프리미티보(Primitivo)라는 별칭을 가지고 있으며 DNA 분석결과 크로아티아(Croatia) 품종으로 알려져 있다. 18세기 이탈리아 남동부 아풀리아(Apulia) 지역에 도입되어 네그로 아로마 품종과 함께 그 지역의 대표 품종으로 양조되고 있으며, 19세기 중반에는 캘리포니아에서 식재되었다. 캘리포니아 포도밭 면적의 약 10%를 차지하며, 강하고 드라이한 와인을 만들지만 로제 와인에서부터 주정강화 와인에 이르기까지 다양한 스타일의 와인에 사용된다.

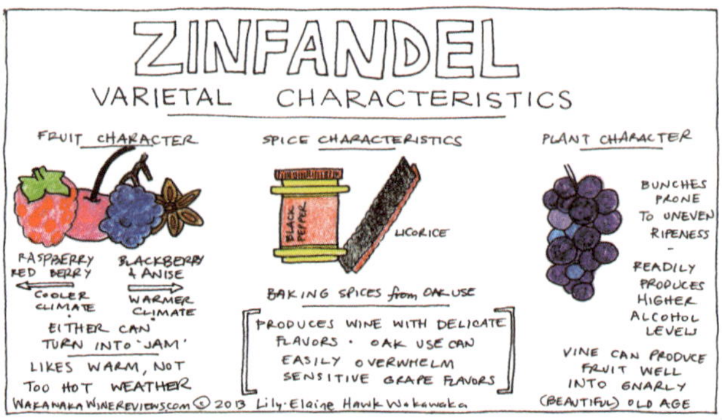

출처 – http://wakawakawinereviews.com/

[진판델의 향]

8) 템프라니요(Tempranillo)

향 : 딸기, 레그커런트, 자두, 블랙베리, 정향, 바닐라, 가죽향

스페인 포도 품종으로 스페인 리오하 지역에서 주로 재배되며 그르나슈 품종과 섞기도 한다. 껍질이 두껍고 강렬한 색과 진한 과실향의 방향이 배어나며, 부드러운 산도와 타닌감이 좋은 품종이다.

출처 – http://www.lopezdeheredia.com/

[템프라니요 품종]

Beverage Knowledge

피노 누아 품종 10대 생산국(단위:헥타르)

출처 – https://lagendaduvin.com/

Beverage & Business

"담백한 우리 음식과 잘 어울려요"

◇ 한국계 유일 '마스터 오브 와인' 지니 조 리

'마스터 오브 와인(Master of Wine · MW)'은 세계에서 가장 권위 있는 와인 전문가 그룹을 지칭하는 말이다. 1955년 MW협회가 설립된 이후 지금까지 배출된 MW는 350명 남짓으로, 까다롭고 어려운 절차와 시험을 통과해야 그 자격이 주어진다. 아시아인 MW는 단 3명인데, 그중 한 사람이 한국계 미국인 지니 조 리(Jeannie Cho Lee)이다. 그는 11월 14일 저서 '아시아의 맛, 음식과 와인', '아시아인의 와인 마스터'의 한글판 출간 1주년을 기념해 한국을 방문했다.

지니는 미국 스미스대와 하버드대를 졸업한 뒤 1994년부터 홍콩에서 경제기자로 활동했다. 평소 관심이 많던 와인 관련 기사를 몇 번 쓴 것을 계기로 97년 세계적 와인 잡지 '와인 스펙테이터(Wine Spectator)'에서 일하게 됐다. 당시는 아시아, 특히 중국과 홍콩에서 와인 붐이 일어났을 때였다. 그는 와인 전문기자로 활동하면서 와인 공부를 시작했고, 2008년 아시아인 최초로 MW가 됐다. 지니의 저서 '아시아인의 와인 마스터'에는 감, 미역, 팥 등 낯익은 단어가 등장한다. 외국 와인 책에서는 찾아볼 수 없는 말들이다.

"와인 책을 보면 와인의 맛과 향을 대부분 서양 과일이나 음식으로 표현하고 있어요. 와인의 기원이 유럽이니 서양 식재료로 와인을 설명하는 것은 당연하죠. 하지만 지금 서양에는 아시아 음식이 많이 전파됐고 서양인에게 동양 식재료는 더이상 낯설지 않습니다. 그리고 아시아가 전 세계 와인 매출의 3분의 1을 차지합니다. 아시아는 와인시장에서 무시할 수 없는 중요한 곳이죠. 그렇다면 이제 와인 책도 바뀌어야 한다는 생각에 이 책을 쓰게 됐습니다."

지니의 말처럼 익숙한 식재료로 설명한 와인은 우리에게 훨씬 쉽게 다가온다. 그가 쓴 '아시아의 맛, 음식과 와인'은 아시아 10개 도시의 음식과 와인 간 조화를 다뤘다. 서울 편에서는 전, 볶음, 육류, 찌개, 탕 등 한식 종류별로 와인을 추천하고 있다. 지니는 "국물이 많거나 양념이 강한 한식은 와인을 곁들이기가 쉽지 않지만 담백한 우리 음식에는 얼마든지 잘 어울린다"고 설명했다.

◇ "담백한 우리 음식과 잘 어울려요"

지니는 한식과 두루 어울리는 화이트 와인으로 피노 그리지오(Pinot Grigio)를 꼽았다. 피노 그리지오는 산도가 좋아 전이나 볶은 음식을 먹을 때 입안을 개운하게 해주고 향이 상큼해 나물류와도 잘 어울린다는 것. 매콤한 음식에 어울리는 레드 와인으로는 바르베라(Barbera)를 추천했다. 레드 와인의 타닌은 매운맛을 증폭하지만 바르베라는 타닌이 강하지 않기 때문이다. 불고기나 갈비 같은 고기 요리에는 묵직한 와인보다 시라(Syrah)처럼 서늘한 지역에서 생산한 섬세한 레드 와인을 추천했다.

현재 홍콩에 거주하고 있는 지니는 홍콩 이공대 교수, 와인 컨설턴트, 와인 칼럼니스트 등으로 일하며 바쁘게 지낸다. 하지만 직접 김치를 담글 정도로 한식 사랑이 대단하다. 그는 "(한국) 생선 요리에 리슬링(Riesling)이나 샤블리(Chablis)를 즐긴다. 한국 와인시장이 좀 더 성숙하려면 중산층이 부담 없이 마실 수 있는 와인이 더 많아져야 한다. 한국에서 와인이 보편화되는 데 기여할 수 있는 기회가 있다면 언제든지 불러달라"며 밝게 웃었다.

김상미 와인칼럼니스트 sangmi1013@gmail.com

출처 – 주간동아 (2016.11.30.) 1065호, p. 76. http://weekly.donga.com/

Chapter 08 와인의 제조 과정과 등급

01 와인(Wine)의 제조 과정

자료 – http://photo.le-bourguignon.fr/

[브르고뉴 지방 포도수확과 샤블리 지역 포도나무 가지치기]

가장 오래된 음료 중 하나인 와인의 탄생은 우화에 나오는 원숭이가 자기가 좋아하던 야생 포도를 따서 먹다가 웅덩이에 빠뜨려 포도즙과 야생 효모가 만남으로써 우연히 알코올 발효가 생긴 것이 최초의 와인 양조라고 할 수 있다.

와인은 초기에는 우연히 인간과 조우했지만 인간의 노력에 의해 초기의 단순한 양조 과정에 다양한 양조 기술과 의지가 접목되며 다양한 형태의 와인으로 발전해 왔다. 와인의 종류별 제조 공정을 정리하면 다음과 같다.

1. 적포도주(Red Wine) 만드는 과정

포도 수확 → 와인 공장 → 줄기 제거 → 포도 압착 → 저장통(SO_2+알코올 발효+침용 추출 과정 : Macération) → 걸러내기(에꿀라지 écoulage : vin de goutte / 프레쉬라즈 pressurage : vin de presse) → 젖산 발효(2차 발효) → 블렌딩 → 숙성 → 정제 여과 → 병입

여름에 충분한 태양을 받아 잘 익어 당도가 올라간 포도를 손수확이나 기계수확을 통해 양조할 와이너리로 운반한다. 수확된 포도는 공장으로 운반되어 줄기를 기계로 제거한 후 압착하여 파쇄시킨 후 껍질, 씨, 포도즙, 과육 등을 발효용 저장 통으로 옮긴다. 그리고 나면 발효통 속에서 당과 이스트의 만남으로 발효가 시작되는데 저장 통 밑으로는 포도즙이, 저장 통 위로는 껍질 등 고체 물질이 뜨게 된다. 이때 아래에 있는 포도즙을 위로 뿌려 와인에 색과 타닌 등의 성분이 녹아들게 하는 과정을 거치게 되는데 이 과정을 침용과정(Macération)이라고 한다.

약 1주에서 4주 동안 통에서 섞이며 1차 발효를 마친 와인은 고체는 통의 상부에 떠 있게 되고 하부에는 액체 와인이 모이게 되는데 이를 분리하는 과정인 에꿀라지(걸러내기 : écoulage) 과정을 거치게 된다. 이때 액체는 관을 통해 아래로 흘러서 뱅 드 구뜨(액체 와인 : vin de goutte)가 되어 보통 고급 와인용으로 사용하고, 통 위에 있던 고체 성분은 압착하여 뱅 드 프레스(압착을 통해 얻은 와인 : vin de presse)가 되는데 이는 전체 포도주 양의 10~20%로 타닌 성분이 다량 함유되어 있기 때문에 뱅 드 구뜨와 혼합하거나 2등급 포도주를 만드는 데 사용한다.

발효가 마무리된 와인의 사과산을 젖산으로 변화시키는 과정을 젖산 발효(2차 발효)라고 하는데 이 과정을 통해 산도를 저하시켜 와인의 맛을 좀 더 부드럽게 한다. 두 가지 이상의 품종을 사용하여 양조하는 경우 이 단계에서 서로 다른 품종을 섞게 된다. 여기서 품종별 개성을 표출하고, 품종별 비율을 통해 개성있고 소비자가 원하는 트렌디한 와인을 만들기도 한다. 이와 같은 모든 과정을 거친 후 레드 와인은 숙성과정을 거치는데 보통 3개월에서 2년 정도 숙성 후 여과과정을 거쳐 병입 판매된다.

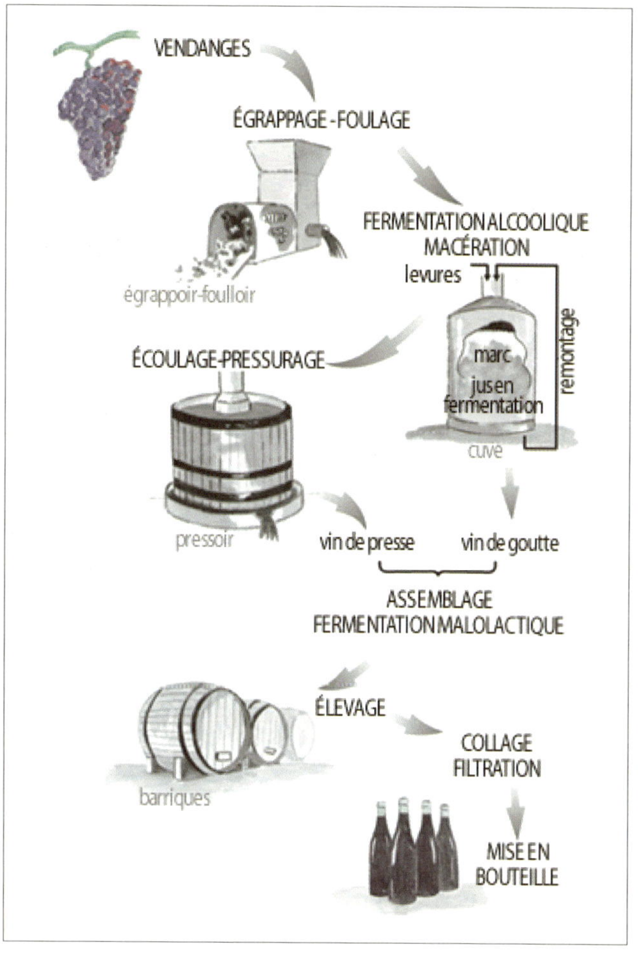

자료: http://www.hainaut-terredegouts.be/

[레드 와인 제조 과정]

2. 백포도주(White Wine) 만드는 과정

포도 수확 → 와인 공장 → 줄기 제거 → 포도 압착 → 저장통(알코올 발효) → 블렌딩 → 숙성 → 정제 여과 → 병입

화이트 와인을 만드는 과정은 레드 와인과는 다르게 수확 후 압착하여 주스상태로 발효시킨다. 따라서 레드 와인에서 색을 내는 침용 과정(Macération)이 없이 저장 통에서 발효시키는데 신선함을 강조하는 화이트 와인의 특성상 2차 발효를 생략하기도 한다. 발효

가 마무리된 와인은 오크통 또는 스테인리스에서 숙성 후 정제 여과 과정을 거친 후 병입 출고된다.

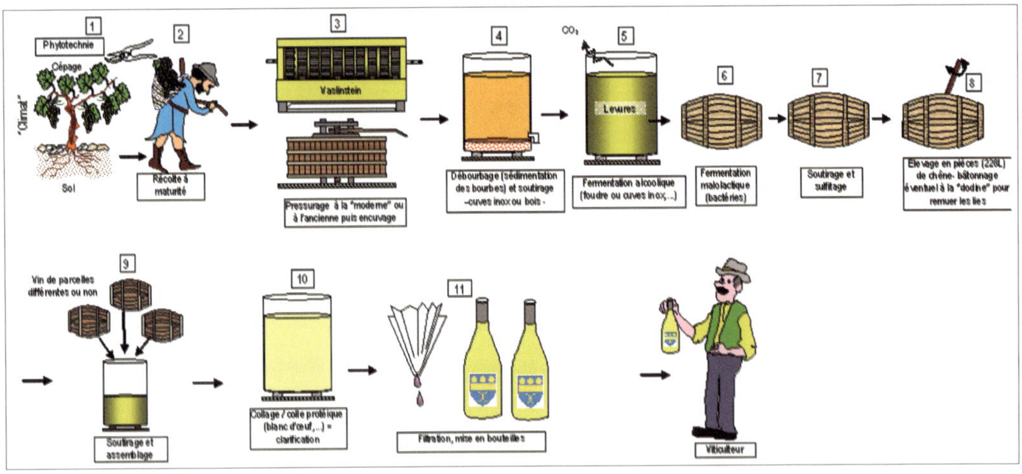

자료 – http://www.hainaut-terredegouts.be/

[화이트 와인 제조 과정]

3. 로제 와인(Rosé Wine) 만드는 과정

① 단기 침용법 : 8~24시간
② 포도즙(무색의 포도즙+나머지 껍질 등 찌꺼기를 프레스해서 즙을 짠다) → 어셈블리 → 저장통(알코올 발효) → 숙성 → 여과 → 병입

로제 와인 제조 방법은 크게 3가지로 나눌 수 있다. 먼저 레드 와인 제조 공정과 같은 방법으로 포도의 껍질과 즙을 함께 통에 넣고 단기 침용 과정을 거쳐서 분홍빛이 우러 나오면 껍질을 제거한 후 주스를 양조한다. 두 번째는 압착해서 만드는 양조법으로 직접 포도즙을 짜서 무색의 포도즙과 껍질에서 나온 즙을 같이 섞어 발효하는 방법이다. 마지막으로 로제 샴페인의 경우 레드 와인과 화이트 와인을 섞어서 만들기도 하는데 주로 이것은 전통적인 프랑스 로제 와인 제조 방식은 아니다.

4. 발포성 와인(Sparkling Wine) 만드는 과정

제1단계 : 포도 수확 → 제경 → 압착 → 저장통(1차 발효) → 백포도주
제2단계 : 어셈블리 과정 → 효모와 당 첨가 및 2차 발효 → 병입 → 숙성 → 병돌리기 → 병목 열기 → 보충 → 코르크마개와 철사로 고정

스파클링 와인은 2단계 공정을 거처 제조되는데 먼저 1단계로 화이트 와인 제조 공정과 유사한 과정을 거친 후 제2단계에서 여러 종류의 포도나무와 여러 해에 걸쳐 주조된 백포도주를 섞는 어셈블리 과정을 거친 후 저장 통에서 제2차 발효과정을 위해 당분과 효모를 첨가해 병에 옮겨 담는다. 그리고 지하창고로 운반, 병을 누인 상태에서 보관한 후 병목 쪽에 생긴 침전물을 제거하기 위해 병돌기기 과정을 거친 후 병목 부분을 급속 냉각시킨 다음 병목 열기 과정을 진행한다. 이때 병목 열기에서 사라진 양을 보충한 후 코르크마개와 철사로 고정시켜 스파클링 와인을 만든다.

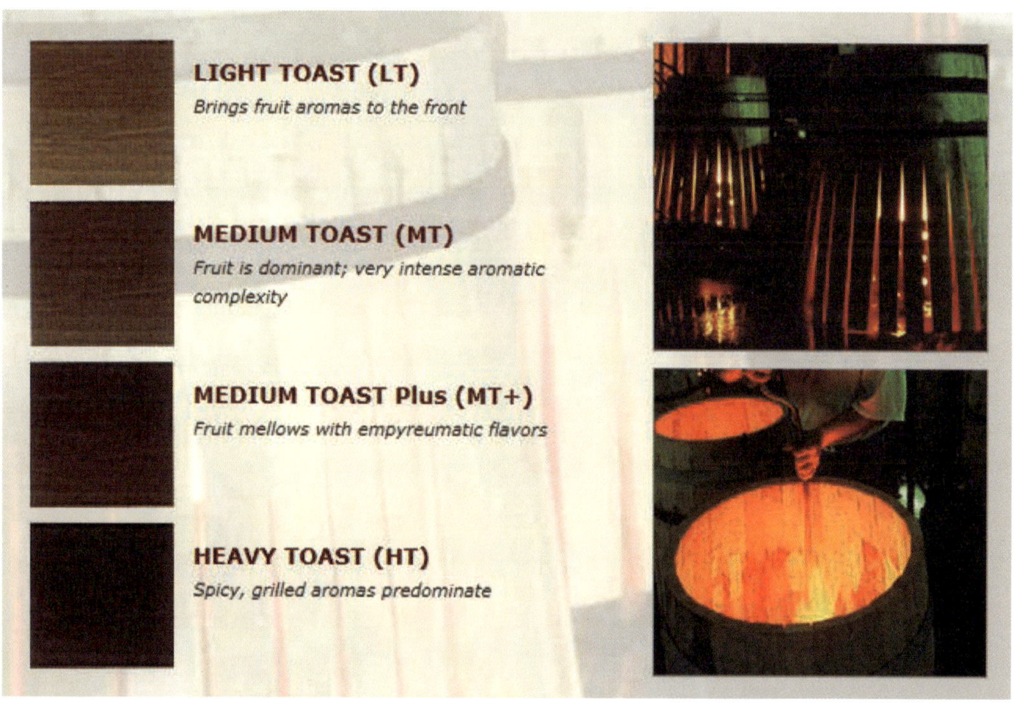

출처 – http://www.nadalie.com/oak-wood-toasting.php

[오크통 토스팅]

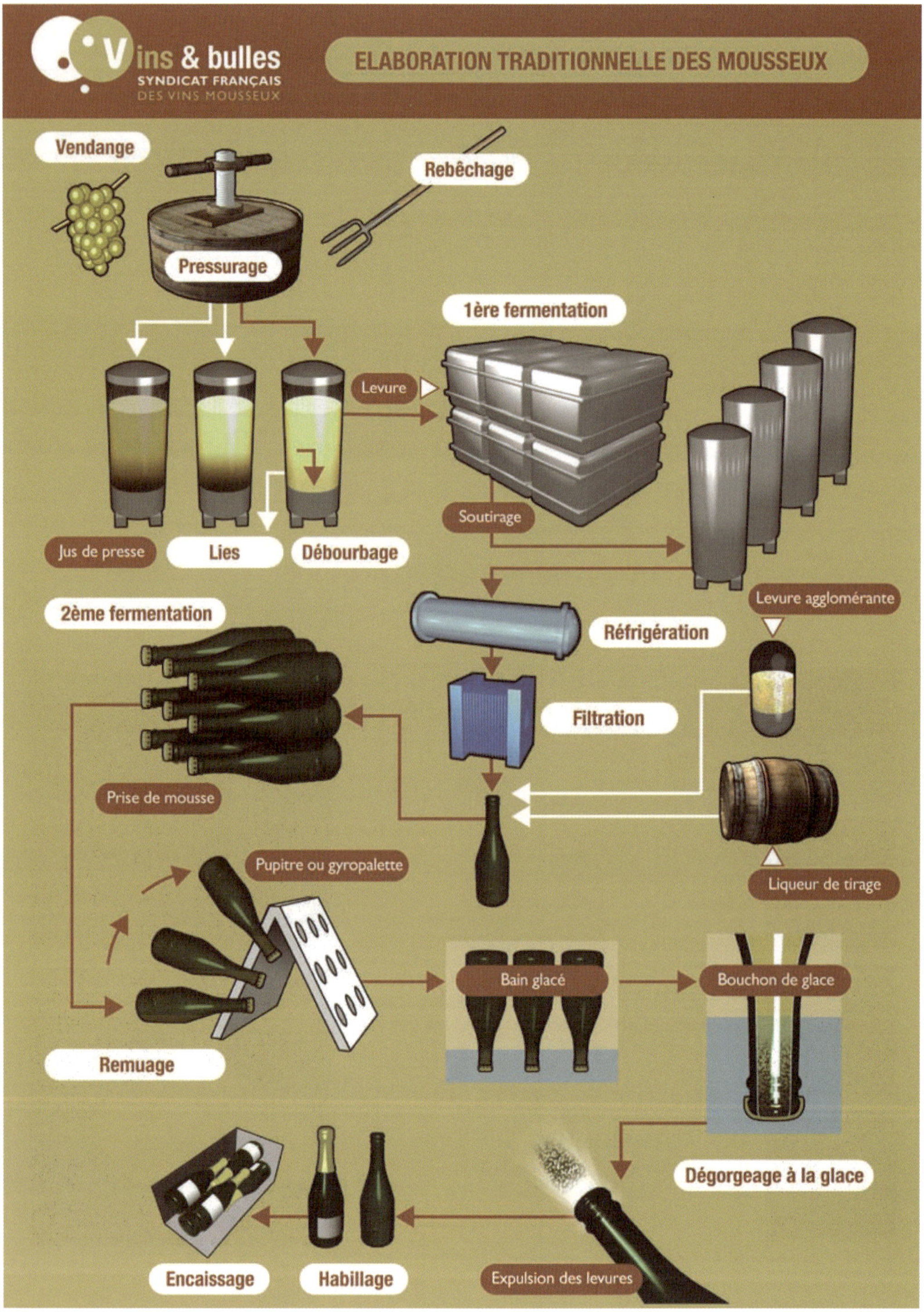

출처 – http://wine-and-bubbles.com/

[스파클링 와인 제조 과정]

02 와인의 등급

유럽의 와인 종주국은 이탈리아이지만 세계 최고급 와인으로서의 명성은 프랑스가 앞서간다. 프랑스의 와인이 현재의 명성을 얻을 수 있었던 것은 유럽에서 가장 오래된 품질관리 규정인 원산지통제명칭(A.O.C : Appellation d'Origine Contrôllée)의 실시를 통하여 와인의 원산지와 품질에 대한 와인 등급을 지정 관리한 덕분이다. 프랑스의 품질관리시스템인 A.O.C제도와 유럽 주요 국가의 와인 등급에 대해 살펴보기로 한다.

1. 프랑스

프랑스는 1935년 확립된 A.O.C(Appellation d'Origine Contrôllée)제도를 통해 고급 와인을 생산하는 포도원과 지역에 엄격하게 적용하고 있다. 이 제도를 통하여 와인의 원료인 포도 재배 장소의 위치와 명칭, 품종, 재배방법, 단위 면적당 수확량, 제조 방법, 알코올 농도, 숙성 조건 등을 규정하여 지방별로 관리하는 것이다. 프랑스산 와인은 아오쎄(AOC), 베데퀴에스(VDQS), 뱅 드 뻬이(Vins de Pays), 뱅 드 따블(Vins de Table) 등 크게 4개의 등급으로 평가 관리되고 있다.

Haut-Médoc A.O.C.

Moselle V.D.Q.S.

Vin de pays de Méditerranée

Vin de table

1) A.O.C(아오쎄)

AOC는 '아펠라시옹 도리진 꽁트롤레(Appellation d'Origine Contrôlée)'의 약자로 원산지통제명칭이란 의미를 가지고 있다. 프랑스 포도주 등급 중 최상급이지만 같은 AOC급 와인일지라도 와인이 생산는 지역의 특성과 포도나무, 양조 기술 등의 차이로 모든 AOC급 와인이 최상급이라고는 볼 수 없다.

와인 라벨의 Appellation과 Contrôlée 사이에 포도의 원산지명인 마을명이나 지역명이 들어간다. 고급와인일수록 지리적 영역이 협소한데 일반적으로 와인 라벨에 마을(Commune)명 표기되어 있으면 최고급 와인임을 나타내며, 지역(District), 지방(Région)의 순서대로 그 범위가 확대된다. AOC 규정은 와인의 생산 지역, 포도 품종, 재배 방법, 단위당 포도 수확량, 양조 지역과 방법, 최저 알코올 함유량, 숙성 조건 등을 규정하여 품질을 엄격히 관리하고 있다.

2) V.D.Q.S.(베데퀴에스)

1949년 12월 제정된 등급인 VDQS(Vins Délimités de QualitéSupérieur, 베데퀴에스 : 우수품질제한포도주)는 AOC급 와인과 거의 동등한 품질 규정을 준수해야 하며 AOC 등급의 상향 조정 전 단계로 AOC급보다 품질이 좋은 와인도 많다. 생산량은 전체 등급 와인 생산의 1~2% 정도로 실제 소비자들이 구매처에서 접하기에는 쉽지 않은 등급이다.

3) Vins de Pays(뱅 드 뻬이)

특정 포도산지에서 생산된 포도만을 사용하여 양조한 와인만이 뱅 드 뻬이(Vins de Pays : 지방명 와인) 등급으로 지정된다. 1973년 제정되어 1979년부터 적용한 지리적 표기 등급으로 와인 라벨 표기는 'Vins de Pays' 다음에 항상 지역을 표시한다. 아오쎄 등급보다는 느슨한 규정으로 레이블 전면에 지역명을 주로 사용하는 전통적 표기 방식 대신 신세계 와인 표기 방식인 포도 품종을 전면에 사용하는 것도 허용된다.

4) Vins de Table(뱅 드 따블)

프랑스 여러 지방 또는 유럽 지역의 포도주 원액을 혼합하여 만든 와인을 뱅 드 따블(Vins de Table : 테이블 와인) 등급으로 지정하는데 프랑스 생산 와인의 약 35%를 차지한다. 프랑스에서 생산하는 최하위 등급의 와인이며, 저렴한 가격으로 일상적인 식사용으로도 마시지만 주로 요리용 와인으로 많이 소비된다. 생산지는 물론 포도 품종과 와인 빈티지(Vintage) 언급이 금지되어 있으며 알코올 함량 등 기본적인 내용만 표기한다.

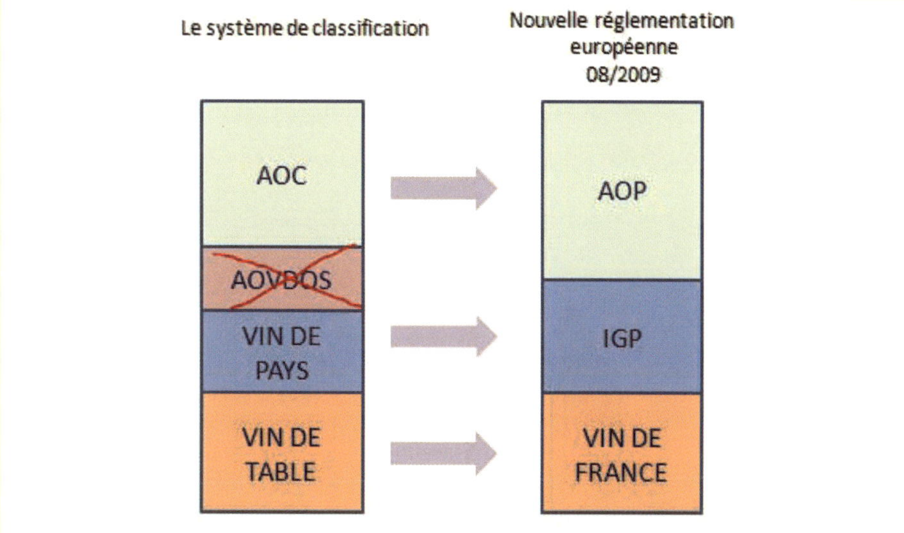

[새로운 와인 등급(2009년)과 기존 AOC 등급]

2012년 **출하 빈티지 와인부터 적용되며 변화된 새로운 유럽 규정** AOP

- AOC → AOP(Appellation d'Origine Protégée) : 생산 조건 강화/와인 품질 심사& 감독 유료로 전환/화이트 및 로제 와인 대상 품질 유지 위한 탱크의 냉각 조절 장치 의무화/와인 품질 심사 강화
- vins de pays → IGP(Indication Géographique Protégée) : 생산 조건 강화/15%의 다른 빈티지 와인 또는 다른 품종 블렌딩 허용
- VDQS → 삭제(기존 와인은 AOP 또는 IGP 등급으로 조정)
- vin de table → Vin de France : 오크칩 허용/포도 품종 및 년도 표시 허용/15%의 다른 빈티지 와인 또는 다른 품종 블렌딩 허용/최대한 규제 철폐로 신세계 와인 대항 경쟁력 확보

출처 – https://www.le-vin-pas-a-pas.com/

2. 이탈리아

1963년 프랑스 AOC 규정을 참고로 제정 발효된 이탈리아 와인 품질 등급인 DOC (denominazione di Origine Controllata 데노미나쵸네 디 오리지네 꼰뜨롤라따 : 원산지 품질검사 표기)는 1980년대 이탈리아 농무부가 기존 DOC 등급보다 높은 등급인 DOCG(denominazione di Origine Controllata e Garantita 데노미나쵸네 디 오리지네 꼰뜨롤라따 에 가란띠따 : 원산지 품질검사 및 보증 표

기) 등급 제도를 추가 하였다. DOCG 등급 와인은 현재 이탈리아 전국에서 74개 와인이 해당된다. 그리고 1995년부터 시행된 지리명 표기 와인 등급인 IGT(Indicazione di Geografica Tipica 인디카찌오네 제오그라피카 티피카:지역 특산 지정)는 최상 등급인 DOCG나 DOC 등급보다는 하위 등급이지만 때로는 과도한 품질 규정으로 고품질 와인이 IGT 등급을 받는 경우도 있다. 또한 일반 저급 와인으로 VDT(Vino da tavola 비오 다 타볼라) 등급이 있다.

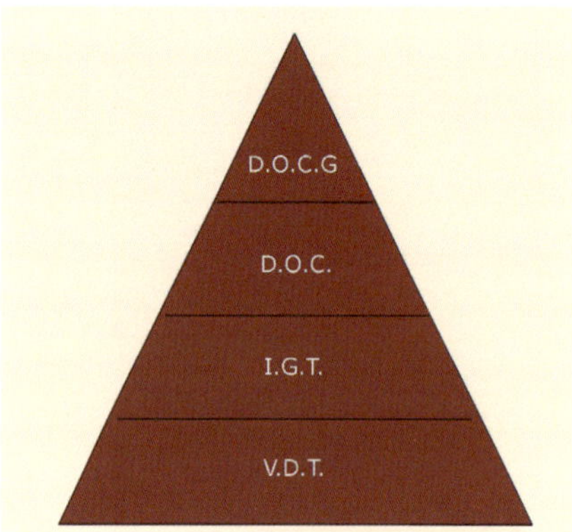

지리적 경계
포도 품종
품종별 사용 함량
면적당 수확량
숙성 조건
최저 알코올 함유량

출처 – https://venividivinoitaly.com/

[DOC 등급]

DOC	DOCG	IGT	Vino da Tavola

3. 스페인

스페인 와인 품질 등급인 DO(Denominación de Origen 데노미나시온 데 오리헨:원산지 명칭)은 1932년 제정되었으나 엄격히 관리되지 못하다가 1970년 개정, 오늘날 프랑스의 AOC, 이탈리아의 DOC 등급과 유사하게 시행되고 있다. 1991년부터 지정된 상위 등급인 DOCa(Denominaciónes de Origen Calificada 데노미나시온 데 오리헨 칼리피카다 : 품질보증 원산지 명칭) 등급이 있는데 스페인 리오하(Rioja)와 프리오라트(Priorat) 그리고 리베라 델 두레로(Ribera del Duero) 지역에 해당한다. 또한 하위 등급으로 지역산지명 표기 와인인 비노 데 라 티에라(Vino de la tierra)와 저가 테이블 와인인 비노 데 메사(Vino de mesa)가 있다.

Crianza	2년 숙성(최소 6개월 오크 숙성)
Reserva	3년 숙성(최소 1년 오크 숙성 + 2년 병 숙성)
Gran reserva	5년 숙성(2년 간 오크 숙성 + 3년 병 숙성)

[스페인 와인 숙성 규정]

DOCa

DO

Vino de la tierra

Vino de Mesa

4. 독일

1879년 처음 제정된 독일의 품질 등급은 1971년 현재의 규정으로 정착하여 크게 타펠바인(Tafelwein)과 크발리테츠바인(Qualitätswein)의 2가지 등급으로 분류되는데 수확기의 당도를 기준으로 와인 등급을 분류하였다.

1) Tafelwein(타펠바인)

타펠바인(Tafelwein)은 저가의 일상 테이블 와인으로 보통 지역 내에서 소비되는데 유럽 전역에서 온 와인도 섞어서 제조되기도 한다. 순수하게 독일 내에서 생산된 포도만을 사용했을 경우 와인의 라벨에 도이처 타펠바인(Deutscher Tafelwein)으로 표시한다. 또 다른 테이블 와인으로 1982년 프랑스 지방 명칭 와인인 뱅 드 뻬이(Vin de Pays)를 모델로 도입한 란트바인(Landwein) 등급은 20개의 지정된 지역 내에서 생산되고 있으며, 당도는 낮은 편이다.

2) 크발리테츠바인(Qualitätswein)

크발리테츠바인은 '고급 와인'이라는 의미로 다음의 두 가지 등급으로 나뉜다.

(1) 쿠베아(QbA : Qualitätswein bestimmter Anbaugebiete)

QbA 등급은 특정 지역에서 생산되는 고급 품질의 와인으로 13개 지역에서 생산되는 와인들이 지정되어 있다. 일반적으로 크발리테츠바인(Qualitätswein)으로 표기한다. 양조에 가당을 허용하기도 한다.

(2) 프레디카츠바인(Prädikatswein)

독일의 최고급 와인 등급으로 알코올 함유량은 최저 10% 이상이며, 가당 등 다른 첨가물은 일체 허용되지 않는다. 당도 함류량, 포도 숙성도 등에 따라 여러 등급으로 나뉘는데 늦게 수확하여 당도를 높인 와인 등급이다.

- 카비네트(Kabinett)

  가볍고 세미 드라이한 대중적인 와인으로 섬세하며 잘 익은 포도를 수확해서 만든다. 짧은 숙성 기간을 거치며 프레디카츠바인 등급 중 가장 가볍고 경쾌한 와인이다.

- 스패트레제(Spätlese)

  등급 이름 그대로 늦게 수확한 포도를 원료로 한 와인으로 짙은 과일 향과 바디감이 뛰어나다.

- 아우스레제(Auslese)

  선별된 잘 익은 포도송이만을 늦게 수확하여 만든 것으로 알코올의 풍부함과 당도가 풍부한 고품질 와인이다.

- 베렌아우스레제(Beerenauslese)

  무르익은 과숙한 포도송이만 골라서 만든 디저트 와인으로 귀부병에 감염된 프랑스 보르도 소테른(Sauternes) 와인의 '고귀한 썩음'에 비교되는 매우 좋은 와인으로 호박색을 띠고 있으며, 진한 풍미와 더불어 달콤함과 산도를 느낄 수 있다.

- 트로켄 베렌아우스레제(Trocken beerenauslese)

  귀부병(Noble Rot)에 걸려 수분이 많이 증발된 드라이한 건포도에 가까운 포도를 수확해 만든 것으로 당도가 높고, 벌꿀과 같은 진한 맛이 있는 와인으로 독일 와인 중 최고가 와인에 속한다. 크발리테츠바인 중 트로켄(Trocken) 표기 와인은 당도가 적은 드라이(Dry) 와인이다.

- 아이스바인(Eiswein)

  언 상태의 포도송이로 제조하는데 겨울철인 11월과 2월 사이에 수확해서 제조한 최고급 와인으로 높은 당도와 복합미가 있으며, 신세계 와인의 경우 인위적으로 포도를 얼려서 당분만 추출하여 제조하는 경우도 있다.

Kabinett

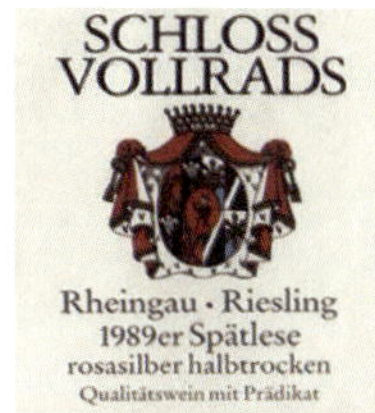

Spätlese

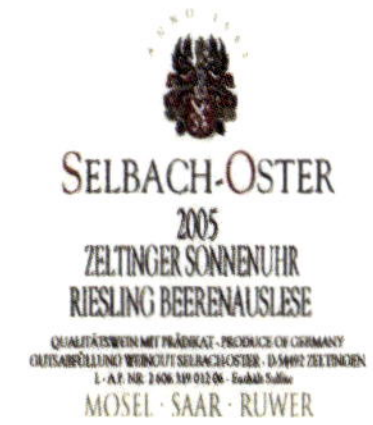

Beerenauslese

Eiswein

Trocken(Dry)

Deutscher Tafelwein

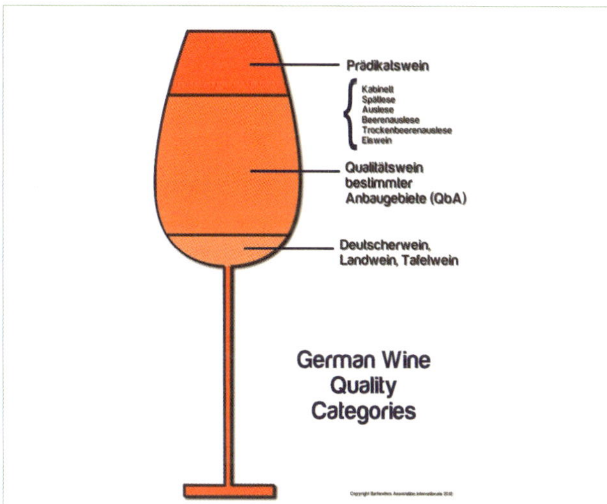

출처 – http://bartendersassociation.com/

[독일 와인 등급]

[컬트와인의 효시 '그레이스 패밀리 빈야드'의 딕 그레이스]

◇ 와인은 세상을 치유하는 촉매제

희소성은 사람의 소유욕을 부채질한다. 와인업계에선 '컬트와인'이 그렇다. 워낙 수량이 적으니 부르는 게 값이다. 와이너리마다 수천 명의 추종자들이 구매자 명단인 '메일링 리스트'에 오르기 위해 기존 회원의 사망과 파산을 바라며 대기하는 기괴한 풍경마저 연출된다. 가장 처음 컬트와인을 만든 사람은 이런 광풍을 예상했을까.

백발에 평화로운 얼굴. 5월 서울 장충동 신라호텔에서 만난 딕 그레이스(79) 씨는 "컬트와인은 마케팅업자들이 만들어낸 단어"라며 고개를 저었다. 그가 1976년 미국 나파밸리에 조성한 와이너리 '그레이스 패밀리 빈야드(Grace Family Vineyards)'는 컬트와인의 효시로 불린다. 세계적인 와인 전문지 '와인 스펙테이터'가 2000년 4월호에서 그의 포도밭을 '캘리포니아 최초의 컬트와인의 개념을 발현시킨 와이너리'라고 언급했다.

1년에 생산되는 와인은 6,000병. 나오는 즉시 고가에 팔리기 때문에 홍보가 필요없다. 그런데도 창립자가 세계를 돌며 와인 애호가들을 만나는 이유는 딱 하나다. '와인은 세상을 치유하는 촉매제'라는 소신을 알리기 위해서다. 그레이스는 1980년대 중반 알코올중독으로 죽을 수도 있다는 진단을 받은 후 30년 간 와인을 포함해 어떤 술도 입에 대지 않는다. 대신 '봉사'에 취해버렸다. 그는 매년 와이너리 수익금 대부분을 기부하고 있다. 돈으로만 하는 자선이 아니다. 고령에도 1년에 4개월 이상 티베트 · 캄보디아 · 네팔 등지를 돌며 봉사를 실천하고 있다. 그에게 포도밭과 와인이란 봉사를 가능하게 해 주는 마르지 않는 '화수분'인 셈이다.

"난 잘 나가는 증권맨이었다. '바니 스미스'(모건 스탠리의 전신)에 근무했는데 수완이 좋아 돈을 많이 벌었다. 1976년 가족과 나파밸리로 여행을 갔는데 아이들에게 특별한 경험을 맛보게 하고 싶어서 1에이커(4047㎡ · 1224평)의 포도밭에 카베르네 소비뇽(포도품종) 눈접가지를 심었던 거다."

양조장이 없었던 딕은 1978년 수확한 포도를 유명한 와이너리인 케이머스에 맡겼다. 그리고 1981년 576병의 '케이머스 카베르네 소비뇽 그레이스 패밀리 빈야드 1978'이 완성됐다. 이 와인이 바로 컬트와인 1세대다. 딕은 82년부터 자신만의 와인인 '그레이스 패밀리'를 선보이기 시작했다. 80년대 나파밸리에서 포도밭 이름을 써

붙인 와인은 10개도 안 됐는데 '그레이스 패밀리 빈야드 카베르네 소비뇽 1983'의 가격은 25달러(2만 9,000원)로 당시 미국 와인으로는 최고가였다. 그레이스 패밀리 와인은 1985년 나파밸리 와인 경매에서 5병에 1만 달러(1,190만 원)에 낙찰됐고, 2006년 나폴리 와인 경매에서는 12L 2003년 빈티지 한 병이 9만 달러(1억 670만 원)에 팔리기도 했다.

"처음부터 최고의 와인 제조자들의 손을 거쳤다. 찰리 와그너, 개리 갤러론, 하이디 피터슨 바렛, 개리 부룩먼을 거쳐 현재 헬렌 케플링거까지 그들의 노력이 크다. 또한 나파밸리에서 가장 오래된 유기농 와이너리다. 제초제나 살균제를 사용해 본 적이 없다. 와이너리 이름에 '패밀리'란 단어를 넣은 것도 최초다. 모든 직원을 가족으로 여기고 지역 평균(12달러)보다 훨씬 높은 30달러의 시급과 의료보험을 제공한다. 실제로 40년 간 비자발적으로 회사를 떠난 직원이 1명도 없다. 이런 모든 요인이 합쳐진 결과 아닐까."

◇ 맛은 어떤지

"균형 잡히고 부드럽고 우아한 맛을 제일 중요하게 생각한다. 마치 우리 삶과 같다. 알코올 도수가 높고, 타닌이 많아 떫은 맛이 강하며, 농도가 진한 걸쭉한 와인은 지양한다."

그는 반쯤 차 있는 '그레이스 패밀리 카베르네 소비뇽' 한 병을 들고 왔다. 나파밸리 현지 가격이 1병에 60만 원 정도라고 했다. 한 잔을 시음해 보니 일반인에겐 낯선 열매향이 생생하게 느껴지면서도 금세 조화롭게 어우러지는 느낌이었다. 그 여운을 오래 느끼고 싶어 쉽게 다음 한 모금을 서두를 수 없는 맛이랄까. 그레이스 패밀리 빈야드에선 이 와인과 '그레이스 패밀리 블랭크 카베르네 소비뇽' 총 2가지 와인만 만든다. 각각 2에이커(8094㎡)가 안 되는 포도밭에서 나오는 카베르네 소비뇽 품종 100%로 만드는데, 한국에는 나라셀라를 통해 수입되고 있다.

◇ 도대체 컬트와인이 뭔가

"컬트라는 용어는 와인 저술가인 댄 버거(Dan Berger)가 80년대 중반에 처음 사용했다. 높은 품질, 높은 수요, 한정된 생산이 3대 요소다. 현재 컬트와인을 자처하는 와인이 수백 개가 넘지만 전문가 집단에선 우리를 포함해 '할란(Harlan)', '스크리밍 이글(Screaming Eagle)', '콜긴(Colgin)', '브라이언트 패밀리(Bryant Family)', '달라 발레(Dalla Valle)', '아로호(Araujo)'까지 7개를 진정한 컬트와인으로 본다."

그레이스 패밀리 와인의 코르크에는 'Be Optimistic(긍정하며 사세요)'란 문구가 새겨 있다. 그는 와인을 통해 인류애를 퍼뜨리고 싶어했다. 알코올중독으로 삶의 의욕을 잃고 살던 1988년, 그레이스는 나파밸리 와인 경매에 참가했다가 81년 첫 경매 수익금을 받았던 소년 앤소니를 만나게 된다. 앤소니가 경제적 지원 덕에 새 삶을 살게 된 이야기를 벅찬 감동으로 전했고, 그레이스는 그날 이후 삶의 진정한 목적은 봉사에 있다고 믿게 됐다. 사람들이 열광하는 와인을 팔아 번 돈으로 어려운 사람들을 돕는 게 그의 일이다.

◇ 최근엔 어떤 활동을 했나

"지난해 네팔 지진 이후 자체적으로 성금을 모아 복구활동에 필요한 목재와 생수를 사는 데 쓰도록 했다. 지진이 있기 전에 카트만두에 병원을 지었고 얼마 전엔 고아원도 열었다. 우리 와인 한 병 값이면 한달 동안 3명의 아이들이 음식 · 옷 · 집은 물론 교육까지 받을 수 있다. 아이들이 굶은 채 잠자리에 드는 건 변명할 수 없는 잘못이다. 정의롭지 않은 것을 지나치면 우리도 그 일부가 된다. 인간은 본래 연민과 친절을 갖고 태어났지만 정치와 경제제도가 우리를 본성으로부터 멀어지게 한다. 6월은 캄보디아에서 봉사를 하며 보낼 생각이다."

◇ 와인이란 술 자체는 봉사와 관계가 없는 것 아닌가

"그렇지 않다. 와인은 취하려고 소비하는 술이 아니라 남과 소통하기 위해 나누는 술이다. 와인은 우리를 더 인간답게 한다. 한 입에 털어버리는 독주와는 생겨난 목적 자체가 다르다. 어떤 음료보다도 역사적 중요성을 지녔고 공통체 속에서 더 중요성을 지닌다. 생각을 교류하고 느린 삶에 대해 생각하게 하는 것이 와인이다."

불교에 입문한 그는 한국인이 사람에 대한 연민, 중도와 여유의 미덕을 이해하는 국민이라고 말했다. 다만 대부분의 나라와 마찬가지로 물질적 가치만을 추구하며 달리는 경주마처럼 강요당하는 삶을 안타까워했다. 그는 "인간성을 상실하며 무언가를 얻어 내면 결국 그것을 잃어버릴까 불안해하며 살 수밖에 없다"고 설명했다. 미국 정치에 대해서도 "미국 중산층은 먹고 살기가 너무 어려워져 물질적인 웰빙을 놓치지 않으려는 것에만 관심을 갖게 됐다"며 "그런 불안 심리를 파고들어 큰 지지세력을 만들어 낸 것이 도널드 트럼프"라고 말했다. 그는 "자기 내면에 있는 친절과 연민은 이웃과 노숙자에게 인사를 건네는 작은 실천에서부터 시작된다"면서 작별 인사를 건넸다. "부디 와인처럼 부드러워지세요(Be gentle like wine)".

컬트와인(Cult Wine) : 소량 생산되는 고품질 와인. 숭배를 뜻하는 라틴어 'cultus'에서 유래한 말로 1980년대 초 미국 캘리포니아에서 처음 등장했다.

이소아 기자 lsa@joongang.co.kr

출처 – 중앙시사매거진 1339호 (2016.06.20) [88] http://jmagazine.joins.com/

Chapter 09 구세계 와인

01 프랑스

1. 프랑스 와인 산지

전 세계 와인의 대표 산지이며 와인 애호가들의 성지인 보르도(Bordeaux)와 부르고뉴(Bourgogne)가 있는 프랑스의 위상은 오랜 품질관리 전통인 AOC 시스템과 천연의 떼루와에 기반을 두고 있다. 프랑스 와인 재배의 역사는 기원전 6세기 경부터 시작되는데 이때 마살리아(현재의 마르세유, Marseille)에 포세엔(Phocéens) 사람들이 포도나무를 심기 시작했다고 한다. 그러나 프랑스 와인 생산이 본격적으로 시작된 시기는 로마제국시대이다. 현재의 프랑스인 골(Gaule) 지방을 점령한 시이저(Gaius Julius Caesar, B.C 100~44)는 품질 좋은 포도주 생산에 관심이 많았고 이러한 이유로 프랑스 남부지역의 포도주 산업이 번창하게 되었다. 오랜 와인 생산 전통으로 인해 현재 프랑스는 세계 2위의 와인 생산국으로서 특히 질적인 면에서 고급와인을 가장 많이 생산하는 국가이다. 2011년 프랑스는 785,000헥타르의 포도밭에서 약 87,000개의 샤토(châteaux), 도멘느(domaines), 협동조합(coopératives) 등의 와인 생산업자가 있으며, 와인 생산의 약 70%는 레드 와인이다. 카베르네 소비뇽(cabernet sauvignon), 피노 누아(pinot noir), 메를로(merlot), 샤르도네(chardonnay), 소비뇽 블랑(sauvigon blanc) 등으로 대표되는 품종 외 약 200여개의 품종이 프랑스 와인 생산에 사용되고 있다.

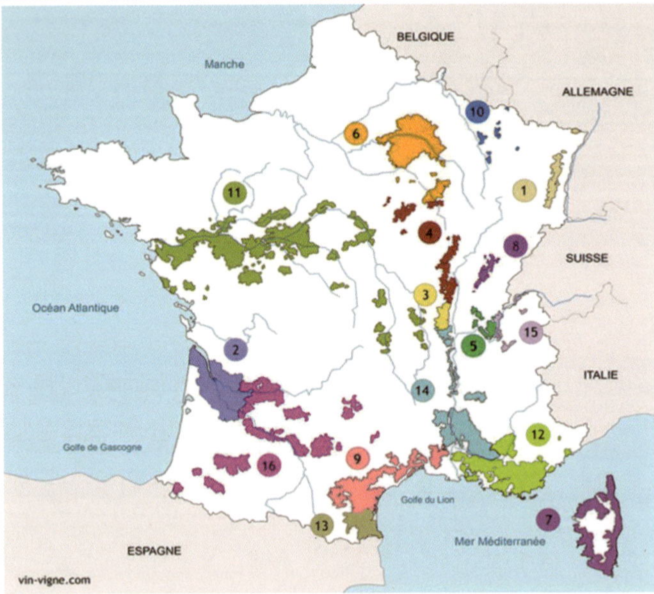

1. 알자스(Alsace)
2. 보르도(Bordeaux)
3. 보줄레누보(Beaujolais)
4. 부르고뉴(Bourgogne)
5. 뷔제(Bugey)
6. 샴페인(Champagne)
7. 코르시카(Corse)
8. 쥐라(Jura)
9. 랑그도크(Languedoc)
10. 로렌(Lorraine)
11. 루아르(Loire)
12. 프로방스(Provence)
13. 루시용(Roussillon)
14. 론(Rhône)
15. 사부아(Savoie)
16. 남서 프랑스(Sud-Ouest)

출처 – http://www.vin-vigne.com/

[프랑스 와인 생산지역]

보르도	R : 카베르네 소비뇽, 메를로, 카베르네 프랑 W : 소비뇽 블랑, 세미용
부르고뉴	R : 피노 누아, 가메 W : 샤르도네
샹파뉴	R : 피노 누아, 피노 뫼니에 W : 샤르도네
알자스	W : 리슬링, 게뷔르츠트라미너
꼬뜨 뒤 론	R : 시라, 그르나슈 W : 마르산느, 루싼느
루아르	R : 카베르네 프랑 W : 소비뇽 블랑, 슈넹 블랑
랑그독 루시용	R : 카리냥, 그르나슈 루아르, 시라, 생소 루아르, 무르베드르

[프랑스 주요 와인 산지별 포도 품종(R : 적포도, W : 청포도)]

1) 보르도(Bordeaux)

프랑스 고급 AOC(Appellation d'Origine Contrôlée)급 와인 생산량의 약 1/4을 차지하는 보르도는 레드 와인을 주로 생산하는 지역이다. 특히 메독(Médoc)과 포므롤(Pomerol) 그리고 생테밀리옹(Saint-Emilion) 지역은 특별한 구역을 제외하고는 레드 와인만 생산한다. 주로 사용되는 와인 품종으로는 카베르네 소비뇽(Cabernet Sauvignon), 메를로(Merlot), 카베르네 프랑(Cabernet Franc) 등이며 여러 가지 포도를 블렌딩한다. 프랑스 5대 도시인 보르도는 스페인 국경지역인 피레네 산맥과 인접하고, 서쪽으로는 대서양과 인접해 있으며, 도르도뉴(Dordogne)강과 가론(Garonne)강 그리고 두 강이 합류하는 지롱드(Gironde)강 유역 일대에서 포도재배가 이루어진다. 지롱드강 좌안에 위치한 메독이나 그라브(Graves)는 자갈이 많은 지역으로 카베르네 소비뇽 같은 타닌 성분이 많은 포도나무를 주로 재배하고, 우안에 위치한 생테밀리옹이나 포므롤은 묵직한 질감의 점토질 토양으로 타닌이 적고 과일 향이 풍부하며 부드러운 맛을 가진 메를로를 주로 재배한다. 점토질 토양은 배수의 문제가 있지만 우기철이 아닌 경우 물을 머금고 있어 포도나무에 물을 공급하는 데 유리하다.

보르도에서 화이트 와인 생산 비중은 15% 이내이지만 소테른(Sauternes)과 그라브, 앙트르 뒤 메르(Entre-Deux-Mers) 지역에서는 소비뇽 블랑과 세미용 품종을 사용해 좋은 화이트 와인을 생산한다. 특히 스위트한 화이트 와인을 만드는 소테른에서는 세미용 품종을 사용하여 귀부병(Noble Rot)에 전염된 스위트 와인을 생산하기 위해 포도 수확을 늦춘다. 소테른의 최고 등급인 그랑 프르미에 크뤼(Grand Premier Cru) 등급의 샤토 디켐(Château d'Yquem)이 유명하며, 달콤함과 풍부함 그리고 농밀함의 특징이 있다.

보르도 지방의 메독 와인은 나폴레옹 3세의 지시로 개최한 1855년 파리 만국박람회를 계기로 외국인 방문객들의 보르도 지역 와인 선택을 용이하게 하기 위하여 당시 우수한 품질을 가진 61개의 샤토(Château)를 선정, 5개 등급으로 분류하여 '그랑 크뤼 클라세(Grand Cru Classé)라고 명하였는데 61개 샤토 중 60개가 메독 지역에 그리고 1개가 그라브 지역에서 선정되었다. 메독 지역 와인 등급은 1973년 당시 2등급이었던 샤토 무통 로쉴드(Château Mouton-Rothschild)에 대하여 예외적으로 한 번의 등급조정이 있었을 뿐 지금까지 약 160년간 유지되고 있다.

그 외에 보르도산 포도주 등급 분류에는 1959년에 발효된 그라브(Graves) 지역 등급 분류표와 1955년에 등장한 쌩테밀리옹(Saint-Emilion) 등급 분류표가 있으며, 1855년 등급 분류에 제외된 메독(Médoc) 지역의 생산업자들에 의해 협의된 크뤼 부르주아(Crus bourgeois)등급은 1920년 제정되었다.

보르도에서 가장 우수한 와인을 생산하는 지역은 메독(Médoc), 그라브(Graves), 소테른(Sauternes), 생테밀리옹(Saint-Emilion), 뽀므롤(Pomerol) 등이 있다. 메독 지역은 지롱드강 하류의 메독(Médoc)과 상류의 오메독(Haut-Médoc)으로 분리되는데 특히 오메독은 고급 와인이 많이 나오는 곳으로 생테스테프(St-Estèphe), 뽀이약(Pauillac), 생줄리앙(St-Julien), 마고(Margaux), 물리스(Moulis) 그리고 리스트락(Listrac)의 6개 소 지구(Commune)로 구성되어 있다.

출처 – https://quentinsadler.wordpress.com/

[보르도 와인 생산지역]

1등급 (Premiers Crus : 5개)	① Lafite–Rothschild(Pauillac) ② Mouton–Rothschild(Pauillac) ③ Latour(Pauillac) ④ Margaux(Margaux) ⑤ Haut–Brion(Graves–Pessac)
2등급 (Deuxièmes Crus : 14개)	① Rausan–Segla(Margaux) ② Rauzan–Gassies(Margaux) ③ Léoville–Las Cases(Saint–Julien) ④ Léoville–Poyferré(Saint–Julien) ⑤ Léoville–Barton(Saint–Julien) ⑥ Durfort–Vivens(Margaux) ⑦ Gruaud–Larose(Saint–Julien) ⑧ Lascombes(Margaux) ⑨ Brane–Cantenac(Margaux) ⑩ Pichon–Longueville(Pauillac) ⑪ Pichon–Longueville, Comtesse de Lalande(Pauillac) ⑫ Ducru–Beaucaillou(Saint–Julien) ⑬ Cos d'Estournel(Saint–Estèphe) ⑭ Montrose(Saint–Estèphe)
3등급 (Troisièmes Crus : 14개)	① Kirwan(Margaux) ② Issan(Margaux) ③ Lagrange(Saint–Julien) ④ Langoa–Barton(Saint–Julien) ⑤ Giscours Labarde(Margaux) ⑥ Malescot Saint–Exupéry(Margaux) ⑦ Boyd–Cantenac(Margaux) ⑧ Cantenac–Brown(Cantenac) ⑨ Palmer(Margaux) ⑩ La Lagune(Haut–Medoc) ⑪ Desmirail(Margaux) ⑫ Calon–Ségur(Saint–Estèphe) ⑬ Ferrière(Margaux) ⑭ Marquis d'Alesme–Becker(Margaux)
4등급 (Quatrièmes Crus : 10개)	① Saint–Pierre(Saint–Julien) ② Talbot(Saint–Julien) ③ Branaire–Ducru(Saint–Julien) ④ Duhart–Milon(Pauillac) ⑤ Pouget(Margaux) ⑥ La Tour–Carnet(Haut–Medoc) ⑦ Lafon–Rochet(Saint–Estèphe) ⑧ Beychevelle(Saint–Julien) ⑨ Prieuré–Lichine(Margaux) ⑩ Marquis–de–Terme(Margaux)

5등급 (Cinquièmes Crus : 18개)	① Pontet–Canet(Pauillac) ③ Haut–Batailley(Pauillac) ⑤ Grand–Puy–Ducasse(Pauillac) ⑦ Lynch–Moussas(Pauillac) ⑨ Mouton–Baronne–Philippe(Pauillac) ⑪ Haut–Bages–Liberal(Pauillac) ⑬ Belgrave(Haut–Medoc) ⑮ Cos–Labory(Saint–Estephe) ⑰ Croizet–Bages(Pauillac)	② Batailley(Pauillac) ④ Grand–Puy–Lacoste(Pauillac) ⑥ Lynch–Bages(Pauillac) ⑧ Dauzac(Margaux) ⑩ Le Tertre(Margaux) ⑫ Pedesclaux(Pauillac) ⑭ Camensac Saint–Laurent(Haut–Medoc) ⑯ Clerc–Milon(Pauillac) ⑱ Cantemerle Macau(Haut–Medoc)

[메독(Médoc) 지역의 1855년 그랑 크뤼 클라세(Grand Cru Classé) 분류표]

2) 부르고뉴(Bourgogne)

부르고뉴는 피노 누아(Pinot Noir) 단일 품종을 사용하여 세계 고가 와인 중 하나인 로마네 콩티(Romanée–Conti)를 생산하는 특급 와인 생산지역이다. 생산량은 보르도 와인 생산의 1/4에 불과하지만 최상급의 포도주를 소량으로 생산하는 프랑스를 대표할 만한 와인 생산지라 할 수 있다. 이중 화이트 와인은 전체 와인 생산량의 약 52%를 차지하고 있는데 회이트 와인 생산량이 15%에 불과한 보르도 지역과 비교하면 많은 편이다. 여러 종류의 포도나무 품종을 섞어서 와인을 생산하는 보르도 지역과는 다르게 부르고뉴 지역은 한 가지 품종만을 사용하여 와인을 만든다. 레드 와인의 경우 피노 누아(Pinot Noir)와 가메(Gamay)를, 화이트 와인의 경우 샤르도네(Chardonnay)나 알리고떼(Aligoté)를 단일 품종으로 제조한다. 또한 이 지역은 북쪽으로 화이트 와인으로 유명한 샤블리(Chablis), 코트 드 누이(Côte de Nuits), 코트 드 본(Côte de Beaune), 코트 샬로네즈(Côte Chalonnaise) 그리고 남쪽에는 마꼬네(Mâconnais)와 매년 11월 햇와인축제로 유명한 보졸레(Beaujolais)가 있다.

(1) 샤블리(Chablis)

부르고뉴 최북단에 위치하는 샤블리는 샤르도네 단일 품종으로 섬세하고 산뜻한 맛의 최상품 화이트 와인을 생산하는 지역이다. 최고의 포도밭은 일상적이지 않은 경사가 급한 언덕에 위치해 있는데, 부그로(Bougros), 프뢰즈(Preuses), 레클로(Les Clos), 발뮈르(Valmur), 그르누이(Grenouilles), 보데지르(Vaudésir), 블랑쇼(Blanchots) 등 7개의 포도밭에서 샤블리 그랑 크뤼(Chablis Grand Cru)가 생산된다.

(2) 코트 드 누이(Côte de Nuits)

코트 드 누이(The Cote de Nuits)는 세계적인 와인 명산지로 풍부하고 깊은 맛의 고가의 레드 와인들이 유명하다. 특등급(Grand Cru) 와인으로 샹베르탱(Chambertin), 뮈지니(Musigny), 에세조(Echézeaux), 끌로 드 부조(Clos–de–Vougeot), 로마네콩티(Romanée–Conti), 라 따슈(La Tâche)등이 있다.

(3) 코트 드 본(Côte de Beaune)

돌이 많은 백아토에서 레드 와인뿐만 아니라 화이트 와인도 균형있게 발전된 지역으로 알록스 코르통(Aloxe-Corton) 마을에서 고급의 레드 와인이 생산된다. 부르고뉴의 최고 화이트 와인으로는 몽라셰(Montrachet), 코르통 샤를마뉴(Corton-Charlemagne)가 있다. 이 와인들은 섬세한 향기를 가지며 기품과 화려함을 갖춘 와인이다.

(4) 꼬뜨 샬로네즈(Côte Chalonnaise)

남쪽에 위치한 이 지역에서는 피노 누아(Pinot Noir), 샤도네(Chardonnay)와 알리고떼(Aligoté) 품종으로 와인을 만드는데 알리고떼로는 꽃향기와 상쾌한 맛의 부즈롱(Bouzeron) 와인을 만든다. 레드 와인으로는 메르뀌레(Mercurey), 지브리(Givry)가 유명하고 화이트 와인으로는 헤이즐넛향이 특징인 몽따니(Montagny), 화사한 뤨리(Rully)가 유명하다.

(5) 마꼬네(Maconnais)

마꼬네 지역에서는 섬세하고 향기로우며 드라이한 샤르도네 와인인 마꽁 빌라쥐(Mâcon-Villages)가 생산된다. 이 지역에서 가장 유명한 와인은 뿌이 퓌세(Pouilly-Fuissé)로 금빛 녹색을 띠고 있는 부드러우면서도 섬세한 맛의 드라이한 화이트 와인이다.

(6) 보졸레(Beaujolais)

매년 11월 보졸레 누보(Beaujolais Nouveau) 축제로 유명한 지역으로 가메이(Gamay) 품종 한 가지로 레드 와인을 만든다. 과일 향이 풍부한 '보졸레 누보' 와인뿐만 아니라 맛이 깊고 묵직한 보졸레 크뤼(Beaujolais cru)는 10개 지역에서 생산되고 있다. 일정 기간 보관하여 마실 수 있는 와인으로 브루이(Brouilly), 코트 드 브루이(Côte de Brouilly), 모르공(Morgon), 쉬루블르(Chiroubles), 플뢰리(Fleurie), 줄리에나(Julienas), 물랭아방(Moulin-A-Vent), 쉐나(Chénas), 생따무르(Saint-Amour), 레니에(Régnié) 등이 있다.

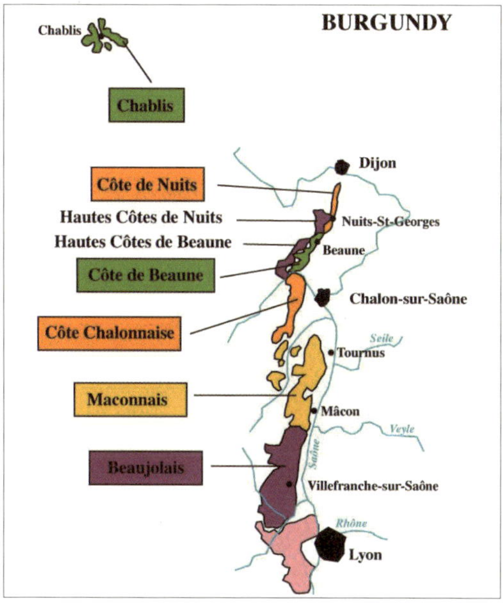

출처 – http://urbinavinos.blogspot.kr/

[부르고뉴 와인 생산지역]

3) 발레 뒤 론(VALLEE DU RHÔNE)

로마시대부터 와인을 생산해온 역사 깊은 와인 생산지로 마디감이 묵직하고 색이 진하며 강건하다. 알코올 도수가 높은 레드 와인을 생산하는데 기후적으로 지중해에 인접하여 더운 여름과 자갈이 많은 토양 등의 지리적 요건이 당도와 알코올 도수가 타 지역에 비해 높은 와인을 만들기에 적합하다.

생산량의 90% 이상은 레드 와인이며 약간의 로제 와인과 화이트 와인을 생산한다. 이 지역은 북부와 남부 두개의 뚜렷한 영역으로 구분된다. 북부 론 지역에서는 가파른 경사면에 포도나무를 심는데 토양은 화강암과 편암들로 구성되어 있다. 주로 적포도 품종인 시라를 사용하고 루싼느(Roussanne)와 마르싼느(Marsanne)를 섞기도 하며, 화이트 와인과 스파클링 와인도 생산한다.

북부지역에서 중요한 생산지는 코트 로티, 크로제 에르미타주, 에르미타주 등이 있으며 주로 시라 품종을 사용하여 와인을 만든다. 반면 론 남부지역은 그르나쉬(Grenache) 품종를 중심으로 20가지 이상의 여러 품종을 블렌딩한 와인을 생산한다. 주요 생산지는 교황청의 역사와 깊은 관련이 있는 샤토 뇌프 뒤 빠프(Chateauneuf-du-Pape)와 풍부한 과일맛과 스파이시함이 좋은 지공다스(Gigondas) 그리고 프랑스에서 로제 와인으로 유명한 따벨(Tavel) 등이다. 특히 샤토 뇌프 뒤 빠프는 13개 와인 품종을 혼합하는데 주품종인 그르나슈와 시라 품종에 무르베드르(Mourvcdre), 쌩소(Cinsaut)등과 5종의 청포도 품종을 섞어서 묵직하고 알코올 함량이 높은 와인을 만든다.

화이트 와인에는 마르쌴느(Marsanne), 루쌴느(Roussanne), 비오니에(Viognier), 그르나슈 블랑(Grenache Blanc), 위니 블랑(Ugni Blanc), 끌레레뜨(Clairette) 등의 품종이 사용된다.

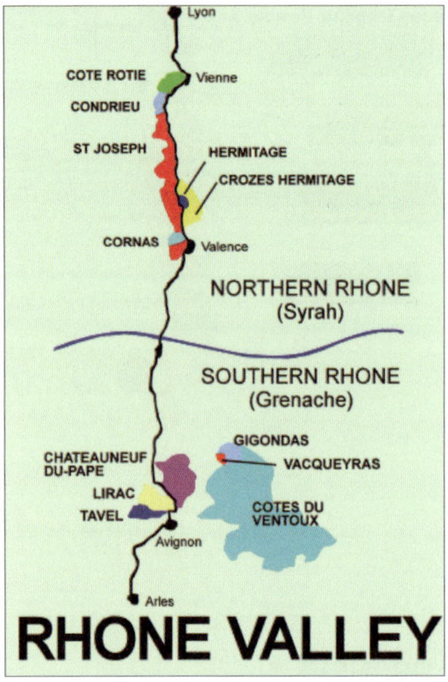

출처 – http://maggieswine.com/

[발레 뒤 론 와인 생산지역]

4) 샹파뉴(Champagne)

축배의 와인인 샴페인은 샹파뉴(Champagne)의 영어식 발음으로 프랑스의 수도 파리를 중심으로 북동쪽에 위치한 지역이다. 이 지역에서 생산하는 스파클링 와인으로 샤르도네(Chardonnay), 피노 누아(Pinot Noir), 피노 뫼니에(Pinot Meunier)를 블렌딩하여 만드는데 타 지역에서는 동일한 품종과 방법을 사용하여 만들었어도 '샹파뉴'라는 이름을 사용할 수 없다.

샴페인은 보통 여러 해에 걸쳐 생산된 와인을 섞어 만들기 때문에 대부분 빈티지 표기가 없지만 특별히 최상의 수확이 이루어지는 해의 경우 그 해에 수확한 포도만 사용해서 만들기도 하는데 이것을 빈티지 샴페인이라고 한다. 최소 15개월을 숙성시키는 논 빈티지(Non–Vintage)와는 달리 병입 후 최소 3년 간 숙성 후 출하된다.

샹파뉴 지방은 오래 전부터 비발포성 와인을 생산하는 지역이었으나 북쪽의 추운지방에 위치하고 있어서 포도주 통에서 포도즙의 당분이 완전히 알코올로 변화되기 전에 겨울이 오기 때문에 저온으로 인해 발효과정이 멈추게 된다. 그래서 따뜻한 봄이 되면 병

속에 남아있는 당분의 효모작용으로 알코올 생성과 탄산가스를 배출하게 되어 종종 폭발하는 사례도 있었다. 이런 재발효현상에서 힌트를 얻어 오늘날의 샴페인이 탄생하게 된 것이다. 샴페인은 여러 품종의 포도가 블렌딩되고 서로 다른 생산자의 포도가 혼합되므로 생산지역보다 생산회사, 즉 메종(Maison : 영어의 House)이 중요하다. 주요 생산자는 모엣 상동(Moët&Chandon), 돔 페리뇽(Dom Pérignon), 떼뗑제(Teittinger), 뵈브 끌리코 퐁사르당(Veuve Clicquot Ponsardin), 크뤼그(Krug), 볼랑저(Bollinger) 등이다. 샴페인은 당도에 따라 라벨에 표기되는데 브뤼(Brut : 단맛이 없는), 엑스트라 섹(Extra-Sec : 아주 드라이한), 섹(Sec : 드라이한), 드미 섹(Demi-Sec : 약간 단맛이 있는), 두(Doux : 아주 스위트한)의 순으로 당도가 높다.

돔 페리뇽(1638~1715)은 베네딕트 수도회 수도사로 샴페인의 역사에 중요한 업적이 있다고 전해진다. 후각이 남보다 뛰어났던 그는 블렌딩 기술이 좋았고, 병속에 탄산을 가두는 방법으로 코르크를 처음 도입하였으며, 가스로 인한 코르크 이탈 방지를 위해 삼 등을 이용해 병을 동여매는 방법을 생각해냈다고 전해진다. 그러나 샴페인보다 약 100여 년 이상 앞서서 스파클링 와인을 생산한 지역으로 프랑스 남부 랑그독 지방의 리무(Limoux)라는 마을에서 만든 블랑께트 드 리무(Blanquette de Limoux 1531)가 있다. 이 지역에서는 모작(Mauzac) 품종과 슈냉 그리고 샤르도네 등으로 블랑께트를 만드는데 1531년 이 마을의 수도원 동굴에서 블랑께트를 처음 만들었다고 전해진다. 수도사가 별을 만들었다는 이야기 등 샹파뉴 지방의 이야기와 유사한 이야기가 전해 내려온다.

출처 – http://www.vin-vigne.com/

[돔 페리뇽(Dom Pérignon)]

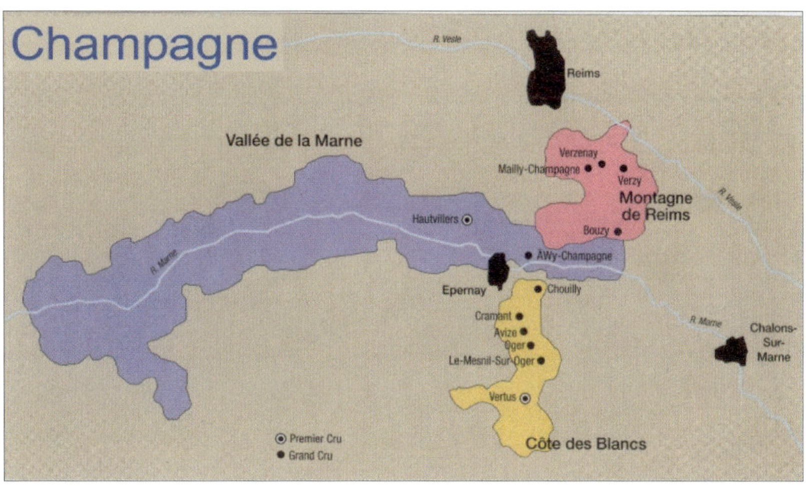

출처 – http://www.allfranceinfo.com/

[샹파뉴 와인 생산지역]

5) 발레 드 라 루아르(Vallée de la Loire)

예로부터 왕과 귀족들의 휴양지로 고풍스러운 성들이 즐비한 루아르 밸리는 소비뇽 블랑(Sauvignon Blanc) 단일 품종으로 화이트 와인을 양조하는데 와인 산지는 루와르 강을 따라 약 970km 정도 분포되어 있다. 생산량의 1/2 이상이 화이트 와인며 그중 96%는 드라이한 백포도주이다. 생산량의 1/4은 레드 와인이고 로제 와인과 스파클링 와인도 생산된다.

주요 와인 산지인 상트르(Centre)는 푸이 퓌메(Pouilly–Fumé)와 상세르(Sancerre) 등의 고급 와인을 생산하는데 무더운 여름과 추운 대륙성 기후에서 포도를 재배한다. 상세르는 백악질 토양에서 소비뇽 블랑을 재배, 경쾌한 산도와 과일 향의 아로마가 풍기는 고급 화이트 와인으로 유명하다. 또한 화이트 와인 명산지로 푸이 퓌메가 있는데 소비뇽 블랑을 재료로 상세르 와인에 비하여 맛이 더 풍부하고 유연한 화이트 와인을 생산한다. 레드 와인과 약발포성 와인이 생산되는 투렌느(Touraine) 지역은 카베르네 프랑으로 시농(Chinon) 구역에서 질 좋은 레드 와인을 생산하며, 부브레(Vouvray)에서는 슈냉 블랑(Chenin Blanc)으로 약발포성 와인 페티앙(Pétillant)을 만드는데 단 맛이 없는 브뤼(Brut)부터 스위트까지 다양한 종류를 생산한다.

로제 와인 산지로 유명한 앙주 소뮈르(Anjour–Saumur)에서 로제 당주(Roséd'Anjou) 구역은 그롤로(Grolleau) 품종에 가메나 카베르네 프랑을 섞어 가볍고 편안한 로제 와인을 제조하고, 카베르네 당주(Cabernet d'Anjou)에서는 카베르네 소비뇽과 카베르네 프랑을 블렌딩하거나 한 가지만으로 로제 와인을 양조하는데 가볍고 스위트한 산도가 느껴지는 맛에 딸기와 민트 향이 감도는 장미향이 특징이다.

끝으로 루아르 밸리 서쪽 끝에 위치한 빼이 낭떼(Pays Nantais)에서는 믈롱 드 부르고뉴(Melon de Bourgogne) 품종으로 가볍고 드라이한 화이트 와인인 뮈스카데(Muscadet)를 생산한다. 향미와 복합미가 약해서 '쉬르리(Surlie : 포도주 효모 찌꺼기)' 기법을 사용하는데 발효탱크에 남은 효모 찌꺼기를 와인과 함께 숙성시켜 풍미를 내기도 한다. 와인 레이블의 '쉬르리' 표기는1994년 이후 엄격한 규정을 준수하는 범위 내의 와인만 사용할 수 있다.

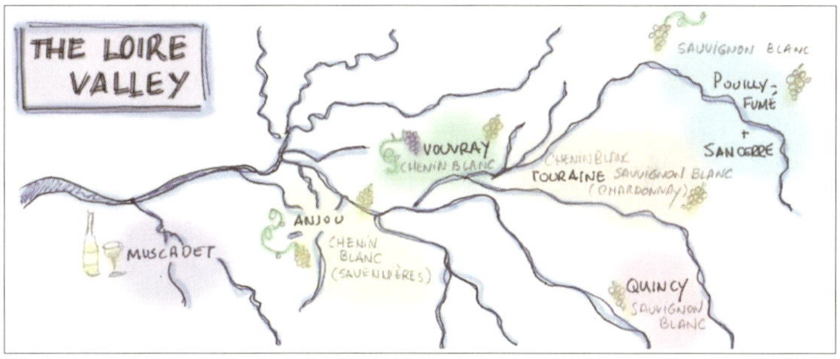

출처 – http://goutaste.com/

[루아르 와인 생산지역]

02 이탈리아

1. 이탈리아 와인 산지

프랑스와 더불어 세계 최대의 와인 산지인 이탈리아는 3,000여 년의 와인 생산 역사를 가지고 있으며 로마시대에는 유럽 전역을 지배하면서 유럽에 와인 재배와 기술을 전파한 와인 종주국이다. 국토의 일부가 와인 생산지인 다른 유럽국가와는 다르게 국토의 전 지역이 포도밭이다. 오랜 역사에도 불구하고 프랑스에 비해 저평가를 받은 이탈리아 와인은 내수시장 외에 전 세계 소비자를 대상으로 영역을 넓히면서 기존 이탈리아 토종 품종 외에 외국 품종을 적극적으로 수용, 새로운 최신 양조기술도 접목하며 발전하고 있다. 이탈리아의 와인의 3대 산지는 베네토(Veneto), 피에몬테(Piemonte) 그리고 토스카나(Toscana) 지역이다.

1) 베네토 지역

베네토(Veneto) 지역은 이탈리아 최대의 와인 산지임과 동시에 유명 관광지인 베네치아와 셰익스피어의 '로미오와 줄리엣'의 배경무대인 베로나(Verona)가 있는 지역으로 주로 DOC급 대중주를 생산하는 지역이다. 화이트 와인이 많이 생산되는 지역으로 오크 숙성한 드라이한 백포도주인 소아베(Soave) 와인과 코르비나(Corvina)를 주 품종으로 만든 적포도주 발폴리첼라(Valpolicella)와 부드럽고 상쾌한 바르돌리노(Bardolino)가 유명하다. 특히 발폴리첼라인 아마로네(Amarone)가 유명한데, 고르비나(Corvina), 론디넬라(Rondinella), 몰리나라(Molinara) 등의 품종을 잘 익은 것만 선별 후 거적 위에서 건포도처럼 말려 고당도의 포도송이를 14~16%까지 발효시킨 고급 와인이다.

2) 피에몬테 지역

피에몬테(Piemonte)는 토스카나 지역에 비견되는 고급 와인 산지로 질 좋은 레드 와인으로 유명하다. 검은 빛에 타닌이 강하게 느껴지는 바롤로(Barolo)와 가볍고 섬세함이 느껴지는 바르바레스코(Barbaresco) 그리고 발포성 와인인 아스티 스푸만테(Asti Spumante)도 생산된다.

3) 토스카나(Toscana)

토스카나(Toscana)는 보릿짚으로 와인병 밑부분을 감싸는 것으로 유명한 끼안티 클라시코(Chianti Classico)와 장기 숙성 와인인 브루넬로 디 몬탈치노(Brunello di Montalcino)의 고장이다. 끼안티(Chianti) 와인은 1967년 DOC 규정에 의하여 산지오베제(Sangiovese), 까나이올로(Canaiolo)와 청포도 품종인 말바시아(Malvasia), 트레비아노(Trebbiano)를 주로 사용하도록 규정하였는데 특히 적포도 품종만 사용할 경우 '끼안티' 지역명의 사용을 제한하였다. 현재는 적포도 사용량을 증가시키고 카베르네 소비뇽 같은 새로운 품종 사용도 가능하게 되었다. DOCG 등급의 끼안티 클라시코는 산지오베제를 주 품종으로 카베르네 소비뇽을 블렌딩하기도 한다. 스파이시하고 과일 향이 뛰어난 브루넬로 디 몬탈치노는 타닌 성분이 많아 주로 5년~10년 숙성 후 마시는 고급 와인이다.

한편 이 지역에 슈퍼 토스칸(Super Toscans)이라는 와인이 있는데 이 와인은 과거 까다로운 이탈이아 DOC 규정에서 벗어나 독자적 품종으로 자유롭게 만든 와인으로 초기 좋은 등급은 받지 못했으나 질 좋은 와인을 생산함으로써 명성을 얻게 된 와인들을 지칭한다. 보르도 스타일의 티냐넬로(Tignanello, IGT 등급), 보르도 카베르네 소비뇽으로 만든 고가의 와인인 사시까이아(Sassicaia, DOC등급), 카베르네 소비뇽을 주 품종으로 만든 메를로, 카베르네 프랑을 블렌딩해서 주조한 오르넬라이아(Ornellaia, DOC 등급) 그리고 프랑스와 이탈리아 품종인 카베르네 소비뇽과 산조베제를 섞어 만든 솔라이아(Solaia, IGT 등급) 등이 유명하다.

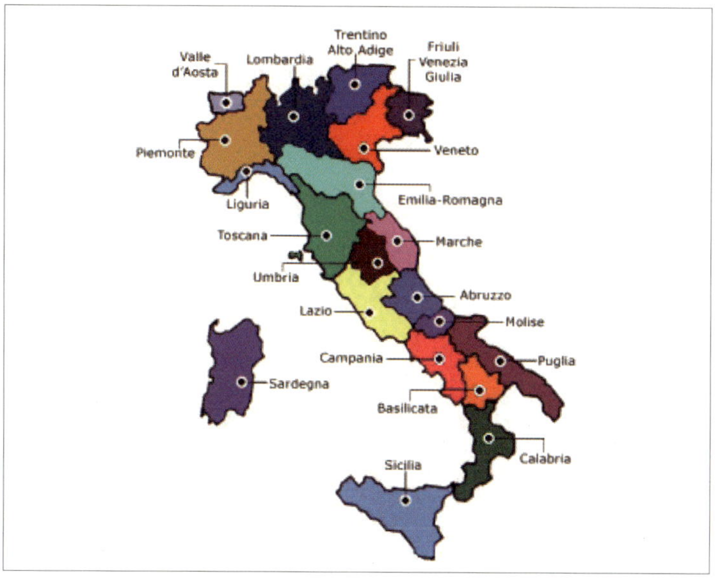

출처 – http://jacksonvillewineguide.com/

[이탈리아 와인 산지]

2. 주요 품종

1) 네비올로(Nebbiolo)

피에몬테 지역의 바롤로와 바르바레스코에서 주로 사용하는 품종으로 열매가 늦게 익는 특징이 있다. 수확 시기인 늦가을는 안개 발생 빈도가 높기 때문에 네비아(Nebbia : 안개)라는 단어에서 유래한 이름이다. 전형적인 네비올로 품종은 산도와 알코올 도수가 높으며 타닌 성분이 많고 색상은 진하지 않다. 피에몬테 지역에서는 네비올로를 사용해 전통적인 스타일의 균형감 있고 섬세한 레드 와인을 만들며 신세계 와인 스타일의 진한 색상에 육감적이고 달콤하며 풍부한 맛의 와인을 만들기도 한다.

2) 산지오베제(Sangiovese)

산지오베제는 토스카나와 움브리아 그리고 마르케 등 중부 이탈리아 지방에서 많이 재배하는 품종이다. 높은 산도와 타닌을 가지고 있어 주로 미디엄 바디 와인을 만드는데 너무 강한 성격으로 청포도 품종이나 까나이올로(Canaiolo) 같은 부드러운 품종과 블렌딩하기도 한다. 비교적 중저가인 끼안티 와인부터 고급 와인인 브루넬로 디 몬탈치노까지 사용된다.

3) 코르비나(Corvina)

베네토 지역의 발폴리첼라와 바르돌리노 와인을 만드는 품종으로 부드러운 타닌감과 신선함이 특징이며 타닌과 색을 보충하기 위해 주로 론디넬라 품종과 블렌딩한다.

4) 네로 다볼라(Nero d'Avola)

남부 시칠리아의 토착 품종으로 가볍고 활기찬 중저가 와인에 사용되며 고급 와인으로는 진한 루비 색에 자두와 과일 향이 풍부한 와인을 만든다.

Nebbiolo

Sangiovese

Corvina

Nero d'Avola

03 스페인

1. 스페인 와인 개요

스페인은 세계 최대의 포도 생산국으로 와인 생산량은 프랑스와 이탈리아에 이어 세계 3위의 와인 강국이다. 스페인의 포도 재배는 B.C 1,000년 경 페니키아인들에 의하여 시작되었으나 본격적인 재배는 로마시대부터이다. 8세기 경 이슬람의 지배 하에서 쇠퇴하였다가 가톨릭 세력이 이베리아 반도를 회복하면서 발전하게 되었다. 특히 1870년 필록세라(포도에 자생하는 진드기의 일종)에 의해 프랑스 전역의 포도밭이 황폐화된 후 프랑스 포도상들이 스페인으로 건너가 프랑스의 와인 양조 기술을 전파하면서 발전하게 되었는데 특히 리오하 지역 와인이 발전하였다.

기존 스페인 와인은 매력 없는 싼 레드 와인으로 인식되어 왔는데 1950년대 말부터 와인 명산지 리오하(Rioja) 지역을 중심으로 질적인 변화를 시도하게 되었다. 피레네산맥 남서쪽에 위치한 리오하는 프랑스 보르도와 근접한 지역으로 19세기 필록세라의 피해로 이주해온 보르도 기술자와 양조업자들의 영향을 많이 받았다. 레드 와인의 생산 비율은 약 3/4 정도 되며 로제 와인과 화이트 와인을 각각 15%, 10% 생산하고 있다. 특히 1986년 유럽연합에 가입한 이후 자본의 투입 증가로 와인 기술의 현대화가 이루어지며 양적 · 질적 성장을 이루게 되었다.

바르셀로나 남쪽에 위치한 페네데스(Penedès) 지역은 생산 와인의 2/3 이상이 화이트 와인으로 주로 스페인 스파클링 와인인 까바(Cava)가 대부분이며, 질 좋은 로제 와인의 생산지이기도 하다. 까바는 프랑스 샴페인 방식으로 만든 발포성 와인으로 값이 저렴하고 맛이 우수하며 대표적인 생산자로 토레스(Torres)가 있다.

또 다른 화이트 와인 생산지로는 과거 주정강화 와인 산지였던 루에다가 있는데 이 곳에서는 비우라와 베르데호, 소비뇽 블랑 등으로 드라이하며 상쾌한 화이트 와인을 만든다. 또한 고급 와인 산지인 카탈로니아 지방의 프리오라트(Priorat)는 품질등급 중 최고의 등급인 DOC 등급을 받은 지역으로 1980년대 말부터 유명 와인 생산자들이 관심 속에서 성장하였다. 포도원은 주로 300~900m의 경사가 심한 곳에서 경작이 이루어져 기계화가 어렵고 생산량은 많지 않다. 주로 그르나슈, 카리냥, 시라, 카베르네 쇼비뇽, 메를로 등으로 양조한다. 그리고 태양이 따스한 온기를 주는 안달루시아(Andalucia)의 헤레스(Jerez) 지역은 식전주로 유명한 셰리(Sherry)가 유명하다. 셰리라는 이름은 생산지인 헤레즈 델라 프론떼라(Jerez de la Frontera)의 헤레즈(Jerez)가 변하여 영어식 발음인 셰리(Sherry)가 된 것이다.

2. 주요 품종

1) 템프라니요(Tempranillo)

스페인 중부와 포르투갈에서도 사용되는 품종으로 부드러운 타닌과 산도감이 좋으며 진한 색상이 특징이다. 리오하 지역에서 가르나차 품종과 섞어서 딸기 향과 레드커런트 그리고 정향 등의 향이 나는 와인을 만들며 오크 숙성 시 바닐라의 풍미가 좋다.

2) 가르나차(Garnacha)

스페인 토착 품종으로 프랑스어 표기는 그르나쉬(Grenache)이다. 아비뇽의 유수 시기에 프랑스로 유입, 스페인 북동부에서 프랑스 남서부 지역에 걸쳐 재배된다. 가르나차 품종은 낮은 산도와 높은 알코올 그리고 진한 색상이 특징으로 당분이 많아 달콤하고 스파이시한 맛이 특징이다.

자료 – http://finewineconcierge.com/

[스페인 와인 산지]

04 독일

1. 독일 와인 개요

맥주의 이미지가 강한 독일은 주로 경사진 비탈이나 급경사에서 포도나무 재배의 약 80%가 이루어진다. 북방한계선이라는 기후적 어려움과 기계 수확이 어려운 비탈지라는 한계를 극복한 가벼우면서도 가장 섬세한 화이트 와인 특히 리슬링 품종의 강국이다. 주요 와인 산지는 기후적으로 온화한 남서부 지역에 집중되어 있으며 일조량이 좋은 남향의 가파른 경사지에 포도밭을 조성하였다. 독일은 약 10만 헥타르의 포도밭에서 화이트 와인 생산이 약 80% 이상으로 주를 이루고 있으며 대표적인 와인 생산 지역은 모젤 자르 루버(Mosel–Saar–Ruwer) 지역, 라인가우(Rheingau) 그리고 라이헤센(Rheinhessen)이다. 최고급 와인은 주로 모젤 지역에 집중되어 있는데 모젤 와인은 가볍고 섬세하며 신맛이 강하게 느껴지는 화이트 와인이다. 그리고 라인가우 와인은 모젤 지역보다 알코올 함량이 높고 묵직하고 농익은 맛의 와인이 생산되며, 독일 와인 생산지 중 면적이 가장 넓은 라이헤센 지역에서는 부드럽고 느낌이 강한 와인을 만든다.

2. 주요 품종

독일 와인 라벨에 포도 품종이 표기되어 있는 경우 표시된 품종을 최소 85% 이상 사용해야 한다.

1) 리슬링(Riesling)

독일을 대표하는 품종으로 포도 재배의 약 21%를 차지한다. 섬세하며 기품 있는 화이트 와인을 만든다. 전 세계 리슬링 재배의 약 60%를 차지하는 리슬링 품종의 최강국인 독일은 모젤, 라인가우, 팔츠(Pfalz) 그리고 라이헤센(Rheinhessen) 등에서 매력적이고 경쾌하며 달콤한 스위트 와인에서 잔당이 조금 있는 오프 드라이(Off–Dry)까지 만들고 있다.

2) 뮐러 투르가우(Müller–Thurgau)

녹일에서 널리 재배되는 품종으로 리슬링과 샤슬라(Chasselas)의 교배종이며 산도가 약하고 맛이 덤덤하여 주로 블렌딩용으로 사용한다.

3) 실바너(Silvaner)

오스트리아가 원산지인 품종으로 리슬링보다 가볍고 부드러운 맛에 신선한 느낌의 화이트 와인을 제조하는 데 쓰이며, 독일 전체 와인 생산의 약 5%를 차지한다.

4) 레드 와인 품종

주로 독일 남부지역에서 재배되며 주요 품종으로는 슈페트부르군더(Spätburgunder, 피노 누아)가 많이 재배되고 질도 좋으며, 과일 향과 화려한 향이 특징인 트로링거(Trollinger), 포르트기저(Portugieser), 도른펠더(Dornfelder) 등이 재배된다.

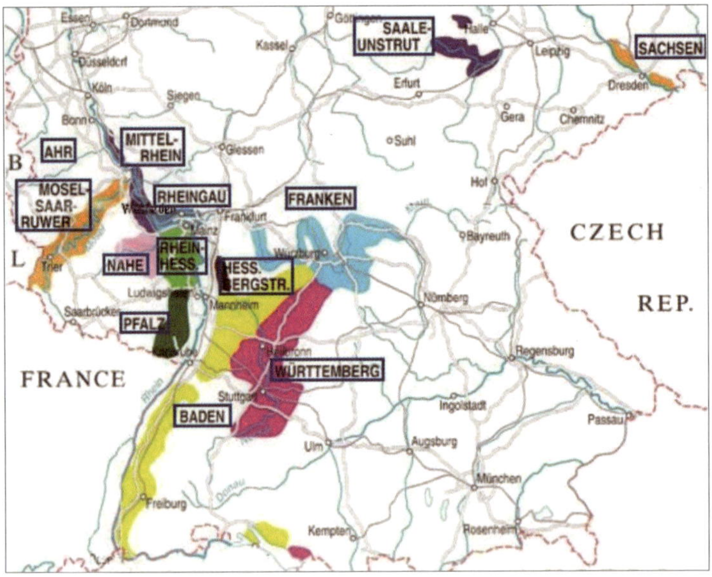

출처 – http://www.tante-emma-laden.fr/

[독일 와인 산지]

Beverage & Art Business

제품에 녹아든 예술… 기업가치 높이는 '효자' 마케팅

프랑스 5대 와인으로 꼽히는 '샤토 무통 로칠드'는 와인 애호가 사이에 독특한 라벨 디자인으로도 유명하다. 1945년부터 피카소, 샤갈, 미로, 칸딘스키 등 당대 최고의 화가가 그린 그림을 라벨 디자인에 활용하고 있기 때문이다. 샤토 무통 로칠드의 와인병만 수집해 놓으면 미술계 거장(巨匠)의 작품을 안방에서 감상할 수 있는 셈이다.

예술과 경영의 접목은 제품 인지도를 높이는 데 국한되지 않는다. 다국적 생활용품업체인 유니레버는 인수·합병(M&A)에 따른 조직 내 갈등을 극복하려는 목적으로 예술을 활용하고 있다. 정식 직원으로 임명된 예술 감독의 진행하에 직원들이 연극을 벌이는 '캐털리스트'라는 프로그램을 운영하고 있다. 직원들은 함께 연극을 하면서 서로를 존중하는 방법을 배우고, 팀워크를 다져 정서적 이질감을 해소하고, 결국 조직 화합을 이루게 된다.

많은 선진 기업이 최근 예술과 경영을 접목하는 '아트 마케팅(art marketing)'에 적극 나서고 있다. 이를 통해 시장에서 우위를 차지하고, 고객 관계를 개선하며, 기업가치를 높이는 등의 다양한 효과를 얻고 있다.

◇ "예술가와 협업으로 시장 선점, 기업가치 제고"

대표적 아트 마케팅으로는 제품에 예술성을 부여해 소장 가치가 높은 '일상의 예술품'으로 재탄생시키는 유형이 꼽힌다. 유명 예술가와 공동으로 제품을 디자인하거나 기존 예술 작품을 상품에 융합해 브랜드 이미지를 높이는 것이다. 이 경우, 예술가의 고유한 개성을 살리면서도 자사(自社) 제품이 추구하는 스타일에 부합하도록 하는 것이 중요하다고 전문가들은 말한다. 세계적 패션업체인 루이비통이 그라피티(벽화 낙서) 화가 스티븐 스프라우스, 팝아트 작가 무라카미 다카시, 설치 미술가 구사마 야요이 등의 예술가와 공동 작업을 통해 브랜드 혁신을 꾀하고 있는 것이 이 경우에 해당한다. 이미 루이비통 제품을 보유하고 있는 고객이 다시 한 번 구매하도록 유도하고, 갈색 모노그램 중심의 전통 디자인에 현대적 이미지를 더해 타깃 연령층을 낮추려는 시도이다.

유명 예술가와의 협업은 최근 고가 패션 제품뿐만 아니라 중저가 일상용품으로 영역을 넓혀가고 있다. 삼성전자는 '가전제품은 차갑다'는 고정관념을 깨기 위해 보석 디자이너 마시모 주끼와 함께 고급형 냉장고를 출시했다. 중저가 의류업체인 H&M은 칼 라거펠드, 베르사체 등 정상급 디자이너를 영입해 명품의 대중화를 선도했다. 미국의 팝아트 작가 제프 쿤스는 화장품 용기(키엘), 조명등(타깃), 커피잔(알레시) 등 다양한 일상용품의 디자인에 참여하기도 했다.

아트 마케팅은 예술을 주제로 문화적 체험 공간을 만드는 방법으로도 가능하다. 매장을 단순한 제품 구매 공간이 아닌 미적 경험이 가능한 복합 예술 공간으로 연출하는 것이다. 프라다의 에피센터(Epicenter) 스토어는 매장이 무대와 객석으로 변형되도록 디자인됐다. 쇼핑과 더불어 콘서트, 영화, 갤러리 등 예술 체험 공간으로 활용할 수 있다.

◇ 조직 내 갈등 해소에도 활용

고객 관리 분야에서는 '아트슈머(ART+conSUMER)'의 적극적 참여를 유도할 수 있다. 예술적 감각을 갖춘 고객의 심미안(審美眼)을 신제품 개발이나 맞춤형 상품 디자인 등에 활용하는 것이다. 예를 들어, 자동차업체인 피아트는 고객의 요구사항을 충분히 반영하기 위해 온라인 소비자의 아이디어 25만 개를 검토한 뒤 새로운 자동차인 '친퀘첸토'를 출시했다. 맥주업체인 하이네켄은 온라인 프로그램인 '그린룸 세션'을 운영, 고객이 좋아하는 음악을 직접 편곡하고 친구와 공유하도록 하며 브랜드 애착도를 높이고 있다.

예술은 조직 구성원에게 창의력과 혁신 동기를 부여하는 데도 활용할 수 있다. 직원들을 예술 활동에 참여시켜 일상적 업무 환경에서는 깨닫지 못한 창조력과 팀워크 등을 배우도록 하는 것이다. BNP 파리바은행은 직원간 소통과 팀워크 능력을 강화하기 위해 2주 동안 회사의 핵심 가치를 담은 청동조형물을 만드는 프로그램을 운영했다. 영국의 존 루이스 백화점은 서비스가 불친절하다는 고객 불만을 해소하기 위해 연극배우의 지도하에 해당 직원들이 상황극을 펼치게 한 뒤 이를 고객서비스에 반영하는 방법을 활용했다.

아트 마케팅은 진정성 있는 예술 후원을 통해 기업 이미지를 높이는 데도 유용하다. 최근 기업의 예술 후원 활동은 단순한 기부 차원을 넘어 기업과 예술이 함께 발전하고 성장하는 파트너십을 구축하는 방향으로 전개되고 있다. 또 예술가뿐만 아니라 문화적으로 소외된 지역 주민들에게 예술을 향유할 기회를 제공하는 기업도 늘어나고 있다. 프랑스 EDF 에너지는 시골 초등학교에 미술가를 파견해 어린이들과 공동으로 설치 예술작품을 만들고, 이 작품을 회사 건물에 전시해 기업에 대한 긍정적 관심을 유도하고 있다.

김기홍 기자(2012.12.17.)

출처 – http://biz.chosun.com/

Chapter 10 신세계 와인

와인 생산 지역은 유럽과 지중해 주변의 오랜 역사가 있는 와인 생산 지역 국가들인 구세계 와인(Old World Wine)과 신대륙 와인 생산 지역인 미국, 칠레, 아르헨티나, 호주, 남아프리카 공화국 등 유럽 외의 국가들인 신세계 와인(New World Wine)으로 구분한다. 떼루아(Terroir)에 기반을 두고 와인의 밸런스에 중점을 두는 구세계 와인에 비해 신세계 와인은 후발 주자로서 응축된 과일 맛과 농도 짙고 화려하며 강렬한 와인으로 소비자의 트렌드에 접근하고 있다.

01 미국

1. 미국 와인 개요

초창기 미국 와인은 신세계인 아메리카 대륙에 꿈을 가지고 유럽에서 이주해온 개척자들에 의해 시작되었다. 이들은 식사용 또는 성찬식용 와인으로 미대륙의 황무지에서 자라는 자생 품종인 비티스 라브루스카(Vitis Labrusca)를 발견하고 양조를 하였으나 유럽에서 마시던 비티스 비니페라(Vitis Vinifera) 종으로 만든 와인과는 너무나 다른 실망스러운 맛에 유럽에서 비티스 비니페라를 들여와 식재하게 된다. 하지만 초기의 정착지인 동부의 기후조건과 새로운 해충에 적응을 못한 유럽산 포도나무의 식재는 실패를 거듭한다. 동부와 중부지역의 포도 재배자들은 토착 품종으로 와인을 생산하지만 유럽 와인에 대한 선호도는 줄어들지 않았고 와인은 미국인들의 식탁에서 특별한 날 마시는 음료로 제한된다.

오늘날 미국 와인의 성지인 캘리포니아 지역은 서부 개척과 멕시코 지역에 정착했던 스페인 이민자들이 북쪽으로 이동하면서 초기 성찬식용 와인 재배로 유럽 양조용 포도나무가 식재되었다. 골드러시로 동부에서 몰려온 유럽 이민자들의 와인 DNA와 1861년 당시 캘리포니아 주지사의 와인산업 육성 정책에 따라 유럽에서 10만여 그루의 포도나무가 수입되어 미국 서부 와인산업의 기반이 이루어지게 된다. 그러나 1863년 유럽에 퍼진 포도나무 해충인 필록세라(Phylloxera)가 유럽의 포도밭을 황폐화시키고 10여 년 후 캘리포니아 지역에도 필록세라가 퍼지면서 와인산업에 큰 타격을 주었다. 그 후 미국의 와인 생산은 금주법 시행으로 어려운 시기를 이겨내고 저급의 저그(Jug) 와인 생산으로 명맥을 유지하였다.

미국 와인은 1960년대 중반 이후 유럽의 고품질 와인과 동등한 와인을 만들고자 캘리포니아 지역에 모인 와인 제조자들의 헌신과 노력으로 질적 변화를 이루게 되었다. 주로 지역 명을 기본으로 표기하는 구대륙에 비해 미국와인은 포도 품종을 라벨 전면에 표기하면서 소비자들의 와인 접근성을 높였고, 유럽의 원산지 표기법을 모델로 1983년 AVA(American Viticultural Areas) 시스템을 제정하여 와인 라벨에 표기된 지역에서 생산된 와인이 최소한 85% 이상 사용되었음을 보여준다.

미국은 아주 짧은 와인 생산 역사를 가지고 있지만 현대 와인의 혁신이 일어나고 있는 지역이다. 후발 주자로서 미국의 강점은 유럽에서와 같은 와인 제조 방법이나 등급에 대한 규제 없이 다양하고 새로운 시도를 해왔으며 현대적인 와인 양조 기술 접목과 투자로 품질 좋은 와인을 생산한다는 것이다.

2. 주요 산지

이탈리아, 프랑스, 스페인에 이어 세계 4위의 와인 생산국인 미국은 와인 생산의 90% 이상이 캘리포니아 지역에서 이루어진다. 그 외 뉴욕 주, 워싱턴 주, 오리건 주에서 와인이 생산되고 있으며, 1970년대는 미국 전역의 와인 제조업자들의 숫자가 500여 개에 불과했으나 최근에는 6,000개 이상으로 급증하였다. 캘리포니아에는 약 2,700여 곳에 와이너리가 있는데 향이 풍부한 와인을 대량생산하며, 향이 좋고 복합적인 맛이 나는 고가의 와인도 생산하고 있다.

특히 나파 밸리(Napa Valley)는 비싼 고품질의 와인을 생산하고 있는 명산지이다. 레드 와인 주 품종은 단연 강한 농축미의 카베르네 소비뇽, 진한 과일 향의 메를로 그리고 캘리포니아 토착 품종에 가까운 진판델(Zinfandel)이며 연방정부법에 따라 와인 라벨에 75% 이상 사용된 해당 품종 이름을 표기할 수 있다. 화이트 와인은 열대 과일 향이 풍부하고 토스트 냄새가 나는 샤르도네가 주로 쓰인다. 주요 와인 생산자로 베린저(Beringer)와 로버트 몬다비(Robert Mondavi)가 유명하다. 캘리포니아의 유명한 와인 생산 지역인 나파와 소노마(Sonoma) 지역이 실제로 캘리포니아 와인 생산량에서 차지하는 비율은 1/10이 되지 않으며 대중적인 저그 와인을 생산하는 산 조아킨 밸리(San Joaquin Valley)가 전체 양조용 포도 재배의 약 60%를 차지하고 있다.

그 외 와인 산지로는 캘리포니아 북쪽의 워싱턴 주와 오리건 주가 있는데, 워싱턴 주는 2위의 와인 생산지역으로 최근 와인 산업이 급성장하여 약 700여 개의 와이너리가 있다. 레드 와인과 화이트 와인을 거의 같은 비중으로 생산하며, 주재배 품종인 카베르네 소비뇽, 메를로 그리고 시라 등으로 레드 와인을 그리고 샤르도네, 리슬링 등으로 토스트 향과 농익은 맛의 화이트 와인을 생산한다. 오리건 주에서는 추운지역에서도 잘 적응하는 피노 누아, 피노 그리, 샤르도네 같은 품종을 식재했는데 피노 누아 재배가 전체의 절반 이상을 차지하며, 가족 단위의 소규모 생산자가 주를 이룬다. 그리고 뉴욕 주는 추운 기후 탓으로 40여 년 전에는 미국 토착 품종인 비티스 라브루스카종을 주로 식재하여 와인을 만드는 지역으로 유명하였으나 비티스 비니페라의 성공적 식재로 수준급 와인도 생산하고 있다.

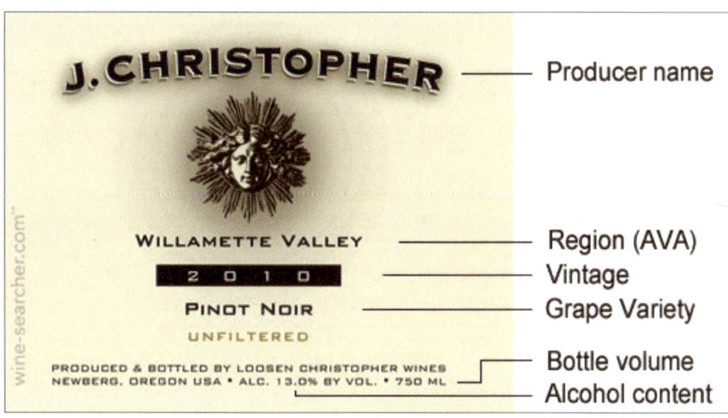

출처 – http://www.wine-searcher.com/

[미국 와인 라벨 정보]

02 칠레

1. 칠레 와인 개요

1551년 스페인 선교사들과 개척자들이 처음으로 포도나무를 식재한 이후 19세기 중반에는 프랑스 품종인 카베르네 소비뇽과 메를로 같은 품종들이 수입되어 식재되었고, 1860년대 유럽의 필록세라 창궐로 프랑스, 이탈리아, 독일 등 와인 기술자들이 유입되며 발전하게 된다. 그러나 1930년대부터 1970년대 초반까지 정부의 와인 생산 규제 법령에 의거, 새로운 포도밭 조성 불가 정책으로 와인 산업은 어려움을 겪게 되었다. 1980년대 이후 신기술과 과거의 기술이 접목되고 1990년대 민주화로 인한 미국, 스페인, 프랑스 등 해외자본 유입 등으로 자본과 칠레 천연의 자연환경이 결합되며 발전을 이루게 되었다.

칠레는 안데스산맥과 태평양연안을 따라 4,000킬로미터에 걸쳐 세계에서 가장 좁고 긴 지형을 가진 나라이다. 북쪽의 아타카마(Atacama) 사막의 건조한 기후와 남쪽의 빙하성 기후 그리고 중부 지역의 지중해성 기후 등이 포도나무가 자라기에 좋은 천혜의 조건을 선물하고 있다. 안데스산맥이 비구름을 막아 주고 밤에는 찬 기운이 포도의 적당한 산도를 주고 있으며, 풍부한 일조량의 좋은 기후 조건을 가지고 있다. 칠레의 포도밭은 이러한 좋은 기후와 지형 조건뿐만 아니라 철저한 검역과 격리된 자연환경, 필록세라가 극성을 부릴 수 없는 모래 질의 토양으로 역사적으로 포도에 심각한 질병이 없었다. 또한 칠레가 중남미의 대표적 와인 생산 국가로 불리는 이유는 역사적으로 프랑스 포도 재배업자와 포도 재배 및 양조기술에 대한 선진기법의 도입과 경제적 · 정치적 안정도 와인 산업이 크게 성장하는 요인이 되었다. 칠레 와인은 세계 중저가 와인 시장에서 최고 가치의 우수한 와인으로 경쟁력을 가지고 있다.

2. 주요 산지

칠레의 주요 와인 산지는 산티아고와 인접한 중앙의 센트럴 밸리(Valle Central)에 카베르네 소비뇽을 주로 재배하는 마이포(Maipo), 메르로 품종으로 유명한 라펠(Rapel), 샤르도네가 유명한 쿠리코(Curicó), 그리고 이 지역 특산의 빠이스(País)를 많이 재배하는 마울레(Maule) 등이 있다. 화이트 와인의 경우 기후가 서늘한 카사블랑카 밸리(Valle de Casablanca)산이 뛰어나다. 칠레는 프랑스나 미국의 유명 와인 브렌드와 합작하는 경우가 많은데 프랑스 무똥 로칠드와 콘차 이 토로(Concha y Toro)가 제휴 생산하는 알마비바(Almaviva), 미국의 로버트 몬다비가 투자하여 만드는 세냐(Seña) 등이 있다.

칠레는 신세계 와인 생산 국가 중 가장 유럽풍에 근접한 와인을 생산하는 나라로 외국자본의 투자로 생긴 포도원들은 대부분이 프랑스 품종이다. 그런 이유로 카베르네 소비뇽이 전체 포도밭 면적의 약 절반에 가까운 면적을 차지하고 있다. 카베르네 소비뇽 외에 빠이스, 메를로, 카베르네 프랑, 시라 등이 많이 재배되는데 특히 칠레를 대표하는 품종은 카르메네르(Carménère)이다. 카르메네르 품종은 DNA 검사가 실시되기 전인 1994년까지는 메를로라는 이름으로 생산되었다. 현재 카르메네르는 아르헨티나의 말벡과 더불어 중남미 와인을 대표하는 품종이 되었다. 화이트 와인으로는 소비뇽 블랑, 샤르도네, 머스캇, 리슬링, 슈냉 블랑 등이 주로 재배된다.

출처 – http://www.blogyourwine.com/

[칠레 와인 생산지역]

03 호주

1. 호주 와인 개요

호주 와인의 역사는 18세기 말 영국인 아더 필립이 시드니에 포도나무를 심으면서 시작되었는데, 오랜 세월 주로 주정강화 와인을 생산하였다. 호주는 지중해성 기후로 매우 건조하여 빈티지(Vintage)에 영향을 주는 연중 강우량이 600mm 내외로 매우 적기 때문에 수확년도의 표기가 와인의 품질을 크게 좌우하지 않는다. 1970년대 이후 우수한 품질의 와인을 생산하며 빠르게 발전하고 있다. 현재 세계 6위의 와인 생산국으로서 약 2,300여 개의 와인양조장을 보유하고 있다.

호주 와인 주요생산 지역을 살펴보면 먼저 호주 와인 생산의 1/2을 차지하는 최대 생산지며 대규모 양조장이 밀집되어 있는 사우스 오스트레일리아(South Australia) 주가 있다. 이 지역에는 바로사 벨리(Barossa Valley)가 있는데 쉬라즈와 그르나슈로 향이 좋은 레드 와인이 생산되며, 클레어 벨리(Clare Valleys)에서는 풀 바디한 레드 와인과 리슬링으로 만든 화이트 와인이 유명하다. 또한 호주의 메독(Medoc)으로 불리는 쿠나와라(Coonawarra)에서는 카베르네 소비용으로 질 좋은 와인을 생산하고 있다.

호주의 두 번째 와인 생산지인 동시에 호주 와인의 시작 지역인 뉴 사우스 웨일즈(New South Wales)는 호주 시드니를 중심으로 와인의 역사가 가장 오래된 지역으로 로어 헌터 벨리(Lower Hunter Valley), 어퍼 헌터 벨리(Upper Hunter Valley), 머쥐(Mudgee) 등이 주요 산지이다. 머쥐는 고지대에 있으며 드라이한 맛의 레드 와인을 생산하고 로어 헌터 벨리는 진한 세미용과 강렬한 쉬라즈로 유명하다. 이 지역보다 조금 북쪽에 위치한 어퍼 헌터 벨리는 샤르도네로 만든 고급 화이트 와인을 주로 생산한다. 그리고 빅토리아(Victoria) 주는 뉴 사우스 웨일즈의 서쪽에 위치한 지역으로 기후와 토양이 유럽과 비슷하여 유럽 이주자들이 많이 정착하였으며 소규모 양조장이 밀집해 있다. 이 지역은 농축된 맛의 화이트 와인과 바디가 강한 레드 와인을 만드는 골번 벨리(Goulburn Valley), 스파클링 와인과 쉬라즈 와인을 많이 생산하는 그레이트 웨스턴(Great Western), 그리고 샤르도네와 피노 누아를 주로 재배하는 야라 벨리(Yarra Valley) 등이 있다.

앞의 세 지역에 비하여 포도주 생산량은 적지만 웨스턴 오스트레일리아(Western Australia)는 신흥 와인 생산지로 호주의 서부 수도인 퍼스의 남쪽에 위치한 마가렛 리버(Margaret River)가 있는데 주로 겨울철에 강우량이 있는 지역으로 카베르네 소비뇽, 메를로, 샤르도네, 세미용 등을 재배한다. 또한 타스메니아(Tasmania) 지역은 선선한 기후로 잠재력이 풍부한 양질의 스파클링 와인을 생산하고 있다.

2. 주요 품종

호주에서 재배되는 포도 품종은 약 90여 가지로 프랑스 론(Rhône)이 원산지인 쉬라즈(Shiraz)가 적포도 양조용 품종으로 가장 많이 재배되고 있으며 원산지와 타 지역에서는 시라(Shyrah)라고 한다. 호주의 쉬라즈는 본 고장인 프랑스에서보다 신세계 지역인 호주에서 잠재력을 100% 발휘하여 스파이시하고 자극적인 향과 진한 맛으로 장기 숙성 와인과 중저가 와인 등을 만들며, 총 재배품종 중 약 25%를 점유하고 있다. 카베르네 소비뇽(Cabernet Sauvignon)은 총 재배품종 중 약 16%를 차지하고 타닌과 산도가 높은 레드 와인을 양조하는데 쉬라즈나 메를로와 블렌딩하여 좀 더 마일드하며 검은 베리향을 보여주는 레드 와인을 만든다. 화이트 와인용으로 사용되는 인기 품종인 샤르도네(Chardonnay)는 약 19%를 차지하며, 멜론, 복숭아 등의 아로마가 특징이다. 또한 세미용(Semillon)은 약 4%를 차지하는데 가볍고 편하게 마시는 화이트 와인을 만든다. 그 외 호주에서는 메를로(Merlot), 피노 누아(Pinot Noir) 그리고 백포도주 생산용으로 리슬링(Riesling), 소비뇽 블랑(Sauvignon Blanc), 샤도네이(Chardonnay), 콜롬바드(Colombard) 등 세계에서 생산되는 주요 품종이 재배 생산되고 있다.

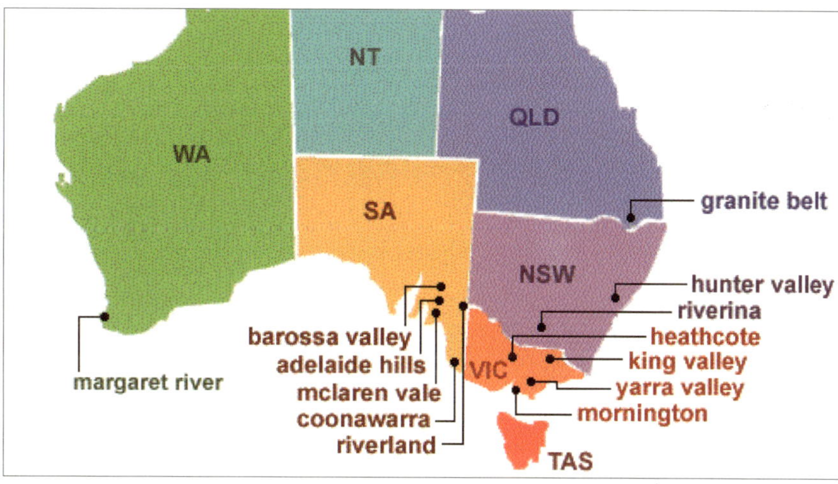

출처 – http://www.grapesandgrainsnyc.com/

[호주 와인 생산지역]

04 뉴질랜드

1. 뉴질랜드 와인 개요

19세기부터 영국인에 의해 와인을 생산한 뉴질랜드는 불과 20여 년 사이에 소비뇽 블랑으로 질 좋은 화이트 와인을 생산해 주목받고 있는 나라이다. 1980년대 100여 개이던 와이너리 수가 2010년대는 600여 개로 증가하였다는 사실 하나로 뉴질랜드가 와인 강국으로 잠재력 있는 지역임을 알 수 있다.

대표적 와인 재배 지역은 북섬과 남섬으로 구분할 수 있는데, 북섬은 온난한 기후와 풍부한 강수량으로 수확량은 많지만 당도가 떨어진다. 남섬은 춥고 건조한 기후이다. 북섬은 샤르도네(Chardonnay)로 유명한 기스본(Gisborne)과 보르도 스타일의 레드 와인이 주로 생산되는 혹스베이(Hawkes Bay) 지역이 유명하다. 남섬은 소비뇽 블랑(Sauvignon Blanc)의 수도라고 불리우는 유명한 말보러(Marlborough) 지역이 있다. 말보러에서 생산되는 소비뇽 블랑은 시트러스 풍미의 잘 익은 열대과일 향과 자극적인 강렬함에 맛깔 나는 산도가 특징이다. 또한 말보러에서는 서늘한 기후의 영향으로 샤르도네, 소비뇽 블랑을 재배하며, 스파클링 와인도 함께 생산하고 있다.

2. 주요 품종

뉴질랜드의 대표 품종인 소비뇽 블랑은 강한 산도와 구스베리 향이 진하다. 과일 향과 토스트향이 좋은 샤도네, 드라이하며 꽃내음을 풍기는 리즐링(Rieslings)등이 이 지역에서 재배된다.

레드 와인으로 카베르네 소비뇽, 메를로, 피노 누아(Pinot Noir) 등이 주로 재배되지만 뉴질랜드는 레드 와인보다 화이트 와인 산지로 유명하다. 주요 와인 생산자는 빌라 마리아(Villa Maria), 몬타나(Montana), 클라우디 베이(Cloudy Bay) 등으로 뉴질랜드 와인 생산의 90%를 점유하고 있다.

Villa Maria

Montana

Cloudy Bay

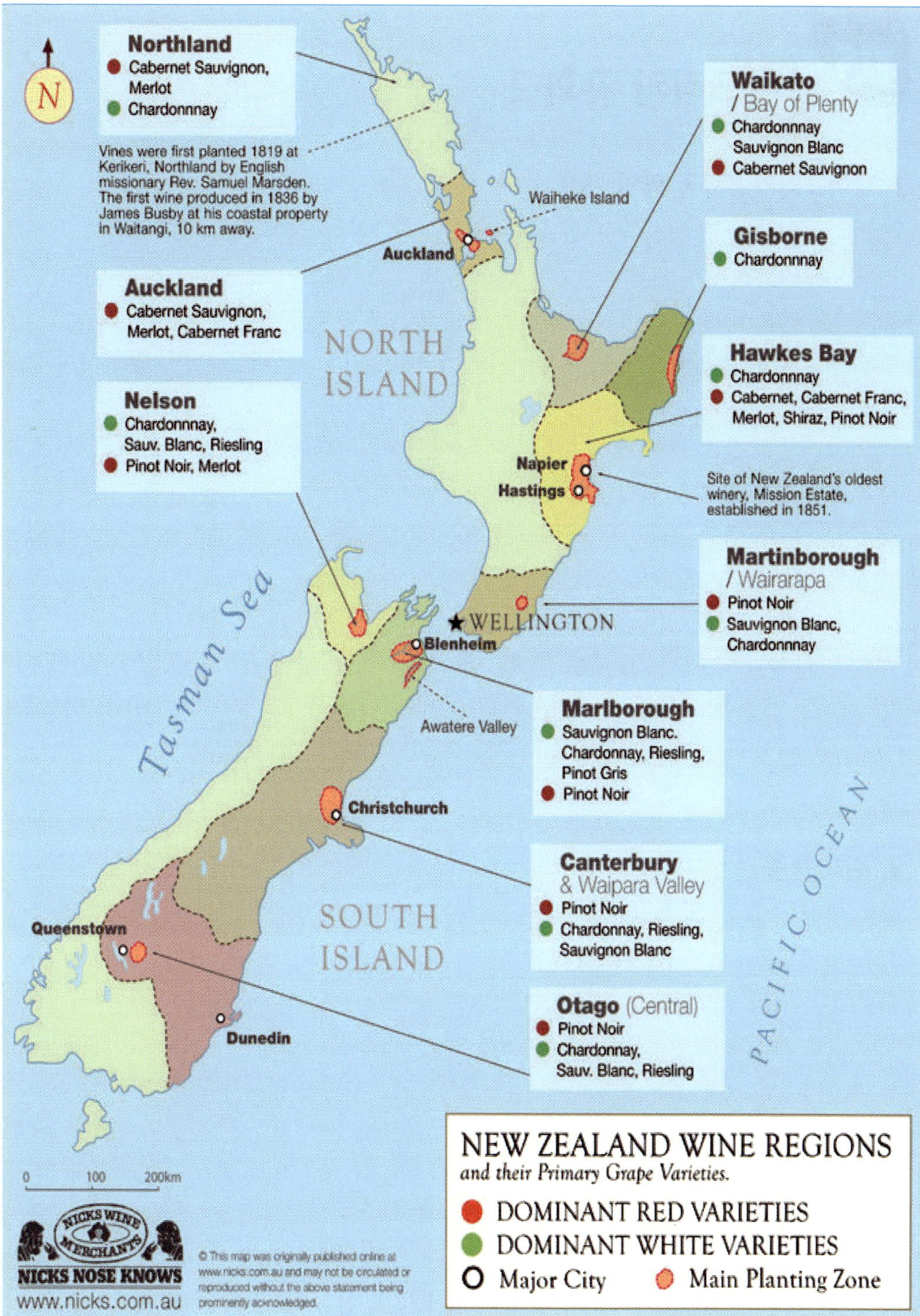

출처 – https://www.nicks.com.au/

[뉴질랜드 와인 생산지역]

05 남아프리카 공화국

1. 남아프리카공화국 와인 개요

350년 이상의 와인 생산 역사를 가진 남아프리카공화국은 초기 동인도회사의 진출과 더불어 포도 식재가 시작되었으며 1688년 프랑스 위그노 교도들에 의해 양조 기술과 포도 재배가 전수된 것이 와인산업의 출발점이 되었다. 이후 네덜란드, 프랑스, 독일 등에서 이주한 이민자들에 의해 남아프리카공화국의 와인산업은 더욱 발전하게 되었다. 18~19세기 이미 유럽왕실에는 고급 디저트 와인인 뮈스카 드 콘스탄티아(Muscat de Constantia)를 공급한 역사적 배경에 비하여 남아프리카공화국의 와인이 세계시장에 알져지기 시작한 것은 근래의 일이다.

남아공의 주요 포도 재배지는 서부 케이프 타운(Western Cape)을 중심으로 위치해 있는데 이곳은 남아프리카공화국 와인 생산량의 약 90% 이상을 점유하고 있다. 석회질 토양으로 샤르도네가 잘 자라는 로버트슨(Robertson), 서늘한 기후의 오버버그(Overberg), 건조한 해양성 기후의 영향으로 밤 온도가 서늘하여 소비뇽 블랑이나 리슬링 같이 찬 기후에서 잘 자라는 품종에도 적합한 올리판츠 리버(Olifants River), 그리고 팔(Paarl)과 스텔렌보스(Stellenbosch) 등이 있다.

2. 주요 품종

레드 와인용 품종으로는 남아프리카공화국에서 가장 오랫동안 재배된 카베르네 소비뇽(Cabernet Sauvignon)이 있는데 이 품종은 보르도 와인에 대한 동경으로 남아공 전역에서 재배되었다. 단일 품종만으로 양조하기도 하고 보르도 타입의 와인처럼 멜로나 카베르네 프랑과 같은 품종과 블렌딩하여 제조하기도 한다. 생쏘(Cinsaut)는 이 지역에서 널리 재배되는 품종이지만 재배지는 점차 줄어드는 추세이며, 저렴한 가격대의 와인을 만드는 데 사용된다. 그리고 남아공의 독자적인 품종이며 남아공을 대표하는 피노타쥐(Pinotage)는 1924년 스텔렌보스(Stellenbosch) 대학의 아브라함 아이작 교수가 피노 누아(Pinot Noir)와 생쏘(Cinsaut)를 교잡한 품종으로 상업적으로는 1941년 처음 피노타쥐로 만든 와인이 제조되었다. 이 와인의 특징은 스파이시하고 풍부한 맛으로 자두, 딸기, 블랙커런트 등의 과일향이 난다. 그 외 메를로(Merlot)와 풍부하고 진한 맛의 쉬라즈(Shiraz) 등이 재배되고 있다.

화이트 와인용 포도 품종은 슈냉 블랑(Chenin Blanc)과 샤르도네(Chardonnay) 그리고 소비뇽 블랑(Sauvignon Blanc)이 많이 생산된다. 슈냉 블랑(Chenin Blanc)은 이 곳에서는 스틴

(Steen)이라고도 하는데 상큼하고 과일 향이 풍부하며 사과, 배향이 풍기는 화이트 와인을 만들며 스파클링 와인이나 브랜디에도 사용한다. 특히 남아공산 슈냉 블랑은 프랑스 루아르 밸리 생산의 슈냉 블랑과 견줄만한 양질의 화이트 와인이다. 슈냉 블랑과 더불어 많이 재배되는 소비뇽 블랑은 힘이 없고 전반적으로 풍미가 약하지만 스텔렌보스 지역과 콘스탄티아 지역에서 제조되는 소비뇽 블랑의 품질은 매우 높다. 샤르도네(Chardonnay)는 1982년 남아공에 소개된 품종으로 가벼운 맛에서부터 버터와 같이 풍부하고 진한 맛까지 다양하다. 또한 콜롬바드(Colombard)는 신선하면서도 과일 향이 나는 드라이한 와인을 만들며 슈냉 블랑이나 샤르도네와 믹스되기도 한다.

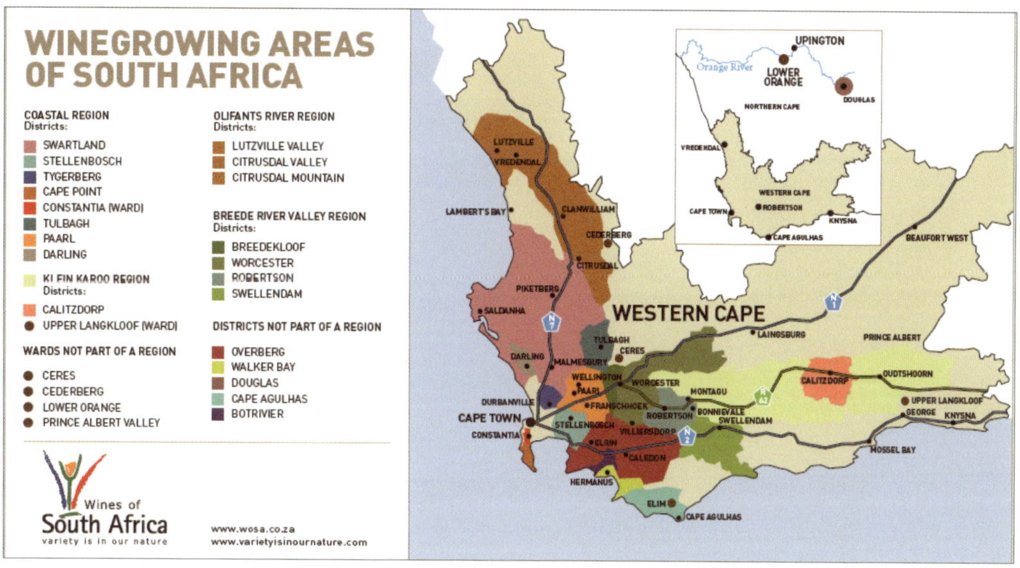

출처 – https://wineandi.wordpress.com/

[남아프리카공화국 와인 생산지역]

Beverage & History

[와인기행] 말벡의 고향 카오르의 블랙와인

유난히 짙은 붉은 색깔의 포도껍질을 가지고 있는 말벡을 전통적인 방식에 따라 만드는 이곳 와인은 와인의 색깔과 깊은 풍미의 강렬한 와인스타일로 인해 일찍이

블랙와인으로 불렸다. 이번 추석 연휴를 이용하여 진정한 말벡의 고향인 카오르, 스위트 와인으로 유명한 쥐랑송, 피레네 산맥 기슭 산티아고 순례길의 출발지인 생 장 피에드 포르가 있는 이룰레기까지 독자들에게 잘 알려져 있지 않은 프랑스 남서부의 와이너리를 찾았다. 필자는 먼저 파리 샤를 드골 공항에서 출발해 루아르 밸리의 화이트 와인산지로 유명한 상세르와 푸이퓌메에서 1박을 하고 카오르에 저녁 늦게 도착하였다. 카오르는 파리에서 남쪽으로 575㎞, 툴루즈에서 북쪽으로 115㎞, 보르도에서 동쪽으로 235㎞에 위치한 로트 주의 주도로 중세의 작은 도시이다. 고대 갈로 로마 및 중세의 유적이 많은 역사의 도시로 관광객이 많다.

필자는 호텔에 여장을 풀고 카오르의 상징인 황혼에 물든 발랑트레 다리를 산책하였다. 14세기 중세에 세워진 방어용 다리지만 아름다운 아치형 석조구조물로 당대의 토목건축기술이 압축된 예술품이다. 다리 주변에는 여기저기 산티아고 순례길을 표시한 조가비 문양이 곳곳에 새겨져 있었다. 그러나 카오르는 무엇보다도 중세에 보르도를 통해 수출하던 이 지역의 '블랙와인'(Black Wine)으로 더욱 유명하다. 2,000여 년 전인 기원전 1세기에 로마인들에 의해 재배되기 시작했던 말벡으로 만든 와인은 중세에 이 지방의 경제발전에 기여한 대표적인 산업이었다. 이곳에서 말벡은 코(Cot), 오세루아, 심지어 카오르로 불리기도 한다. 그것은 이곳이 진정한 말벡의 고향임을 말해준다.

◇ 19세기 후반 병으로 포도원 황폐화

그러나 백년전쟁과 19세기 후반에 유럽 대륙을 휩쓸었던 필록세라(포도나무 뿌리에 기생하는 일종의 진딧물)의 피해로 모든 포도원과 와인산업은 철저하게 황폐화되어 카오르의 블랙와인은 역사 속으로 사라진 듯하였다. 오늘날 대부분의 와인애호가들은 아르헨티나를 말벡의 고향으로 알고 있지만, 아르헨티나의 말벡은 1852년 프랑스 농학자에 의해 이곳 카오르의 묘목을 옮겨 심은 것이다. 카오르 와인메이커들에게는 참으로 자존심이 상하는 일이 아닐 수 없다. 블랙와인의 옛 영광을 되찾기 위해 와인메이커들은 폐허가 된 옛 포도농장에 토착품종의 말벡을 다시 심었으나 여전히 필록세라에 쉽게 감염되었다. 그후 필록세라에 강한 미국 포도나무로 대체하였으나 이번에는 품질문제로 와인산업은 다시 한 번 쇠락의 길을 걷게 된다. 이러한 침체기는 20세기 초까지도 계속되었다.

그러나 1940년대부터 카오르 와인은 새로운 부활의 역사를 쓰게 된다. 우선 보르도에서 성공적으로 재배된 바 있는 말벡 묘목을 다시 심고, 끊임없는 품질개선을 통해 1971년 '카오르 AOC' 등급을 획득했으며, 아르헨티나의 와인메이커들과 전략적 협력관계를 구축하여 전 세계에 말벡 공동마케팅을 펼치고 있다. 특히 말벡의 메카라 할 수 있는 카오르 구도심에서 패션과 와인, 음식을 접목시킨 현대적인 '말벡 라운지'를 운영하고 있는 것도 인상적이었다.

다음날 아침 필자는 이러한 카오르 와인의 부활을 실천에 옮기고 있는 대표적인 와인메이커인 클로 트리그디나(Clos Triguedina) 와이너리를 찾았다. 카오르 서쪽 근교 로트강이 흐르는 빌뇌브 쉬르 로트에 있는 이 와이너리로 가는 도중 한때 로트강을 통해 보르도로 와인을 수송하였던 카오르 와인산업의 중심지, 중세 성곽마을 퓌 레베크(Puy-l'Eveque)를 만났다. 강물에 비친 풍경이 한 폭의 그림처럼 아름답고 평화로웠다.

1830년부터 8대 째 이어온 와이너리의 오너인 장 뤽 발데스가 일요일인데도 필자를 반갑게 맞이해 주었다. 한때 순례자들의 숙소였던 역사적인 와이너리 건물은 비록 규모는 크지 않았지만 소박하면서도 왠지 마음의 평안을 주는 오랜 세월의 흔적을 느낄 수 있었다. 먼저 100년의 수령을 자랑하는 오래된 말벡 포도나무가 있는 포도원으로 향했다. 발데스의 손이 들어갈 정도로 포도나무 속은 비어 있었지만 아직도 건강한 포도송이가 달려 있었다. 필록세라로 황폐화된 이후에 다시 심은 1세대 나무로 언제까지 좋은 포도를 열게 할 수 있을지 자신도 지켜보고 있다고 하였다. 이곳의 포도밭은 주로 석회암으로 구성되어 있는 코스(Causse)라 불리는 고원지대와 코스와 로트강 사이 자갈과 모래, 흙으로 구성되어 있는, 크게 두 개의 테루아로 구분된다. 전자가 강렬한 타닌과 함께 오래 숙성할 수 있는 와인인 데 비해 후자는 보다 과일 향이 풍부하고 쉽게 마실 수 있는 스타일의 와인이다.

◇ 말벡 묘목 재배 성공, 부활의 길로

전통적인 양조시설과 함께 이 지역 최초로 새로운 프렌치오크통 숙성실험을 통해 '프로부스'(Probus)라는 명품와인을 탄생시킨 지하 셀러를 둘러보고 본격적인 시음에 들어갔다. 스위트 와인을 포함하여 총 7종류의 와인을 시음하였는데, 지면관계상 2종류의 대표 와인만 소개하고자 한다. 100% 말벡으로 만든 카오르의 전통적인 블랙와인인 'The New Black Wine'은 양조과정이 특이하다. 손으로 일일이 수확한 포도를 밤새도록 오븐에서 가볍게 열을 가해 건조시킨다. 이 과정에서 포도는 농축되고 블랙와인의 독특한 풍미가 만들어진다. 짙은 블랙레드 컬러에 마른 과일, 캔디의 향과 입안을 맴도는 복합적인 맛이 감동적이었는데 블랙와인의 의미를 조금은 알 것 같았다. 20~30년 이상 숙성이 가능하다고 하였다. 에어버스380 취항식 축하주로 선정된 바 있는 프로부스는 수령 50년 이상 된 나무에서 수확한 100% 말벡으로 만든, 트리그디나 와이너리의 대표 브랜드이다. 프로부스는 로마제국의 황제가 전투가 없는 기간에는 군대로 하여금 직접 포도나무를 심게 하는 등 오늘날 유럽 와인을 있게 한 일등공신이기도 하다. 이 지역에서는 최초로 뉴 프렌치 오크에 18개월 동안 숙성시킨 혁신적인 와인으로 강건하면서도 균형 잡힌 풍미가 오랫동안 지속되었다. 이 와인은 현재 남미노선을 운항하는 에어프랑스 일등석에 서빙되고 있다.

◇ 에어버스380 취항 축하주 프로부스

시음을 마치고 필자는 카오르의 말벡과 아르헨티나 멘도사 말벡의 차이가 무엇이냐고 물었다. 발데스가 친절하게 설명해 주었다. "풍부한 일조량과 높은 온도로 인해 포도가 잘 익어 부드럽고 풍만한 맛을 낸 멘도사의 말벡에 비해, 카오르 와인은 서늘한 기후로 포도가 천천히 익어 지나치게 타닌이 강하고 거친 맛이 난다. 그러나 충분한 에이징을 거치면 은은한 허브, 침엽수, 블랙체리향에 강건하고 복합적인 풍미를 뿜어내는 전형적인 카오르의 블랙와인으로 변한다. 그것은 바로 우리만이 가지고 있는 독특한 테루아를 표현하고 있기 때문이다." 방문이 길어지자 초등학생인 귀여운 막내아들 '장'이 나타났다. 9대 째 후계자가 나타났다고 농담하였더니 그는 딸들이 양조에 더 관심이 많다고 웃으면서 말했다. 현재 카오르의 원조 말벡 와인은 이민에 성공한 아르헨티나 멘도사 와인의 위세를 아직은 꺾지 못하고 있는 듯 보인다. 그러나 옛 영광을 되찾으려는 그들의 노력이 계속되고 또 다음 세대로 이어진다면, 언젠가는 이 지상에서 가장 강건한 블랙와인이 재탄생할 수 있을 것이다. 그들의 영광이 재현되기를 기대하면서 필자는 그가 선물로 준 'Probus 2005' 산을 필자의 셀러에 좀 더 오랫동안 보관하기로 하였다.

〈글 · 사진 송점종 우리자산관리 대표 · Wine MBA j-j-song@hanmail.net〉

출처 – 주간경향 1095호(2014.10.07.) http://weekly.khan.co.kr/

Chapter 11

와인 시음과 보관

01 와인 병과 글라스

1. 와인 병의 구조와 형태

와인 선택 시 가장 먼저 마주치는 것이 라벨로 감싼 와인 병이다. 와인 병은 생산지, 국가, 성격에 따라 고유한 디자인이 출시되고 있기 때문에 어느 정도 병의 모양만으로도 생산지를 짐작할 수 있다.

와인 병의 구조는 다음과 같다.

1. 캡슐
2. 병목
3. 어깨
4. 바틀
5. 펀트

[와인 병 구조]

- 캡슐(Capsule)

  와인 병의 상단에 있는 캡슐은 코르크 마개를 외부로부터 보호하며, 병을 꾸며주는 디자인적인 역할도 한다. 와인의 종류나 성격에 따라 다양한 색을 사용하기도 하며 재료는 플라스틱, 알루미늄, 주석 등이다. 일부 미국 와인의 경우 호일(foil) 대신 양초를 녹여 코르크를 막기도 한다.

- **병목(Neck)**

  와인 병의 최상단부로 와인과 외부 산소와의 접촉을 최소화하기 위해 좁게 설계되어 있다.

- **어깨(Shoulder)**

  병목에서 바틀로 이어지는 부분을 말한다. 보드도 지역처럼 위로 좁아지는 각진 와인 병은 서빙 시 침전물이 와인 잔에 흐르는 것을 방지하기 위해서이다.

- **바틀(Bottle)**

  와인 병의 중간인 몸체에 해당하는 부분이다. 와인의 성분인 타닌, 알코올, 페놀 등에 강한 유리를 사용하며 외부로부터 자외선을 차단하기 위해 주로 색이 있는 병을 사용하지만 로제의 경우 투명한 병을 사용한다.

- **펀트(Punt)**

  병 아래의 움푹 들어간 부분으로 와인의 침전물을 모이게 하거나 서빙 시 와인을 따를 때 병을 잡기 편하게 해준다. 고급 와인일수록 펀트가 깊어지므로 와인 선택 시 참고하면 유용한 팁이 될 수 있다.

와인 병은 지역에 따라 다양한 형태를 보이지만 어깨 부분이 각진 보르도 스타일과 유선형의 완곡한 모양의 부르고뉴 스타일로 나눌 수 있다.

1) 보르도 와인 병

보르도 지방에서 생산하는 와인 병은 실린더 모양에 목이 짧고 각진 어깨 부분이 특징이다. 카베르네 소비뇽, 메를로, 카베르네 프랑 등의 적포도를 블렌딩하여 제조하는 특성상 장기간 숙성 시 침전물이 생길 수 있으므로 와인 서빙 시 와인의 침전물을 한 번 걸러서 글라스에 따르게 하기 위해 각진 모양의 형태를 만들었다. 양조기술의 발전으로 필터링 되어 출시되는 와인에 침전물이 다량으로 생기는 경우는 적지만 오랜 전통으로 고수하고 있다. 같은 지역에서 생산되는 화이트 와인의 경우도 각이진 보르도 스타일 병을 사용하고 있다. 신세계 와인인 아르헨티나 와인의 경우도 각진 보르도 스타일의 병을 주로 사용하지만 실린더형 바틀 부분이 상단으로 올라갈수록 약간 벌어진 형태이다.

보르도 레드	보르도 화이트	아르헨티나	포트와인	아이스바인

출처 – http://www.wine21.com/

2) 부르고뉴 와인 병

부르고뉴 와인 병은 각이 없으며 어깨가 완만하고 부드러운 유선형 모양이다. 산지나 와인의 색에 따라 피노 누아나 샤르도네 또는 가메 등 단일 품종으로 와인을 양조하는 부르고뉴의 특성상 침전물이 적기 때문에 침전물을 걸러내기 위한 각진 어깨가 없는 부드러운 라운딩 스타일이다. 특히 피노 누아 품종은 보르도 와인을 만드는 카베르네 소비뇽에 비해 타닌 성분이 적어 침전물이 적고 맑은 편이다. 알자스 지역의 화이트 와인 주산지며, 독일 스타일의 와인 병 모양을 사용한다. 독일 와인 병은 생산지에 따라 색을 다르게 사용하기도 하는데 라인 지역 와인은 갈색병, 모젤 지역은 주로 녹색병을 사용한다.

부르고뉴 레드	샴페인	알자스	독일 라인 지역	르와르

출처 – http://www.wine21.com/

와인 병은 0.2L 피콜로(Piccolo)부터 멜키오르(Melchior) 사이즈인 18L에 이르기까지 다양한 크기가 있으며 크기에 따라 다양한 이름으로 불린다. 일반적인 와인 병의 크기는 0.57L로 부떼이유(Bouteille) 또는 스탠다드(Standard)라고 한다. 실제 매장에는 스탠다드 사이즈나 아이스바인에 주로 사용하는 하프(Half 또는 Fillette : 0.375L) 사이즈가 주로 있으며 간혹 1.5L의 매그넘(Magnum) 사이즈도 볼 수 있다.

대용량의 와인을 만들어야 하는 이벤트용이나 오랜 기간을 저장해야 하는 최고급 와인의 경우 사이즈가 큰 대용량의 와인 병이 작은 사이즈보다 천천히 숙성되기 때문에 숙성 기간도 길어진다.

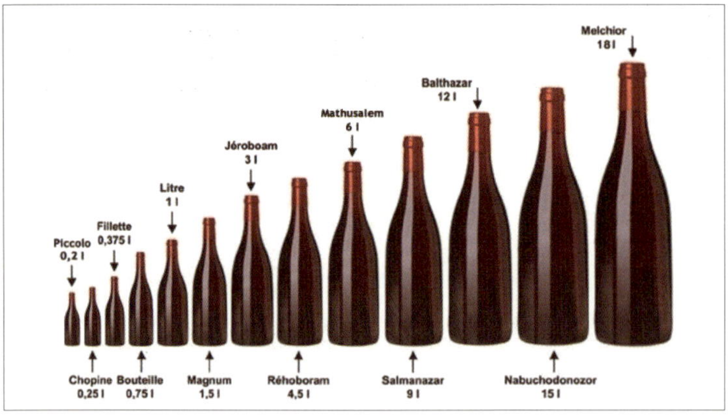

출처 – http://www.fouduvin.ca/

[와인 병 사이즈별 명칭]

2. 글라스의 종류

와인의 종류가 많은 만큼 와인의 품종과 지역 그리고 성격을 잘 나타낼 수 있는 글라스를 선택하는 것도 중요하다. 와인 글라스는 레드 와인 글라스, 화이트 와인 글라스, 스파클링 와인 글라스로 나누어 사용한다. 글라스 제조사별로 같은 지역이라도 다양한 글라스 디자인이 출시되므로 시음같은 경우를 제외하고는 꼭 정형화된 스타일을 선택할 필요는 없다. 일반적으로 와인 글라스는 무색 투명한 크리스탈로 만든 얇고 가벼운 것이 좋으며 건배 시 느낌과 울림이 좋아야 한다.

와인 글라스는 달걀이나 튤립 모양의 몸통(Bowl)에 가늘고 긴 다리(Stem)가 있는 형태인데 최상부의 림(Lim)과 받침(Base)으로 구성된다. 바디는 와인의 향을 음미하기에 적합하도록 가운데 부분이 볼록하며, 향이 바로 날아가지 않고 잔에 머물 수 있도록 입구가 오므라져 있다. 와인을 마실 때는 글라스의 다리를 잡는 것이 원칙인데 바디 부분을 잡을 경우 와인의 온도가 올라가기 때문이다. 그러나 대부분의 프랑스인들은 와인을 마실 때 볼 부분을 잡는다. 장소에 따라서 어색하지 않게 와인 잔을 잡으면 되므로 그다지 신경 쓸 필요는 없다.

보르도 와인 글라스는 볼이 긴 둥근 형태로 주로 타닌감이 강한 품종을 사용하므로 볼이 커야 충분한 에어링으로 타닌을 부드럽게 할 수 있다. 부르고뉴 와인 글라스는 볼이 많이 나오고 림 부분이 좁은 튤립 형태로 볼록 나온 볼에 공기와의 접촉을 높여 향을 잘 발산하고 좁은 입구는 향을 잘 모아주는 기능을 첨가했다. 최상부가 살짝 펼쳐져 피노 누아의 산미를 즐길 수 있다. 일반적으로 화이트 와인 글라스는 레드 와인 글라스에 비하여 작은 크기인데 이것은 낮은 온도로 마시는 화이트 와인의 특성상 온도가 급속히 상승하는 것을 방지하기 위해서이다. 화이트 와인의 산도와 풍부한 과일 향을 즐길 수 있도록 와인이 혀 앞부분에 먼저 닿게 디자인 되어 있다.

샴페인같은 스파클링 와인은 탄산가스 기포를 오래 즐기고 유지하기 위해 플루트형의 길고 좁은 모양의 잔을 사용한다. 드럼형의 넓은 샴페인 글라스는 기포가 금방 사라지므로 모임에서 단숨에 마시는 건배를 할 경우 주로 사용한다.

보르도 | 부르고뉴 | 화이트 | 샴페인

출처 – http://www.riedel.com/

02 시음 온도와 서빙

1. 적정 음용 온도

와인은 종류에 따라 최상의 맛을 내는 온도가 있다. 같은 라벨의 와인일지라도 온도를 조금씩 다르게 시음하면 전혀 다른 와인으로 느껴지기도 한다. 화이트 와인은 신선하고 상큼한 과일 향을 즐기는 것으로 차갑게 마시는 것이 좋은데 산도가 강한 와인일수록 차게 서빙해야 거친 산도 느낌을 완화시킬 수 있지만 지나치게 온도를 낮추는 것은 피해야 한다. 타닌 성분이 많은 레드 와인은 차게 마실 경우 타닌의 떫은 느낌이 부각되므로 상대적으로 높은 온도로 마신다. 그러나 보졸레 누보나 르와르 지역의 가벼운 레드 와인은 조금 차게 마실 수 있다.

와인은 낮은 온도로 마실수록 향의 발산을 방해하며 20도 이상에서는 와인 향이 없어지고 와인의 균형이 깨어진다.

화이트 와인이나 샴페인 등 와인의 온도를 차게 준비하는 것을 칠링(Chilling)이라고 한다. 이때 물과 얼음을 넣은 아이스 버킷(Ice bucket)을 이용하는데 길게 칠링해서 꺼내는 경우는 잠시 실온에 두고 적정 온도를 맞추어 시음해야 맛과 향을 즐길 수 있다. 여름철 같은 더운 기후에는 겨울철보다 시음 온도를 약간 낮추는 것이 좋다. 반대로 겨울철 너무 낮은 온도에 보관했던 레드 와인은 아이스 버킷에 25도 정도의 약간 미지근한 물을 넣고 온도를 상승시키는 것이 좋다.

6℃	리큐르 와인(Vins de liqueur)
7~8℃	일반 Champagnes과 스파클링 와인, 뮈스까(Muscats)
9~10℃	Alsace에서 늦게 수확한 와인, 산미에 가볍고 드라이한 화이트 와인
11~12℃	드라이한 화이트 와인, 드미 섹(demi-secs)의 화이트 와인: 부브레(vouvray), 피노 그리 달자스(pinot gris d'Alsace), 게뷔르츠트라미너(gewurztraminer) 고품질 champagnes, 고품질 vins liquoreux, 그랭 노블(Grains nobles)
13~14℃	최고급 드라이 화이트 와인, 뱅존(Vins jaunes)
15~16℃	오래된 화이트

[화이트 와인 적정 음용 온도]

7~8℃	로제 Champagnes과 로제 스파클링 와인
9~10℃	가벼운 로제 와인
11~12℃	고급 로제 champagnes, 일반 로제 와인
13~14℃	보르도 클라레(Clarets), 구조감있는 로제 와인, 부르고뉴 로제
8℃~12℃	최고급 화이트 와인
6℃~8℃	로제 와인, 스파클링 와인
4℃~6℃	숙성이 덜 된 저가의 스파클링 와인(발포성 와인)

[로제 와인 적정 음용 온도]

11~12℃	과일 향 나는 가벼운 레드 와인
13~14℃	보졸레(Beaujolais), 바니울스(Banyuls) & 주정강화 와인
15~16℃	부르고뉴(Bourgognes), 론(Rhône), 로아르(Loire), 중급 정도의 구조감 있는 레드 와인
17~18℃	보르도(Bordeaux), 좋은 구조감을 가진 레드 와인, 포트 와인
19~20℃	최고급 레드 와인

[레드 와인 적정 음용 온도]

2. 와인 서빙

1) 코르크 열기

와인 병을 열 때는 먼저 병목 부분을 감싸고 있는 캡슐 윗부분을 제거하여 코르크 마개가 보이게 한다. 그리고 헝겊으로 병목 안쪽을 잘 닦아 준 후 코르크스크루(Cork Screw)의 끝을 코르크 정중앙에 대고 돌린다. 이때 코르크스크루의 나선이 끝까지 들어가야 코르크가 부서지는 것을 방지 할 수 있다. 병을 꼭 잡은 다음 코르크스크루의 지렛대를 이용하여 마개를 천천히 뽑는다.

빠져 나온 코르크의 상태로 와인의 저장 상태와 품질을 알 수 있는데 와인이 변질된 경우 이상한 신 냄새나 불쾌한 곰팡이 냄새가 난다. 마시기 전 병목의 안쪽을 헝겊으로 깨끗하게 닦는다.

스파클링 와인의 경우 호일을 제거하고 코르크 마개를 막고 있는 철사를 돌리면서 풀어준 다음 한 손으로 마개를 막고 다른 한 손으로 병을 쥔다. 그리고 나서 코르크를 쥔 채 병을 천천히 돌리며 코르크를 손바닥으로 덮어서 빼면 된다.

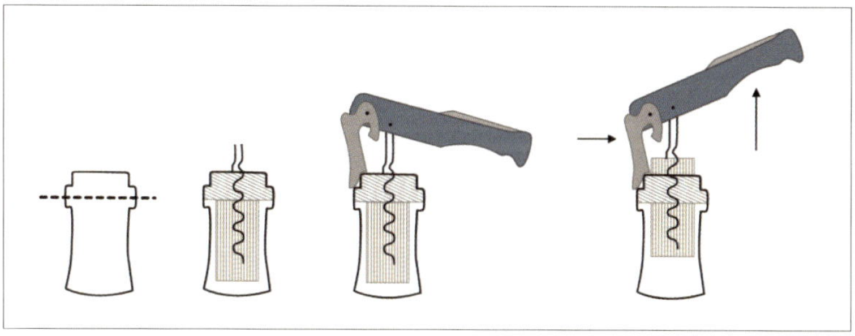

출처 – http://technoresto.org/

[코르크 열기]

2) 서빙 순서

화이트 와인 → 로제 와인 → 레드 와인
가벼운 와인 → 묵직한 와인
미숙성(young) 와인 → 숙성(aged) 와인
가벼운(light) 와인 → 묵직하고 강한(strong) 와인
단순한(simple) 와인 → 복잡 미묘한(complex) 와인

기타 와인 서빙의 우선 순위는 산도가 낮은 와인, 빈티지가 나쁜 와인, 알코올 성분이 낮은 와인, 드라이한 와인, 향기가 없는 와인 등을 산도가 높은 와인, 알코올 성분이 높은 와인, 스위트한 와인, 향이 강한 와인보다 먼저 시음한다.

03 와인 테이스팅

와인 테이스팅을 통해 포도 품종의 성격과 지역의 테루아(Terroir), 숙성과정의 변화와 발자취를 보며 와인이 내뿜는 다양한 아로마(Aroma)와 부케(Bouquet) 그리고 맛을 느끼며 자신만의 와인을 만날 수 있다. 구세계 와인 또는 신세계 와인을 통해 각 지역 와인의 특성과 성격 그리고 양조자의 테크닉을 음미하는 데 있어 편안한 마음으로 보고, 맡고, 맛보며 자신의 느낌을 자신만의 마음속 대화로 즐김으로써 와인 테이스팅의 입문은 시작된다.

와인 테이스팅은 오감의 감각기관을 이용하기 때문에 감각기관이 예민한 오전 시간이 좋다. 시음 전에는 와인 고유의 향을 최대한 느낄 수 있도록 담배나 향수, 자극성이 강한 음식은 피해야 한다. 그리고 테이블에는 흰색 테이블보나 냅킨 또는 종이를 깔아 와인 색을 구별하기 좋게 준비한다. 와인 시음 전 와인 라벨을 먼저 살펴보는데 이것은 포도주병 라벨에는 와인에 대한 많은 정보가 있기 때문이다. 일반적으로 라벨에는 와인에 대한 포도 품종, 지역, 빈티지, 브랜드명, 알코올 도수, 숙성 방법 등 다양한 정보가 들어있다.

1) 시각

시각적인 관찰로 와인을 판단하는 것은 제한적일 수 있지만 와인의 숙성정도와 원산지 그리고 품종정도에 대한 단서를 제공한다. 와인 시음을 위해서는 먼저 무색 투명한 와인잔에 와인을 1/3 이내로 따른다. 너무 많은 양의 와인을 사용하면 시음을 위해 와인 글라스를 돌릴 때 쏟아질 수도 있다. 와인을 관찰하기 위해서는 먼저 와인 잔을 세워 놓고 똑바로 위에서 내려다본다. 맑은 와인은 건강한 와인이며, 광택은 산도와 관련이 있고 시각적인 즐거움을 준다. 화이트 와인이나 햇와인의 경우 잔의 안쪽 면에 기포들이 보이기도 한다. 탄산가스는 와인에 활력과 풍미를 준다. 그 다음 와인을 옆에서 보면 잔을 따라 흐르는 와인의 눈물을 볼 수 있는데 높은 알코올과 당분이 많으면 점도 증가되어 천천히 흐른다. 끝으로 와인 잔을 기울여 글라스를 빛에 비추어 본다. 레드 와인의 색은 포도 껍질의 폴리페놀(안토시아닌과 타닌)이라는 색소화합물의 작용으로 생성된다. 와인 색상은 포도 품종과 기후에 따라 다른데 예를 들어 카베르네 쇼비뇽으로 만든 와인은 피노 누아로 만든 품종보다 진한 색을 가진다. 와인의 숙성정도의 판단은 레드 와인의 경우 잔의 중심 색과 가장자리(Rim)의 색의 차이가 클수록 오래 숙성된 와인이라는 증거이다. 특히 가장자리 부분이 맑은 와인이 젊은 와인이고 노란 빛을 띠면 어느정도 오래 숙성된 상태의 와인이다.

숙성 정도에 따른 레드 와인 색상 변화	자주색(돌체토 와인) → 진홍색(바르베라) → 홍옥색(갓 빚은 포드 와인, 보르도/부르고뉴 와인) → 체리색(오래 숙성시킨 보르도) → 석류빛(잘 숙성된 끼안띠, 바롤로) → 오렌지색 → 적갈색(아주 오래된 보르도산 와인) → 호박색 → 양파껍질색 → 갈색(대부분 마실 수 없음).
숙성 정도에 따른 화이트 와인 색상 변화	무색에서 옅은 황록색(샤블리, 모젤) → 백금색 → 밝은 볏짚색(뫼르소, 트라미너) → 레몬색 → 볏짚색 → 황금빛 노란색(리슬링, 게뷔르츠트라미너) → 푸르스름한 황금색(모젤-베렌아우스레제) → 짙은 황금색(디저트 와인, 오래 숙성시킨 부르고뉴 와인) → 붉은 황금색 → 옅은 갈색 → 구리빛색 → 호박빛색 → 갈색(더이상 마실 수 없음)
숙성 정도에 따른 로제 와인 색상 변화	옅은 핑크빛 → 밝은 핑크빛 → 자주빛이 감도는 핑크빛 → 작약빛, 체리 핑크빛 → 딸기 핑크빛 → 진홍색이 도는 핑크빛 → 누르스름한 핑크빛 → 오렌지 핑크빛 → 살구빛 → 양파껍질색 → 오렌지색 → 갈색이 도는 핑크빛

출처 – http://www.boozenews.com/

[와인의 색상]

2) 후각

와인의 향기를 맡는 후각적 검사로 와인의 특성과 원산지, 포도 품종 그리고 숙성정도를 알 수 있다. 단순한 향의 와인보다는 복합적이며 풍부한 향을 가진 와인이 좋은 와인이다. 후각적 검사를 하기 전 먼저 와인 잔을 시음할 와인으로 헹구어 낸다. 그 다음 와인 잔을 흔들지 말고 천천히 코에 대고 꽃향기를 맡듯 천천히 향을 들이마신다. 이때 느끼는 향기를 아로마(Aroma)라고 하는데, 포도 열매 자체에서 나는 신선한 과일 향만을 의미하여 오크통이나 병 안에서 숙성 과정을 통해서 생긴 부케(bouquet)와 구별된다. 그러나 이 용어들은 이분법적으로 구분되지 않기 때문에 아로마와 부케를 동의어로 사용하기도 한다. 주로 영(young) 와인의 향을 의미하며 과일 향이 진하게 풍기는 것이 양질의 와인이다. 와인 잔을 테이블 위에 놓거나 와인 잔을 들고 스월링(Swirling, 잔 돌리기)하면 공기와 접촉해서 잠자던 향기와 성분이 증발하여 가라앉아 있던 무거운 향을 맡을 수 있다. 이때의 향기를 부케라고 하는데 와인 제조 과정에서 발효나 숙성 등 와인 제조자의 처리 방법에 따라 생기는 향으로 아로마(Aroma)보다 미묘해서 파악하기 힘들지만, 와인 전체의 맛을 결정해 주는 중요한 종류의 향이다. 오크통에서 오랫동안 숙성함으로써 배어있는 오크향이나 바닐라향이 좋은 예로 화이트보다 레드 와인의 경우 더 따지게 되며, 아로마가 천연적 향이라면 부케는 인공적인 향이라고 할 수 있다. 또한 부케는 일반적으로 병입 숙성된 고급 와인에서만 느낄 수 있는 부드럽고 유연한 향을 의미한다. 향을 맡을 때 손을 잔에 대면 좀 더 풍부하게 와인의 향을 맡을 수 있다. 첫 번째 시도에서 느끼는 첫인상을 빠르게 기억하고 향을 너무 오래 맡게 되면 후각이 마비된다. 와인의 아로마를 잘 찾기 위해서는 와인에서 느낄 수 있는 과일 향을 기억하고 기록하는 습관이 중요하다. 처음에는 잘 느끼지 못하는 향도 오랜 시간을 가지고 마시다 보면 조금씩 와인 향들을 만나게 될 것이다.

포도 품종(Cépage)	아로마(Aroma)
카베르네 소비뇽 (Cabernet Sauvignon)	피망, 후추, 블랙커런트, 자두, 민트, 바닐라(오크 숙성) 
메를로 (Merlot)	자두, 체리, 라즈베리, 피망, 민트, 유칼립투스, 블루베리 
가메 (Gamay)	후추, 딸기

품종	향	
소비뇽 블랑 (Sauvignon Blanc)	서늘한 곳(잔디, 구즈베리, 블랙커런트 싹) 따뜻한 곳(열대과일 향, 레몬, 패션프루트, 무화과)	
피노 누아 (Pinot Noir)	산딸기, 체리, 바이올렛, 장미, 민트, 레드커런트, 라즈베리, 가죽, 버섯	
네비올로 (Nebbiolo)	장미향, 초콜릿, 커피, 바이올렛, 자두, 딸기	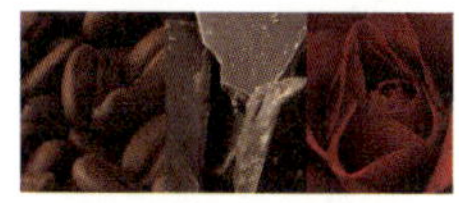
산지오베제 (Sangiovese)	건포도, 커피, 체리	
카베르네 프랑 (Cabernet Franc)	레드커런트, 산딸기	
시라/쉬라즈 (Syrah/Shiraz)	블랙베리, 감초, 후추, 레드커런트	
샤도네이 (Chardonnay)	서늘한 곳(사과, 멜론, 라임, 복숭아) 따뜻한 곳(감귤류, 파이애플, 패션프루트, 복숭아)	
게부르츠트라미너 (Gewuztraminer)	리치, 장미, 망고, 코코넛, 살구, 노루향	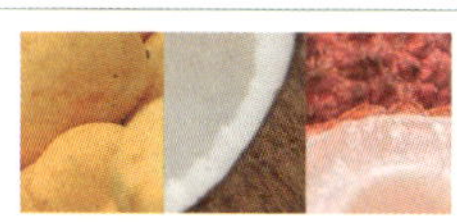
리슬링 (Riesling)	서늘한 곳(사과, 레몬, 미네랄, 라임) 따뜻한 곳(자몽, 복숭아, 배)	
세미옹 (Semillon)	서늘한 곳(아스파라거스, 구즈베리, 레몬, 잔디) 따뜻한 곳(사과, 자몽, 복숭아, 왁스) 귀부와인(건포도, 벌꿀, 사향)	

[포도의 품종과 향]

와인 시음에서는 향이나 부케를 표현한 단어들이 우리 주변에 익숙한 식물이나 과일 등의 냄새가 아니기 때문에 아로마 키트(Aroma Kit)라는 향 추출물을 가지고 반복적으로 익숙하지 못한 향을 연습해야 한다. 프랑스 장 르누와르가 개발한 '르네뒤벵(Le Nez du Vin)'이라는 아로마 키트는 와인의 향기인 아로마를 다음과 같이 구분하였다.

1차 아로마 포도 품종에 나타나는 특징 (꽃향기, 싱그러움, 향료 등)	2차 아로마 발효과정에서 효모작용에 의해 형성된 새로운 아로마	3차 아로마 숙성(오크통, 와인병)한 아로마
과일 향 화이트 와인:그레이프 프루트, 레몬, 오렌지, 사향포도 레드 와인 : 라즈베리, 레드커런트, 블랙커런트, 허클베리, 블랙베리, 체리 **꽃 향** 산사나무꽃, 아카시아, 보리수꽃, 장미, 제비꽃 **식물성 향** 그린 피망, 소나무, 타임, 후추	파인애플, 리치, 꿀(semillon, Tokay Pinot Gris), 타임, 사과, 살구, 멜론, 모과, 배, 망고, 바나나, 건과, 버터, 효모, 후추, 서양 배, 마르멜로, 딸기, 호두, 블랙커런트 싹, 계피(Tokay), 사프란, 버터	말린자두, 다크초콜릿, 삼나무, 감초, 바닐라, 가죽, 버섯, 송로, 바닐라, 사향, 토스트, 구운 아몬드, 구운 도토리, 카라멜, 커피, 훈제 계열 향

출처 – Le Nez du Vin

3) 미각

미각적 검사는 와인 시음의 최종 단계로 혀로 와인의 맛을 확인하는 순서이다. 시음을 할 때는 와인을 6~7ml 정도 입에 머금고 천천히 입안 전체로 퍼뜨린다. 와인의 맛은 혀를 통해 느끼는데 우리가 느낄 수 있는 맛은 단맛, 짠맛, 신맛, 쓴맛이다. 단맛은 혀의 앞부분에서 느끼며 와인을 시음할 때 가장 먼저 감지하는 맛이다. 와인에 잔여 당분이 많을 때 단맛을 많이 느끼게 된다. 다음으로 신맛은 단맛 다음 감지하게 되는데 와인의 생기를 느낄 수 있다. 또한 입에 침을 고이게 하기 때문에 신맛이 강한 와인은 와인에 힘과 매력을 더해 준다. 또한 쓴맛은 떫은맛의 타닌(tannin) 성분의 유무에 의해 나타나는데 타닌은 레드 와인에 힘을 더해 주며 저장성을 높여준다. 끝으로 짠맛은 와인의 평가에서 거의 무시해도 되는 맛이지만 간혹 레드 와인에 짠맛(salty)이 나는 경우도 있다. 그 외 와인을 테이스팅 하면서 느끼는 맛의 표현은 다음과 같다.

(1) 재질감(Texture)

재질감은 라틴어 어원의 직물을 의미하는 말로 '입안에서 느낌'이다. 재질감은 단순히 와인의 수분과 알코올 성분을 증발시킨 후 남는 추출물과 당분, 알코올의 무게뿐만 아니라 시각적인 요소도 포함되는데 예를 들어 촘촘한 짜임, 매우 정교한, 벨벳 같은, 얇은 천과 같은, 느슨한 등의 표현을 사용한다. 로제 와인이나 껍질이 얇은 포도 품종인 피노 누아로 만든 와인은 가볍고 상큼하며, 부드럽고, 껍질이 두꺼운 카베르네 소비뇽이나 쉬라즈로 제조한 와인은 혀에 와인이 닿을 때 묵직하며 입에 그윽한 느낌을 준다.

(2) 무게감(Body)

입 안에서 느껴지는 와인의 무게감은 알코올과 추출 성분의 결합에서 오는 와인의 진한 정도, 묵직함 그리고 지속성을 말하는데 일반적으로 알코올 도수, 타닌, 당분 등이 바디에 영향을 준다.

(3) 균형(Balance)

와인에 있어서 균형과 조화란 당도(Sweetness), 산도(Acidity), 타닌, 알코올, 부드러움 등과 같은 성분에 의해 좌우된다. 영(Young)한 와인의 경우 초기에는 개별적인 맛들이 나타나 조화를 이루기 위한 시간이 필요하더라도 밸런스가 좋다고 표현한다. 레드 와인의 경우 당도와 산도, 타닌, 알코올의 조화가 중요하고, 화이트 와인의 경우는 당도와 산도, 알코올, 부드러움의 조화가 중요하다. 와인의 균형 평가에 품종, 테루아, 양조과정 등의 차이에 따라서 나타나는 특성이 특별히 부족하거나 불쾌감을 주는 것이 아니라면 균형과 조화에 문제가 없는 것으로 판단한다.

(4) 여운(Finish)

와인을 삼키고 난 후 지속적으로 느끼는 맛, 향, 재질감을 여운(Finish)이라고 한다. 피니쉬가 인상적이고 길게 남는 와인이 질이 좋은 와인이다.

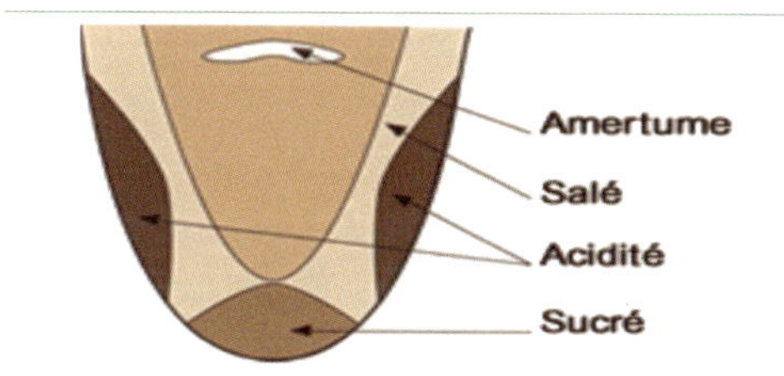

쓴맛 짠맛 신맛 단맛

출처 - http://www.hainaut-terredegouts.be/

[혀의 미각]

04 와인의 보관

와인은 병입 후 숙성의 과정을 통해 맛과 질감의 변화를 보이게 되는 알코올이다. 구입 후 중저가 와인은 5년 내외, 그랑 크뤼(Grand Cru)급 와인은 길게는 50년 이상 보관이 가능하다. 와인을 보관하는 최적의 장소는 인위적 냉장기술을 쓰지 않는 자연상태에 가까운 지하저장고(Cave)이다. 일반적으로 와인 보관은 온도 차이가 크지 않고 서늘하며 습하고 진동이 없는 장소로 적정온도는 10~15도이며 적정습도는 60~80% 사이가 좋다.

여러 연구 결과에 의하면 장기간 보관 시 최적의 온도는 12.7도이다. 그러나 최적의 온도를 유지하는 것도 중요하지만 약간 상온이더라도 보관실의 온도에 변화가 없는 것이 중요하다. 지나치게 높은 온도는 와인 숙성 속도를 2배 이상 진행시키며, 반대로 너무 낮은 온도는 와인을 얼려(알코올 성분이 12% 이하의 경우 약 영하 5도, 20%의 경우 영하 약 9도에 빙점 표출) 코르크가 밀려나오게 된다. 또한 최소 5년 이상 보관 시 습도는 크게 중요하지 않다. 다만 과도하게 습한 곳에서는 와인 보관 시 코르크 마개에 곰팡이가 생길 수도 있으며, 너무 건조하면 코르크 마개가 수축하여 공기 유입에 의해 산화되거나 와인이 새어 나올 수 있다.

저장성 와인이 아니라면 가능하면 빨리 소비하는 것이 좋지만 부득이 저장해야 하는 경우에는 옷장의 아래 칸이나 잘 쓰지 않는 작은 방, 또는 방의 구석에 보관하면 된다. 이때 단열 처리가 되지 않은 베란다, 차고, 습기와 온도차가 많은 부엌 등은 피해야 한다. 주택에 지하창고가 없는 경우 와인 보관용 냉장고(Wine cellar)를 구입하는 것도 방법이다. 와인은 적절한 온도와 습도 유지, 어둡고 움직임이나 진동이 없으며 냄새가 없는 장소에 눕혀서 보관해야 하며 장거리 운반 후에는 최소한 2~3일 이상 안정된 장소에 보관해야 한다. 그리고 와인을 개봉한 후에는 수일 내에 소비하는 것이 좋고 장기간 상온에 보관할 경우 공기 유입으로 인한 산화작용으로 맛이 변하며, 식초가 될 수 있다. 남은 와인은 진공 펌프를 이용, 병 속의 산소를 빼내어 보관하는 방법과 비활성가스를 주입하는 방법이 있지만 사용한 코르크를 거꾸로 세워서 밀봉하거나 스토퍼를 이용하면 된다. 무엇보다도 산소와의 차단을 최소화 하는 것이 중요하므로 작은 병에 옮겨 담아 공기층을 적게 하는 것이 좋다.

출처 – http://design-your-dreams.over-blog.com/

[와인 셀러]

이석우의 와인 이야기(2)
평론가들 점수 왜 다른가

자기 입맛에 자신이 없거나, 좋은 와인을 고를 여유가 없는 이들은 와인 전문가들로부터 높은 점수를 받은 와인을 골라 마신다. 하지만 점수는 절대적인 기준이 아니며, 와인의 품질을 평가할 때 고려하는 여러 요소 가운데 하나에 불과하다.

◇ 저명한 와인 평론가 로버트 파커

요즘은 와인 고르기가 무척 쉽다. 소위 와인 전문가들이 와인마다 일일이 점수를 매겨주기 때문이다. 자기 입맛에 자신이 없거나, 좋은 와인을 고를 여유가 없는 이들은 와인 전문가들로부터 높은 점수를 받은 와인을 골라 마시면 된다. 와인 애호가들 조차도 미국의 저명한 와인 평론가 로버트 파커로부터 100점 만점을 받은 와인들만 모아서 시음회를 열기도 한다. 내가 마셔본 와인 가운데 가장 인상에 남는 와인 가운데 하나는 로버트 파커(Robert M. Parker, Jr.)가 78점을 준 와인이다. 9년 전에 마셔본, 프랑스 보르도의 생떼밀리옹 와인인 샤토파비(Chateau Pavie)의 1995년산이다. 파커의 점수체계상 최저 점수가 50점인 것을 감안하면, 78점은 굳이 돈 주고 사서 마실만한 와인은 아니라는 평가다. 파커는 이 와인에 대해 "모난 성격과 지나치게 강한 타닌을 가졌으며, 뻣뻣하고 단단하다"고 혹평했다.

그러나 당시 나는 이 와인을 너무나 맛있게 마셨다. 숙성된 가죽향이 달콤한 붉은 베리류의 향과 잘 어우러져 피어났고, 무척이나 실키한 질감에 산도가 신선하게 느껴지는 가볍고 우아한 스타일의 와인이었다. 아쉬움이 있었다면, 피니쉬가 짧은 편이었다는 정도다. 파커를 비난할 의도는 없다. 다만 와인 평론가들이 매기는 점수를 올바르게 이해하자는 취지에서 1995년산 샤토파비 이야기를 꺼냈다.

◇ 와인은 끊임없이 변화한다

와인은 끊임없이 변화한다. 가을에 포도를 수확해서 즙을 내면, 포도즙 안에 있는 당분이 발효하면서 서서히 술로 변한다. 이 술을 병에 담은 후에도 변화는 계속된다. 와인 속의 여러 가지 다양한 무기물이나 유기물들이 상호작용하면서, 과일 향이 풍성한 어린 와인이 미네랄과 토양의 묵은 풍미를 갖춘 숙성된 와인으로 진화하다가, 끝내는 와인으로서의 생명을 다한다. 마치 사람의 인생과도 같다. 이렇듯 계속해서 변화하는 와인에 점수를 매기는 행위는 무모해 보인다. 와인 전문가들 스스로도 이 점을 잘 알고 있다. 파커 역시 와인에 점수를 매기는 행위에 대해 "10년 혹은 그 이상의 기간 동안 변화하고 진화하는 음료인 와인을 평가하고, 거기에 점수를 부여하는 것은, 마치 마라톤을 뛰고 있는 사람의 사진을 찍는 것과 같다. 대략적으로 그 와인을 파악할 수는 있겠지만 사진 속의 움직이고 있는 물체처럼 와인은 진화하고 변화한다"고 했다. 심지어 파커는 "점수는 와인의 모든 것을 말해주지 않는다"라고까지 했다.

와인 평론가들이 특정 와인에 점수를 매기는 것은 그 와인이 절정기에 달했을 때의 평가다. 평론가들은 와인이 병입되기 전이나 병입 직후 시음을 하고 점수를 매긴다. 그 때의 점수는 와인이 병 속에서 잘 숙성되어 절정에 달했을 때 어느 정도의 품질을 보여줄지를 예측해서 부여한 것이다. 프랑스 부르고뉴 와인들을 전문적으로 시음하는 앨런 매도우스의 말을 빌리자면 "와인의 점수는 그 와인이 시음 적기(適期)의 절정에 달했을 때의 품질에 대한 평가이다. 예를 들어, 92점 짜리 그랑크뤼 와인을 너무 어렸을 때 마시게 되면, 타닌이 거칠거나 닫혀 있어서 92점 짜리 와인의 맛이 나지 않을 수 있다." 갓 출시된 파커의 100점 짜리 어린 와인을 어렵게 구해서 시음해 봤는데 실망하는 경우가 이에 해당된다. 무턱대고 점수만 고려해서 와인을 땄다가는 낭패를 보기 일쑤다. 따라서 특정 와인이 잘 숙성되어 마시기에 적합한 시기를 의미하는 "시음 적기"가 어쩌면 점수보다도 더 중요할 수 있다.

와인의 점수를 생각할 때 또 하나 고려해야 할 요소는 와인 평론가의 취향이다. 사람마다 취향이 다르다. 와인 평론가 또한 각기 다른 취향을 갖고 있기 때문에 자기가 개인적으로 선호하는 스타일의 와인에 높은 점수를 부여할 수밖에 없다. 다시 샤토파비를 예로 들어보자.

◇ 입맛과 마신 시기에 따라 점수 달라

샤토파비는 1998년 주인이 바뀌면서 와인의 스타일이 변했다. 새로운 주인인 제라드 페르세(Gerard Perse)는 막대한 자본을 투하해서 현대적인 양조시설을 구축하는 한편 세계적인 와인 양조 컨설턴트인 미셸롤랑(Michel Rolland)을 고용해서 진하고 농축적인 와인을 생산하기 시작했다. 그 결과 진하고 농축적인 스타일의 와인에 높은 점수를 부여하는 로버트 파커로부터 호평을 받게 되었다.

2003년산 샤토파비에 대한 평가를 놓고 영국의 와인 평론가인 잰시스 로빈슨(Jancis Robinson)과 파커가 충돌했다. 로빈슨은 2003년산 샤토파비에 20점 만점에 12점을 주면서, 다음과 같이 혹평을 했다. "완전히 입맛 떨어지는 과숙성된 향. 왜 이렇지? 포트 와인 같은 당도. 최상의 포트 와인은 생떼밀리옹이 아니라 도우로(Douro)에서 생산된다. 보르도 적포도주라기보다는 늦게 수확한 진판델을 연상시키는 떫고 우스꽝스러운 와인." 같은 와인에 대해 만점에 가까운 점수를 준 파커는 로빈슨의 평가를 정면으로 반박하면서, 로빈슨이 "일관되게 페르세의 샤토파비 와인에 대해 악의에 찬 평가를 하고 있으며, 보르도 반동주의자들의 의견을 그대로 따르고 있다"고 주장했다. 와인업계에 커다란 화제를 불러 일으켰던 파커와 로빈슨 간의 이 같은 논쟁은 전문가들조차 주관적인 기준을 가지고 와인을 평가한다는 사실을 재확인시켜 주었다.

1995년산 샤토파비 이야기로 돌아가보자. 파커와 나의 평가가 달랐던 것은 크게 두 가지 이유가 있었던 듯하다. 첫째는 그와 나의 입맛이 달랐기 때문이다. 분명 나는 가볍고 부드러운 와인들을 선호한다. 입맛과 취향은 주관적이기 때문에 옳고 그름이란 있을 수 없다. 누구 하나 옳았다거나 틀렸다고 말할 수 없다. 그리고 두번째 이유는, 와인을 마신 시점이 달랐기 때문이다. 파커는 이 와인이 병입되던 시점인 1997년에 시음을 했는데, 당시 파커의 입에 '뻣뻣하고 단단하게' 느껴졌던 타닌이 10년 후 와인 속에 부드럽게 녹아들 무렵에 내가 그 와인을 마시게 된 것이다.

전 세계에서 수많은 와인들이 쏟아져 나오는 상황에서 와인에 붙이는 전문가들의 점수는 소비자들에게 품질에 대한 소중한 정보를 제공한다. 어려서부터 시험점수에 예민하도록 길들여진 우리나라 소비자들에게는 100점 만점의 점수체계만큼 명확하고 객관적인 기준은 없다. 하지만 점수는 절대적인 기준이 아니며, 와인의 품질을 평가할 때 고려하는 여러 요소 가운데 하나에 불과하다. 오히려 와인에 붙은 점수를 잘못 이해하거나 맹신하면 의도와는 동떨어진 엉뚱한 선택을 할 수 있다.

이석우 – 카카오 공동대표이사를 거쳐 현재 중앙일보 조인스 공동대표 겸 디지털제작 전략 담당으로 일하고 있다. 번역서 「와인력」을 출간한 와인 마니아다.

출처 – http://jmagazine.joins.com/ 중앙시사매거진 201606호 (2016.05.23) [200]

Chapter 12 증류주

증류주는 연금술사의 증류기술이 오늘 날의 증류주 제조기술에 많은 기여를 했다. 과실의 설탕 그리고 곡류를 당화시킨 후에 이스트가 첨가되어 발효주가 만들어진다. 증류주는 이러한 발효주를 열을 가하여 끓여서 증기로 만든 후 냉각, 액화시킨 음료로 강한 알코올이 함유되어 있는 술을 말한다. 증류주에는 위스키(Whisky), 진(Gin), 테킬라(Tequila), 보드카(Vodka), 럼(Rum), 브랜디(Brandy), 소주 등이 있다.

01 위스키

1. 위스키의 개요

대표적인 서양 증류주인 위스키(Whisky, Whiskey)의 역사는 12세기 십자군전쟁에 참여했던 가톨릭의 수사들이 중동의 연금술사로부터 증류주의 비법을 십자군전쟁이 끝난 직후 돌아와 유럽에 전파하면서 시작되었다. 당시 아랍에서는 술을 마시는 것이 금지되어 있었는데 아랍 연금술사들은 증류한 알코올(Alcohol)을 주로 향료나 화장품(알코올은 어원은 아랍어의 '콜(Khol)'에서 나온 말로 눈 화장용 액체를 의미한다.) 제조에 사용했다. 위스키(whisky)는 스코틀랜드의 켈트어(Gaelic) 'uisge'에서 유래한 것으로 물(Water)이라는 뜻이다. 'Uisge beatha'의 약자인 이 말은 '생명의 물(Water of Life)'이라는 의미로 18세기부터 쓰이게 되었으며, 라틴어의 'Aqua vitae'에 해당되며 북유럽의 아쿠아비트(Aquavit)와 프랑스의 오드비(Eau-de-vie)도 모두 같은 뜻을 내포하고 있다.

위스키는 영국 스코틀랜드의 스카치 위스키, 미국의 아메리칸 위스키, 캐나다의 캐나디안 위스키, 아일랜드의 아이리쉬 위스키가 유명하다. 스카치와 캐나디안 위스키는 'Whisky'로 아메리칸과 아이리쉬는 'Whiskey'로 관습상 다르게 표기하고 있다.

2. 위스키의 제조

위스키는 보리, 호밀, 밀, 옥수수 등의 전분질 원료를 싹을 내거나 갈아서 발효한 후 증류해서 통에 숙성시킨 술이다. 위스키의 제조는 원료를 당화시킨 후 효모를 섞어 발효한 후 여러 번의 증류를 반복하고 셰리(Sherry) 와인 통 또는 참나무통에 넣어서 짧게는 2~3년 또는 몇 십 년을 숙성시킨다. 오늘날 황금색의 위스키는 고율의 세금 때문에 탄생된 증류주이다. 초기의 위스키는 증류 후 바로 마시는 무색의 알코올이었다. 1707년 스코틀랜드 국왕인 제임스 1세가 잉글랜드 국왕을 겸하게 되는데, 두 왕국 통합 이후 영국은 재정 수입을 확대하기 위해 고도주인 스코틀랜드의 위스키에 고율의 세금을 부과했다. 위스키 양조업자들은 스코틀랜드 최북단 하일랜드(Highland)의 산속으로 숨어들어 밀주를 제조하게 된다. 당시 위스키 공정에서는 맥아의 건조작업에 필요한 연료가 부족하여 하일랜드 지역에 풍부한 불완전 석탄인 피트(Peat : 이탄, 토탄)를 연료로 사용하였다. 이탄은 연보라색 관목인 헤더(Heather)가 주성분인 유연탄의 일종으로 비교적 오래 썩지 않아 식물의 구조가 보이고 탄소 함유량이 적은 초기의 석탄 형태로 발열량이 적고 연기가 많이 난다. 대체 연료로 사용된 이탄의 강한 헤더향이 맥아와 경합하여 위스키에 스모키한 풍미와 바디감을 상승시키는 역할을 한다. 당시 밀주된 위스키는 셰리 와인을 담았던 빈 오크통에 저장하여 숨기게 되는데 통속에서 숙성된 위스키는 초기 백색의 알코올에서 호박색의 우아한 색으로 원숙하고 향취가 부드러우며 그윽한 맛을 지닌 술로 다시 태어나게 된 것이다. 위스키의 제조 과정은 다음과 같다.

Heather

Peat

1) 정선 · 침맥 · 발아 · 건조 · 분쇄 과정

위스키는 보리, 밀, 호밀, 옥수수, 귀리 등이 원료로 사용된다. 먼저 맥아를 만들기 위해 정선기에서 불량한 보리를 골라내고 수조에 넣어 씻고, 불순물 제거 후 수분을 충분히 공급하여 발아 준비를 한다. 보통 약 2주 동안 침수시킨 후 발아에 들어가는데 대맥의 발아는 1~2주가 소요된다. 발아한 대맥은 적당한 시기에 성장을 멈추는데 그 후 이탄(Peat)

을 이용해 건조과정에 들어간다. 그리고 발아가 끝나면 불필요한 뿌리를 제거하고 당화를 위하여 분말로 만드는 분쇄과정을 거친다.

2) 당화 및 냉각

분쇄된 원료를 더운 양조수에 섞고 당화조(Mash tank)에 넣으면 맥아 속 당화효소에 의해 당으로 변하고 당화액이 된다. 당화가 완료되면 여과한 후 발효균의 번식에 적당한 온도까지 냉각시킨다.

3) 발효

냉각된 액체는 발효조로 옮겨 효모를 첨가하여 발효시키는데 이 과정에서 당분은 알코올과 탄산가스로 분리되는데 보통 2~3일 정도 걸린다.

4) 증류

발효된 보리 발효주를 증류기에 넣어 열을 가하여 증기화하면 위스키가 된다. 이때 증류는 증류기에서 2회 정도 한다.

5) 저장 · 숙성 · 혼합 · 후숙성 · 병입

이와 같이 생성된 위스키를 저장, 숙성하는 과정으로 증류된 위스키는 무색, 투명하고 맛이 거칠어 저장하는 오크통의 크기, 판의 두께, 재질에 따라 그 맛과 향이 달라진다. 각각의 통에서 숙성된 위스키는 마스터 블렌더(Master Blender)에 의해 혼합과정이 이루어지며 후숙성 과정 후 병입 출시한다.

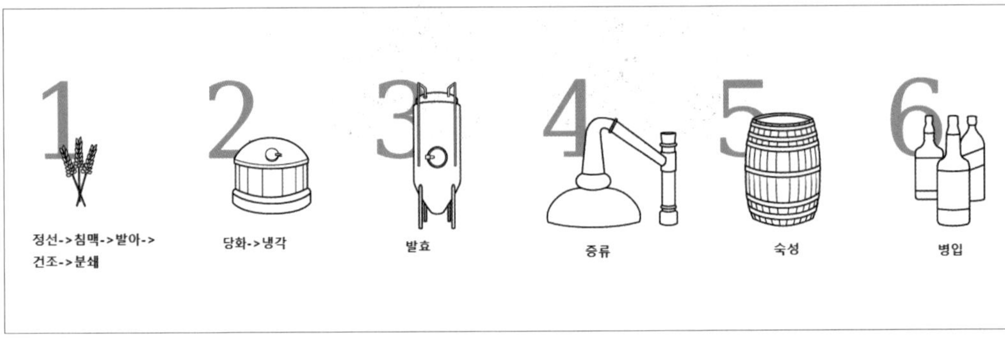

출처 – https://champagnewhisky.com/

[위스키 제조과정]

3. 위스키의 분류

1) 증류법에 의한 분류

(1) 포트 스틸 위스키(Pot Still Whisky)

단식 증기류를 사용하여 만드는데 원시적이고 비효율적인 방법이다. 1차 증류로 생성된 증류액은 불순물이 많기 때문에 2차 증류과정에서 불순물을 제거하면 알코올 함량이 높은 스피리트(spirit)가 생성된다.

(2) 패튼트 스틸 위스키(Patent Still Whisky)

1831년 애니어스 코페이(Aeneas Coffey)가 발명한 연속식 증기류를 사용하여 만드는데 이 방법은 대량을 연속적으로 증류할 수 있다는 특징을 갖고 있으며 비용이 적게 들지만 향이 가볍고 순수 알코올에 가까운 단점이 있어 포트 스틸 위스키와 혼합하여 부드럽게 하는 역할을 한다.

Aeneas Coffey

Patent Still

출처 – http://whiskey-frog.de/

2) 원료에 따른 분류

(1) 몰트 위스키(Malt Whisky)

대맥의 맥아만을 원료로 하여 만드는 것으로 보리를 발아시켜 건조할 때에 이탄(Peat)을 이용하여 건조시키기 때문에 스모키한 향기가 난다. 포트 스틸로 2회 증류 후 숙성시킨다.

(2) 그레인 위스키(Grain Whisky)

맥아에 발아시키지 않은 옥수수, 호밀, 귀리 등의 곡류를 혼합하여 당화, 발효 후 패튼트 스틸로 증류하여 제조한 것으로 피트 향이 없이 부드럽고 순한 맛의 가벼운 위스키이다. 저렴한 위스키로 생산되기도 하지만 주로 블렌디드 위스키를 만드는 데 사용된다.

(3) 블렌디드 위스키(Blended Whisky)

블렌디드 위스키는 몰트 위스키와 그레인 위스키를 적당한 비율로 혼합한 것으로 현재 우리가 마시는 대부분의 위스키가 여기에 속한다. 몰트 위스키와 그레인 위스키 혼합 비율은 4:6정도이다.

(4) 버번 위스키(Bourbon Whisky)

51% 이상의 옥수수를 포함한 곡물을 이용하여 만든 증류액을 안쪽을 그을린 새 오크통에 2년 이상 저장 · 숙성시킨 위스키로 미국 켄터키 주 버번에서 생산된다.

(5) 콘 위스키(Corn Whisky)

전체 원료 중 옥수수의 비율이 80% 이상인 위스키로 향미가 약하고 부드럽다. 한 번 사용한 오크통을 재사용하거나 안쪽을 그을리지 않은 새 오크통에 저장 · 숙성시킨다.

(6) 라이 위스키(Rye Whisky)

원료 중 51% 이상의 호밀을 사용하여 증류한 것으로 그을린 새 오크통을 사용하여 숙성시킨다.

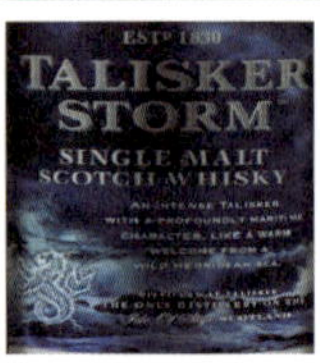

Malt Whisky

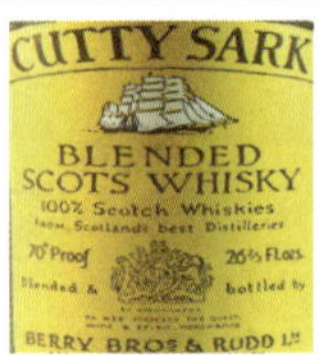

Blended Whisky

Bourbon Whisky

Corn Whisky

Rye Whisky

4. 위스키의 종류

1) 스카치 위스키(Scotch Whisky)

영국 스코틀랜드에서 제조된 위스키의 총칭으로 영국의 엄정한 법령에 따라 제조 및 출고 그리고 매도가 가능하며 곡류를 원료로 하여 발효 증류과정을 거쳐 최소한 3년 이상 통에 숙성시킨 위스키에 한하여 인정이 가능하다.

스카치 위스키는 초기에 보리만을 가지고 제조하였으나 18세기 후반부터 호밀과 밀을 위스키 제조에 사용하기 시작하였다. 스코틀랜드의 주요 위스키 생산지는 하이랜드(Highlands), 로우랜드(Lowlands), 아일레이 섬(Isle of Islay) 그리고 캠벨타운(Campbeltown) 등이다. 하이랜드는 스코틀랜드 북부 지역에 위치하며 위스키 생산량과 면적이 가장 큰 지역으로 원료로 사용하는 물이 좋고 이탄이 풍부한 유명 몰트 위스키 생산 지역이다. 그리고 캠벨타운은 예전에 약 30여 개의 증류소가 있던 곳으로 현재는 3개의 증류소가 가동 중이며 피트 향이 강한 위스키가 생산된다. 또한 로우랜드는 스코틀랜드 최남단 지역으로 곡물로 만드는 그레인 위스키 주산지이다. 끝으로 아일레이는 서남해안의 섬으로 피트 향이 강한 싱글 몰트 위스키로 유명한 산지이다. 스코틀랜드 주요 위스키 제조 브랜드는 다음과 같다.

(1) 조니워커(Johnnie Walker)

1820년 창업되어 블렌디드 위스키를 주로 생산하는 대중적인 회사로 1908년 창업주 조니 워커(Johnnie Walker)의 손자인 조지와 알렉산더 2세는 브랜드 명과 사세확장을 위해 기존 위스키의 이름을 조니 워커 레드 라벨(Johnnie Walker Red Label)과 조니 워커 블랙 라벨(Johnnie Walker Black Label) 등으로 변경하고 조부의 위업을 기리기 위해 새롭게 출시하는 위스키에 당시 일러스트레이터 톰 브라운(Tom Brown)에 의뢰하여 고안된 외눈 안경을 끼고 활보하는 창업주 존 워커의 모습을 조니 워커 위스키의 심벌마크로 탄생하게 되었다.

(2) 시바스 리갈(Chivas Rigal)

1801년 설립된 시바스 브라더스사(Chivas Brothers)의 블렌디드 위스키 제품으로 스코틀랜드 하이랜드의 스페사이드(Speyside)에 1786년 설립된 가장 오래된 증류소인 스트라스아일라(Strathisla)에서 만든 원액을 사용한다. 수십 종류의 맥아를 혼합하고, 거기에 그레인 위스키를 넣은 다음 최소 12년을 숙성시킨 위스키로 1843년 빅토리아 여왕 때 왕실 납품 위스키로 인정받았다. 알코올 함유량은 40도이며 12년산부터 25년산 위스키까지 있다.

(3) 발렌타인(Ballentine's)

세계에서 두 번째로 많이 판매되는 위스키로 1827년 농부의 아들이던 조지 발렌타인(George Ballantine)이 에드버러에 식료품점을 창업하여 위스키를 판매한 것이 그 시초이다. 스코틀랜드에는 수백만 리터의 발렌타인 위스키를 저장하는 2개의 거대한 저장고가 있는데, 그곳은 '스카치의 파수꾼'이라 불리는 100마리의 하얀 거위들이 저장고를 지키고 있는 것으로 유명하다. Finest, Limited, 12년, 17년, 21년, 30년, 40년 등의 블렌디드 위스키와 12년산 퓨어 몰트(Pure Malt)가 생산된다.

(4) 커티 삭(Cutty Sark)

17세기부터 중국에서 영국으로 홍차를 수송하는 중요한 교통수단은 범선이었는데, 그 당시 가장 빠른 범선으로 출현한 것이 시속 31.4km의 커티 삭(Cutty Sark)호였다. 커티 삭 위스키는 이 범선의 이름을 따서 1923년 설립되었으며, 스페사이드에 위치한 글렌로시스(Glenrothes) 증류소에서 원액을 블렌딩하여 제조한다. 커티 삭의 라벨 그림은 스웨덴 선원 출신의 화가 웰린(Carl Georg August Wallin)이 그린 것으로 1955년 이후 사용되고 있다. 커티 삭 위스키는 색이 연하고 맛이 라이트한 라이트 스카치이다.

(5) 그랜드 올드 파(Grand Old Parr)

올드 파는 토마스 파(Thomas Parr, 1483~1635)라는 영국인으로 150년을 살았다는 장수한 농부의 이름에서 유래하는데 그는 80세에 결혼을 하여 아들, 딸을 낳고 102세 때 유부녀 희롱죄로 10년형을 선고 받고 다시 재혼을 하여 아들을 낳았다고 한다. 그 후 151세가 되던 해 찰스1세가 왕실로 초대하여 장수를 축하해주고 남은 여생을 편히 보낼 수 있도록 도시로 불렀는데, 안타깝게도 그 다음 해인 152세에 생을 접게 되었다. 병 뒤의 라벨에는 화가 루벤스가 그린 그의 초상화가 그려져 있다. 올드 파는 맛이 부드럽고 훈연향이 좋은 위스키이다.

(6) 글렌피딕(Glenfiddich)

글렌피딕은 1886년 윌리암 그랜트(William Grant)가 설립한 회사로 스코틀랜드 하이랜드의 스페사이드에서 만드는 싱글 몰트(Single Malt)이다. 글렌피딕이란 게일어로 '사슴이 있는 골짜기'라는 뜻이다. 1887년 크리스마스에 처음 출시되었으며, 1920년대 미국의 금주법 시기에도 생산이 증가한 몇 안 되는 위스키이다. 글렌피딕의 사각형 모양의 병은 1956년 도입된 모양으로, 한스 슈레거(Hans Schleger)가 1961년 3가지 핵심 원료인 맥아, 물, 공기에서 영감을 얻어 재 디자인한 것이다. 부드러우면서도 강한 향에 피트 향의 좋은 위스키이다.

Johnnie Walker

Chivas Rigal

Ballentine's

Old Parr

Glenfiddich

2) 아이리쉬 위스키(Irish Whiskey)

아이리쉬 위스키는 가장 먼저 위스키를 제조한 오랜 역사를 가진 위스키이다. 아이리쉬 위스키는 몰트와 곡물을 각각 증류시킨 후 블렌딩하는 스카치 위스키와는 다르게 맥아즙 제조과정에서 밀, 호밀, 귀리 등을 함께 넣고 제조한다. 알코올 40%에서 유통되며 맥아 건조 시 피트(peat)를 사용하지 않고 단식증류기로 3번 증류한다. 생산량은 적지만 세계적 산지로 꼽는 이유는 위스키의 탄생지이며 양질의 위스키를 생산하고 있기 때문인데, 맛이 부드럽고 깊으며 진한 향을 가지고 있다.

유명 브랜드로는 제임슨(Jameson), 부시밀스(Bushmills), 튤러모어 듀(Tullamore Dew), 미들톤 베리 레어(Midleton Very Rare) 등이 있는데 현재 아일랜드의 위스키는 3개의 합법적인 증류소(Cooley, Bushmills, New Midleton)에서만 이루어지고 있다.

(1) 제임슨(Jameson)

제임슨은 1780년 설립된 아이리쉬 디스틸러(Irish Distillers)의 브랜드로 현재 페르노 리카(Pernod Ricard)의 자회사로 합병되었다. 존 제임슨(John Jameson)은 스코틀랜드의 사업가로 1768년 스타인 가문(Stein family)의 바우 스트리트 증류소(Bow Street Distillery) 관리자가 되면서 인연이 시작되어 증류소를 발전시켰다. 1810년 아내의 사촌이 설립한 바우 스트리트 증류소를 인수하게 되면서 존 제임슨 위스키 회사가 설립되었다. 19세기 초 한때 세계에서 가장 큰 위스키 회사였으며, 현재 세계 3위의 단일증류 위스키 회사이다. 오랜 전통의 제임슨은 부드럽고 중후한 맛의 위스키를 생산하고 있다.

(2) 올드 부시밀스(Old Bushmills)

올드 부시밀스 증류소는 1784년 북아일랜드의 앤트림 카운티(County Antrim) 부시밀스에서 정식으로 시작되었으나 1743년 초기에는 밀조주로 시작되었다고 한다. 부시밀스는 '숲속의 방앗간'이라는 뜻으로 부시강의 지류의 물을 양조에 사용한다.

Jameson

Bushmills

Tullamore Dew

Midleton Very Rare

3) 미국 위스키(American Whiskey)

미국 내에서 생산되는 위스키를 아메리칸 위스키라고 하며, 대표적으로는 켄터키주 버번(Bourbon) 지방에서 제조되는 옥수수를 주원료로 한 버번 위스키(Bourbon Whiskey)가 있다. 버번(bourbon)은 18세기 영국에 대항하여 독립전쟁을 하던 프랑스 부르봉 왕조에서 유래한다. 프랑스의 전쟁자금 지원으로 미국은 독립을 쟁취하지만 부르봉 왕조는 재정적 파탄과 혁명으로 몰락하고 만다. 그러나 미국은 프랑스의 도움을 잊지 않고 1783년 버지니아 일부 지역에 버번이라는 지명을 명명하였고, 그 후 버번 지방에 미국식 위스키를 양조하였으며, 영국 위스키와 구별하기 위해 버번 위스키라고 칭하였다.

버번 위스키는 옥수수 51% 이상(나머지는 보리와 호밀을 섞음)을 포함한 곡물을 발효, 증류하여 그을린 참나무 통속에서 2년 이상 숙성시켜 다른 위스키와 혼합하지 않은 강한 맛의 위스키이다. 또한 원료는 버번과 같으나 증류 후 단풍나무로 구운 숯으로 여과하는 특수한 공정을 거쳐 맛을 깔끔하게 만든 고급 테네시 위스키(Tennessee Whiskey)가 있고, 이 외에 80% 이상의 옥수수를 사용한 콘 위스키(Corn Whiskey), 호밀을 51% 이상 사용한 라이 위스키(Rye Whyskey) 등이 있다. 유명 브랜드는 버번 위스키인 버번 딜 럭스(Bourbon de Luxe), 빔즈 초이스(Beam's Choice), 짐 빔(Jim Beam), 올드 그랜 대드(Old Grand-Dad) 등이 있으며, 테네시 위스키인 잭 다니엘(Jack Danial's) 그리고 브렌디드 위스키로는 시그램스 세븐 크라운(Seagram's 7 Crown), 셴리(Schenley) 등이 있다.

Beam's Choice	Old Grand-Dad	Jack Danial's	Schenley	Jeremiah weed

4) 캐나다 위스키(Canadian Whisky)

캐나다에서 생산되는 위스키를 말하는데 옥수수를 주원료로 호밀, 대맥 등이 혼합된 곡물 위스키가 특징이며 맛이 부드럽고 가벼운 위스키가 생산된다. 미국의 금주법 시행의 혜택을 입어 발전하였으며 주 수출시장이 미국이기 때문에 미국인의 입맛에 부합한 블렌디드 위스키(Blended Whisky)를 생산하고 있다. 캐나다 식품의약법령에 따라 라벨에 캐나디안 위스키(Canadian Whisky), 캐나디안 라이 위스키(Canadian Rye Whisky) 또는 라이 위스키(Rye Whisky)라고 표기하는 위스키는 최소 3년 이상 숙성해야 한다. 유명 제품으로는 캐나디안 클럽(Canadian Club), 시그램즈 V.O.(Seagram's V.O.), 크라운 로얄(Crown Royal), 올드 캐나다(Old Canada) 등이 있다.

美 대표 위스키 '잭 다니엘'…알고 보니 흑인 노예의 레시피

미국의 대표적 위스키 브랜드인 잭 다니엘의 이른바 '역사 바로세우기'가 진행 중이다.

지난 25일(현지시간) 미국 뉴욕타임스는 세계적으로 사랑받는 위스키 잭 다니엘의 제조와 관련된 숨겨진 비화를 공개했다.

올해로 정확히 150주년이 된 잭 다니엘은 지난 1866년 재스퍼 뉴턴 잭 다니엘(1849~1911)이 테네시주 린치버그에 설립했다. 예나 지금이나 유럽계 기업들이 지배하는 위스키 시장에서 잭 다니엘은 특유의 맛을 앞세워 대표적인 아메리칸 위스키의 대명사가 됐다.

흥미로운 점은 잭 다니엘의 탄생 배경이다. 최근까지 공식적으로 기록된 역사는 이렇다. 어린 나이에 고아가 된 잭 다니엘은 위스키 증류소를 소유하고 있던 목사 댄 콜 집에 살며 허드렛일을 도왔다. 이후 잭 다니엘은 댄 콜로부터 특별한 위스키 레시피를 전수 받았으며, 그의 증류소를 인수해 내놓은 것이 바로 잭 다니엘이다.

그러나 이번에 공개된 진실은 특별한 위스키 제조법을 가르친 사람은 댄 콜이 아니라 니어리스 그린이라는 것. '아버지를 아버지라 부르지 못한 이유'는 그린이 콜의 흑인 노예였기 때문이다. 곧 미국의 대표적인 위스키가 흑인 노예 덕이라는 사실을 그간 떳떳하게 알리지 못했던 것이다.

노예제가 헌법에서 폐지된 1년 후 다니엘은 그린의 두 아들을 고용해 위스키 증류소를 열어 이후 성공가도를 달렸다. 언론에 공개된 이 사진에서 흰색 중절모를 쓴 잭 다니엘 옆에 있는 흑인이 바로 그린의 두 아들 중 한 명이다.

잭 다니엘의 역사가 넬슨 에디는 "창사 150주년을 맞아 이제 우리 과거에 대한 이야기를 할 때가 됐다"면서 "콜은 최고의 위스키 메이커인 그린이 잭 다니엘에게 모든 것을 가르쳤다고 기술했다"고 밝혔다. 이어 "잭 다니엘의 신화는 이렇게 시작됐으나 그린 가족의 업적은 너무나 쉽게 잊혀졌다"고 덧붙였다.

박종익 기자 pji@seoul.co.kr

출처 – 서울신문(2016.06.27.) http://nownews.seoul.co.kr/

02 브랜디

1. 브랜디의 개요

브랜디(Brandy)는 넓은 의미로는 과일을 발효한 발효주를 증류한 것을 의미하며 브랜디 앞에 과일이름을 붙여 부른다. 과일 고도주를 총칭하는 경우 오드비(Eau-de-vie)라고도 부른다. 예를 들어 살구로 만든 고도주는 애프리코 브랜디(Apricot Bland)라고 하며 코냑이나 아르마냑 같이 지역 명을 사용하지 않는 포도 증류주는 오드비드뱅(Eau-de-vie de vin)이라고 한다. 좁은 의미로는 포도를 발효한 포도주를 증류하여 숙성한 고도주를 브랜디라고 하는데 주로 식후주로 마시며, 대표적인 와인 브랜디로는 코냑(Cognac)과 아르마냑(Armagnac)이 있다. 지금의 코냑 지방은 보르도 지방에 비해 그다지 좋은 와인을 생산하는 지역이 아니였으며 항해기술이 발전하지 못했던 그 당시에는 와인이 수입항에 도착 시 변질되는 경우도 있었기 때문에 프랑스에서 와인을 많이 수입해가던 네덜란드 상인에 의해서 코냑 지방의 저급 와인을 증류할 것을 권하게 되었고 브랜디가 탄생되었다. 와인의 장기보관 외에도 증류에 의해 부피가 줄어든 와인은 상인들이 쉽게 운송할 수 있었고 특히 종량제하의 주세법 적용에 있어 부피가 준 와인 브랜디는 세금 또한 적게 부과되었다. 네덜란드어로 불에 태운 와인이란 뜻의 '브란데웨인(Brandewijn)'으로 부르다가 영국인들에 의해 영어화해서 오늘날 명칭인 브랜디(Brandy)가 되었다.

2. 브랜디의 종류

와인 브랜디 중 오랜 역사와 품질을 자랑하는 것은 프랑스의 코냑과 아르마냑이다. 코냑이 더 많이 알려져 있으나 아르마냑이 코냑보다 오래 전부터 제조되어 온 와인 브랜디이다.

1) 코냑(Cognac)

코냑지방은 와인으로 유명한 보르도의 북동쪽에 위치하는데, 코냑의 명칭은 품질과 명성을 지키기 위한 프랑스의 원산지 통제명칭법(A.O.C : Appellation d'Origine Contrôlée)에 따라 코냑지방에서 생산된 브랜디만을 코냑이라 부를 수 있으며 타지방에서 생산된 브랜디는 코냑이라는 이름을 사용할 수 없다. 코냑 제조에 쓰이는 포도 품종은 위니 블랑(Ugni blanc)이 약 90% 이상 첨가되며 그 외 폴 블랑쉬(Folle Blanche), 콜롬바드(Colombard), 쥐라송 블랑(Jurançon Blanc), 블랑 하메(Blanc Ramé), 세미용(Sémillon) 등이 첨가된다.

코냑은 포도주를 증류한 다음 품질을 높이기 위하여 몇 년에서 몇 십년에 걸쳐 리무쟁 오크 통(Limousin oak)에서 숙성한다. 증류가 완성된 후 최소한의 숙성기간은 2년 이상이 경과되어야 판매할 수 있다. 이러한 숙성기간과 품질의 등급을 표시하는 기호를 라벨에 표시하게 되는데 예를 들면 아래의 표와 같다.

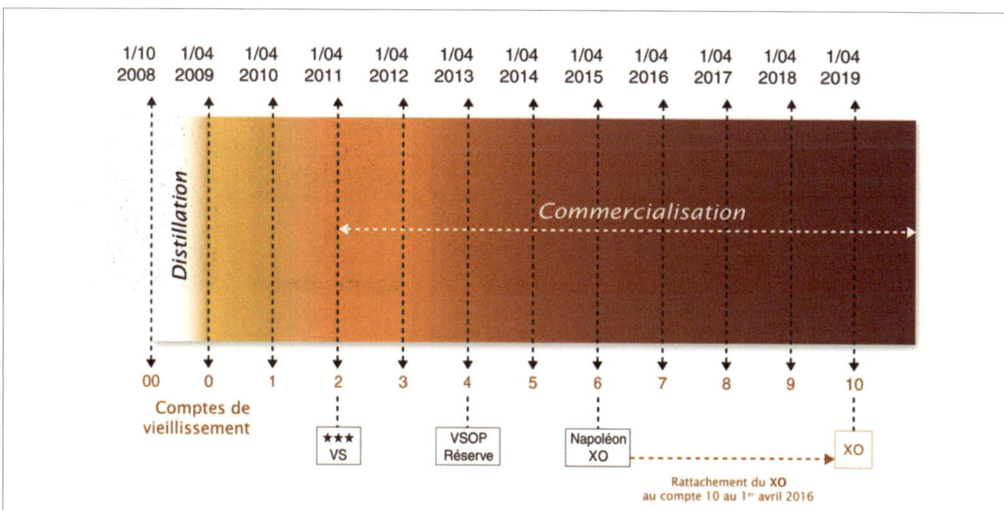

자료 – http://fr.cognac-expert.com/

[코냑의 숙성기간]

등급	최소 숙성	비고
〈V.S.〉, 〈☆☆☆〉, 〈Sélection〉, 〈de Luxe〉, 〈Grand Choix〉, 〈Surchoix〉	2년	V:Very O:Old S:Superior P:Pale F:Fine X:Extra E:Especially
〈Supérieur〉	3년	
〈V.S.O.P.〉, 〈V.O.〉, 〈Vieux〉, 〈Réserve〉	4년	
〈Napoléon〉, 〈Très Vieux〉, 〈Vieille Réserve〉, 〈Extra〉, 〈Royal〉, 〈Hors d'Âge〉	6년	
〈X.O.〉	10년	

[코냑의 등급]

어느 것은 몇 년을 꼭 숙성한 것이라고 말할 수는 없지만 코냑의 등급은 위에 적은 순서대로 별이 가장 낮은 등급이며 최소 2년 이상 숙성한 것이다. 그러나 반드시 오래 숙성한 것만이 좋은 것은 아니며, 제조회사의 기술과 공신력에 따라 좌우되며 등급에 따른 코냑의 숙성 연도는 제조회사마다 다르므로 위의 숙성기간은 절대적이지 않다.

보통 코냑시장에서 유통되는 85% 이상이 별 3개 등급에서 V.S.O.P. 등급 사이이다. 코냑에 등급 표시를 영어로 표기한 주된 이유는 코냑지방 술의 주 수입국가가 영국이었기 때문이다.

코냑지방의 유명 생산자는 헤네시(Hennessy), 마르텔(Martell), 쿠르부아지에(Courvoisier), 레미 마르탱(Remy Martin) 등 4대 생산자가 코냑 판매의 80% 이상을 차지하고 있으며, 그 외 생산자로 까뮈(Camus), 비스키(Bisquit), 오타르(Otard) 등이 있다.

Hennessy

Martell

Courvoisier

Remy Martin

Camus

2) 아르마냑(Armagnac)

아르마냑의 고향은 남부 프랑스에 위치한 가스코뉴(Gascogne) 지역으로 프랑스에서 가장 오래된 오드비(eau-de-vie) 제조 역사를 가지고 있다. 아르마냑의 기록은 14세기부터 치료제로서의 효능이 기록되어 전해지며, 처음 상품화된 시기는 랑드(Landes) 지역의 쌩

세베르(Saint-Sever)에서 1461년에 시작되었다고 한다. 이 지역은 당시 증류기술의 선도인 무어인의 지배를 받던 스페인 지방과 근접한 지리적 위치로 증류기술을 빨리 받아들였다.

아르마냑 제조는 16세기부터 19세기까지 전성기를 맞이하다가 포도나무의 뿌리를 갉아먹는 해충인 피록세라(phylloxera)에 의해 대부분 황폐화되었고 그 후 현재의 행정구역인 제르(Gers), 랑드(Landes), 로트에가론(Lot et Garonne) 등에 35,000헥타르만 남게 되었다. 이 지역은 주요 아르마냑 생산지(Bas-Armagnac, Ténarèze, Haut-Armagnac)로 분류된다. 코냑의 경우 화이트 오크통을 사용하는 반면 아르마냑은 블랙 오크통을 사용하여 색이 진하고 강한 이미지를 가진 남성적 브랜디이다. 아르마냑의 주요 생산자는 샤보(Chabot), 카스타뇽(Castagnon), 마퀴 드 몽테스키외(Marquis de Montesquieu), 쌍페(Sempé), 자노(Janneau), 마이악(Malliac) 등이다.

납작한 형태의 아르마냑 술병은 현지에서 바스크의 술병 혹은 바스케즈(basquaise)라고 부른다. 브랜디를 마실 때는 전용 글라스에 약간의 브랜디를 붓고 두 손으로 감싸 쥐며 향을 음미한 다음 조금씩 천천히 마신다. 대개 고급 브랜디는 믹스하지 않지만 칵테일을 하는 경우도 많이 있다.

Chabot	Castagnon	Sempé	Janneau	Malliac

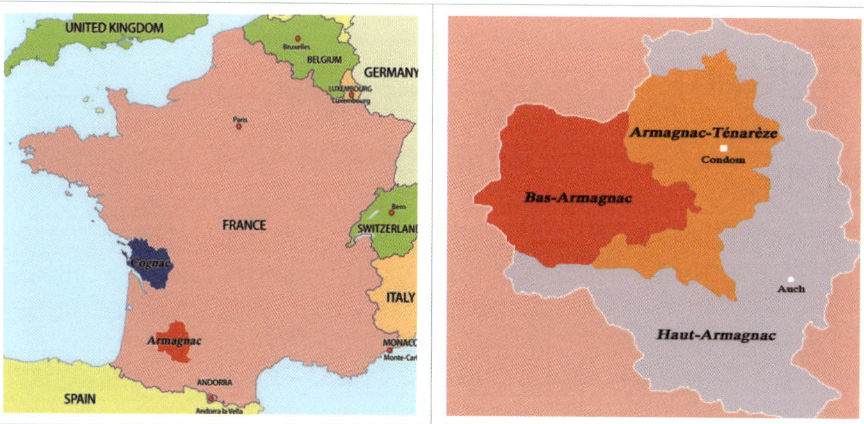

출처 – https://www.masterofmalt.com/

[아르마냑 생산지]

3) 칼바도스

칼바도스(Calvados)는 사과를 발효한 시드르(Cidre)를 증류해서 만든 애플 오드비(Eau-de-Vie)로 프랑스 원산지통제명칭법(A.O.C.)에 따라 바스 노르망디(Basse-Normandie) 지역에서 생산된 사과 증류주에 한해서 칼바도스의 명칭을 사용할 수 있다. 1L의 칼바도스를 생산하기 위해서는 약 20kg의 사과가 필요하다. 증류된 칼바도스는 오크통에서 3년에서 20년 간 숙성시킨 후 드라이하여 품질 좋은 애플 브랜디인 칼바도스가 완성된다.

그 외 브랜디에는 프랑스의 오드비 드 마르(Eau-de-Vie de Marc)와 이탈리아의 그라파(Grappa)가 있다. 모두 와인제조 공정에서 생긴 포도찌꺼기로 만든다. 이탈리아 브랜디는 12세기 경부터 와인을 증류하여 약품으로 사용했다는 기록으로 보아 그 역사가 매우 오래 되었음을 알 수 있다. 그러나 이탈리아의 경우 일반 브랜디도 생산되지만 포도찌꺼기로 만든 그라파(Grappa)가 주류를 이루며 따라서 이탈리아의 브랜디는 거의 그라파를 가리키는 말처럼 되었다.

Cidre

Calvados

Grappa

Marc

03 진(Gin)

1. 진의 개요

진은 주니퍼 베리(Juniper Berry) 향의 풍미가 나는 고도주이다. 17세기 중반 네덜란드에서 곡물로 발효한 곡주에 주니퍼 베리, 아니스(anise), 캐러웨이(caraway), 고수(coriander) 등을 첨가해 증류한 것으로 이뇨제, 위장 및 신장 약, 담석, 해열제로 효과가 좋은 약용주로 태어났다. 진의 명칭은 주니퍼(Juniper)의 프랑스어 단어인 즈니에브르(Genièvre)에서 유래하여 쥬네브(genever)라고 명명했으며 이것이 영국으로 건너가 진(Gin)이 되었다. 1689년 네덜란드의 윌리엄 3세가 영국의 국왕이 되면서 영국에 진이 소개되었고 대중적인 술로 발전하였다. 향긋한 주니퍼 베리의 독특한 맛을 지닌 영국 드라이진은 칵테일의 본고장인 미국에 건너가 칵테일의 기본주로 세계적인 명성을 얻게 되었다.

영국식 진의 제조는 옥수수, 보리, 대맥 등을 원료로 하여 발효 증류한 주정에 주니퍼 베리와 10여 가지의 각종 향료를 첨가해서 재증류한다. 그리고 네덜란드식의 제조법은 보리, 호밀 등을 발효 후 주니퍼 베리 열매와 여러 향료를 넣고 단식 증류기로 2~3회 증류하여 저장한 후 증류수로 희석한다. 진의 유명 상표로는 비피터(Beefeater), 탄카레이(Tanqueray), 봄베이(Bombay), 고든스(Gordon's), 길비(Gilbey's), 슈리히테(Schlichte), 시그램(Seagram's) 등이 있다.

Beefeater

Tanqueray

Gilbey's

Schlichte

Seagram's

2. 진의 종류

1) 네덜란드 진

네덜란드 타입은 낮은 알코올 도수로 증류함으로써 맥아의 향취가 짙고 무거운 맛과 향을 가진 타입으로, 오랜 전통을 가진 네덜란드는 진의 이름을 게네베르(Genever)라는 초기의 명칭으로 부른다. 영국 진에 비하여 강한 향기로 칵테일의 베이스로는 그다지 적합하지 않다.

2) 영국 진

영국에 진이 도입된 것은 1689년 윌리엄 3세가 영국 왕위를 계승하면서 프랑스산의 포도주와 브랜디의 관세를 인상하자 가격이 저렴하고 향과 맛이 뛰어난 진이 영국인들 사이에 널리 퍼지면서부터이다. 19세기 연속식 증류기의 완성은 깨끗하고 투명하며 부드러운 진을 탄생시켰다. 영국의 진은 원조인 네델란드 진과 구분하기 위하여 드라이 진(Dry Gin)이라고 부르게 되었다. 오늘날 영국의 드라이진 타입이 가장 많이 생산된다.

3) 미국 진

영국에서 미국으로 대서양을 건너간 드라이 진은 순하고 부드럽게 제조되어 칵테일의 기주(Base)로 널리 사용되었다. 이 밖에도 당분이 첨가된 올드 톰 진(Old Tom Gin)과 과일, 씨, 뿌리, 약초 등을 첨가한 플레이버드 진(Flavored Gin)이 있으며, 미국에서 진에 색을 내기 위해 단기간 숙성시킨 골든 진(Golden Gin)이 있다.

04 보드카(Vodka)

1. 보드카의 개요

보드카는 감자, 보리, 옥수수, 귀리, 호밀 등을 주원료로 하여 발효 후 증류주로 제조한 술이다. 증류 후 자작나무의 활성탄을 이용하여 여과를 하고 마무리 단계로 모래 층에 여과시켜 냄새가 제거된 무색, 무취, 무미에 가까운 고도주가 되기 때문에 칵테일의 기주나 차게 하여 식전주로 사용한다. 12세기 경 러시아의 농주로 시작된 보드카의 어원은 '생명의 물(Zhiezenniz Voda)'을 의미하는 단어에서 유래했다. 1930년대 말부터 보드카를 생산하기 시작한 미국은 현재 생산량에서 원산지인 러시아를 능가한다. 유명 상표로는 앱솔루트(Absolut), 핀란디아(Finlandia), 스미노프(Smirnoff), 스트리치나야(Stolichnaya), 슈타르카(Starka), 그레이 구스(Grey Goose) 등이 있다.

Absolut

Finlandia

Smirnoff

Stolichnaya

Grey Goose

2. 보드카의 종류

보드카의 종류는 원래의 전통적인 방법인 곡물을 발효 및 증류하여 활성탄으로 필터링하여 무색, 무미, 무취한 레귤러 타입의 보드카와 전통적인 보드카에 향료, 약초, 레몬 같은 과일 등을 가한 플레버드 보드카(Flavored Vodka)로 분류된다. 원산지인 러시아 외에 미국, 핀란드, 스웨덴, 영국, 폴란드, 프랑스 등 세계 많은 나라에서 생산된다. 러시아 혁명 이후 세계 여러 나라에서 생산하고 있으나 대부분 미국산 보드카가 널리 보급되고 있다. 러시아의 혹한 속에서 태어난 보드카는 추운지방에서는 차게 해서 스트레이트로 마시지만 일반적으로 과즙 음료를 비롯한 여러 가지 재료를 이용한 칵테일에 응용되는 고도주이다.

05 럼(Rum)

1. 럼의 개요

럼은 사탕수수나 사탕무를 설탕으로 가공할 때 남는 당밀을 발효 후 증류시킨 술이다. 럼의 원료인 사탕수수는 인도가 원산지로 스페인을 거쳐 카리브해의 서인도제도에 전파되었다. 17세기 경 발바도스(Barbados) 섬에 증류기술을 가진 영국인이 정착함으로써 사탕수수의 제당공정에서 설탕을 만들고 난 당분을 발효시켜 증류하게 되었다. 이것이 럼의 시초인데 이 술을 마신 원주민들이 모두 취해서 흥분했다고 하여 렘불리온(Rumbullion:큰 소동, 혼란)을 줄여 럼(Rum)으로 부르게 되었다는 설과 라틴어로 설탕을 의미하는 사카럼(Saccharum)의 어미가 남아 럼이 되었다는 설이 있다. 여기서 파생된 럼은 영어로는 럼(Rum), 프랑스어는 홈(Rhum), 서반어는 론(Ron), 포르투칼어는 홍(Rum)이라고 부른다.

럼은 초기에 제당산업이 발전한 바하마제도 및 서인도제도에서 설탕을 추출하고 남은 부산물인 당밀이 다른 곡물과는 다르게 당화과정이 필요없이 고농도의 당을 함유하고 있었기 때문에 저렴한 가격으로 증류주를 만들 수 있었다. 럼의 주요 브랜드로는 바카디(Bacardi), 마이어스(Myers's), 론리코(Ronrico), 하바나 클럽(Havana club), 론 메리토(Ron Merito), 애플톤(Appleton) 등이 있다.

Bacardi

Myers's

Ronrico

Havana club

Appleton

2. 럼의 종류

풍미가 라이트하고 무색인 라이트 럼(Light Rum:White Rum)과 짙은 갈색에 풍미가 높고 향이 풍부한 헤비 럼(Heavy Rum:Dark Rum) 그리고 중간 성격의 미디엄 럼(Medium Rum:Gold Rum)이 있다.

1) 헤비 럼(Heavy Rum:Dark Rum)

다크 럼은 당밀을 자연발효시킨 후 단식 증류한 것을 그을린 통 속에서 최소 3년간 숙성시켜 제조한 중후한 풍미와 색이 짙은 럼으로 주로 자메이카(Jamaica)에서 많이 생산된다. 주요 브랜드는 마티니크(Martinique), 트리니다드(Trinidad), 발바도스(Barbados) 등이 있다.

2) 미디엄 럼(Medium Rum : Gold Rum)

미디엄 럼은 해비 럼식으로 발효하여 연속식 증류법으로 만들거나 라이트 럼과 헤비 럼을 혼합하거나 캐러멜로 착색하여 만들기도 한다. 색은 헤비 럼과 라이트 럼의 중간인 황금색으로 주요 산지로는 프랑스령인 마티니크(Martinique)산이 유명하며 가이아나와 도미니카 등에서 생산된다. 주요 상품은 바카디 골드(Bacardi Gold), 올드 오크(Old Oak), 네그리타(Negrita) 등이 있다.

3) 라이트 럼(Light Rum : White Rum)

화이트 럼은 풍미가 가볍고 드라이하므로 칵테일용으로 많이 사용된다. 헤비 럼에 비해 단기간 발효하여 연속 증류하고 단기 숙성 저장 후 활성탄으로 여과한 후 판매된다. 쿠바, 푸에르토리코, 멕시코, 하이티, 하와이 등 여러 나라에서 생산되며 주요 상품은 바카디 라이트(Bacardi Light), 그린 아일랜드(Green Island), 올드 자메이카(Old Jamaica), 핑가 폰탈(Pinga Pontal) 등이 있다.

06 테킬라(Tequila)

1. 테킬라의 개요

테킬라는 멕시코 고유의 고도주로 멕시코 특산인 용설란의 일종인 블루 아가베(Blue Agave, tequila agave)가 성장하면 밑둥에 거대한 파인애플과 같은 원추형 열매를 채취하여 수액을 짜내 과육에 함유된 전분을 먼저 발효시켜 뿔께(pulque)라는 발효주를 만든다. 이것을 증류하여 오크통 속에서 숙성하고 정제한 것이 테킬라이다. 멕시코의 중앙고원지대에 위치한 테킬라라는 마을에서 인디언들에 의하여 처음 생산된 술로 멕시코 테킬라의 대부분은 할리스코(Jalisco)주에서 생산된다. 테킬라는 원산지명 보호선언에 따라 멕시코 5개 주인 과나후아토(Guanajuato), 나야리트(Nayarit), 타마울리파스(Tamaulipas), 할리스코(Jalisco), 미초아칸(Michoacán)주 등에서만 생산된 것을 테킬라(Tequila)라고 표기할 수 있다.

멕시코의 대중적인 증류주 메스칼(Mezcal)은 블루 아가베로 제조하는 테킬라와는 다른 종류의 용설란을 가지고 양조한다. 또한 메스칼(Mescal)은 용설란 또는 선인장의 일종이기도 하다. 테킬라는 수요가 증가함에 따라 순수하게 아가베 수액만을 사용하지 않고 다른 곡물을 첨가하여 만들기 때문에 반드시 51% 이상의 블루 아가베를 함유해야 테킬라로 인정받을 수 있으며 프리미엄급의 테킬라는 순수하게 블루 아가베만 사용하기도 한다. 유명 상표로는 사우사(Sauza), 쿠에르보(Cuervo), 마리아치(Mariachi), 오렌다인(Orendain), 유까탕(Yucatan), 엘 토로(El Toro), 그리고 페페 로페즈(Pepe Lopez) 등이 있다.

2. 테킬라의 종류

1) 블랑코(Blanco : Tequila Joven : White Tequila)

두 번 증류하여 통에 약 한 달 간 숙성한 후 활성탄으로 정제시켜 병입 판매하는 가볍고 무색 투명한 테킬라로 화이트 테킬라(White Tequila), 테킬라 호벤(Tequila Joven), 블랑코(Blanco) 등으로 부른다.

2) 레포사도(Reposado)

2개월에서 1년 정도 오크통에서 숙성한 것으로 부드러우며 향이 좋다.

3) 아네호(Añejo)

최소 1년 이상 오크 숙성하며, 1~2년 숙성한 것은 아네호(Añejo)라고 표시하고 2~4년 숙성된 것을 무이 아네호(Muy Añejo)라고 표기한다. 단식 증류기를 사용하며 향이 강하고 짙은 색이 특징이다.

Blanco　Reposado　Añejo

07 기타 증류주

1. 아쿠아비트

아쿠아비트(Aquavit)는 북유럽 스칸디나비아 지역 국가의 특산주로 아니스(Anis), 코리앤더(Coriander), 쿠민(Cumin), 회향초, 박하 등의 약초나 허브 등이 첨가된 증류주이다. 주원료로 감자가 많이 사용되고, 라틴어 생명의 물(Aqua Vitae)에서 유래하였으며, 표기법은 국가에 따라서 다르다.

15세기 초 스톡홀름의 재정보고서에 아쿠아비트라는 이름이 기록되어 있으며, 초기에는 독일과 남부유럽에서 수입한 와인을 증류시켜 제조하였고, 16세기부터 곡물을 원료로 사용하였으며, 18세기에는 신대륙으로부터 들여온 감자가 북유럽에 보급되어 양조재료로 사용하게 되었다.

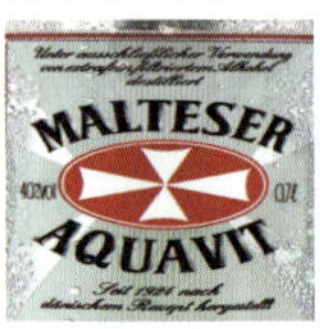

Malteser

Sommer

Linie

Krogstad

Aalborg

2. 소주

외래주이지만 가장 한국적인 서민의 대중주가 된 소주(燒酎)는 원래 곡물을 발효시켜 만든 곡주를 증류하여 이슬처럼 받아내는 술이라 하여 노주(露酒)라고 하고 화주(火酒) 또는 한주(汗酒)라고도 한다. 그리고 술의 형상에 따라 백주(白酎), 기주(氣酒)라고도 부른다. 현재 쓰이는 소주(燒酎)의 한자는 원래 '술 주'를 사용하였으나 '진한 술 주'로 변한 것은 일제시대 일본인들이 단식 증류기로 두 세 번 증류하는 조선 사람들을 본 후 '진한 술 주'의 한자를 사용하게 되었다고 한다.

증류주는 아랍의 연금술에서 나온 증류제법이 몽고를 거쳐 우리나라에 전해진 것이다. 1335년 조선반도를 침략한 몽고군은 개성, 안동 그리고 제주도에 군사기지를 설치하였고 자연스럽게 소주의 제조방법이 한반도에 전해지게 된다. 발효주에 비해 곡식이 많이 소비되는 소주는 고급주로 인식되었고 성종 때 사간인 조효동은 일반 민가에서 소주 제조를 금하는 명을 내리라는 상소를 올렸다고 한다. 당시 민가에서 소주를 만드는 방법은 솥과 솥뚜껑, 시루를 이용하였으며 판매를 목적으로 하는 주가에서는 '소주고리'라는 증류기를 사용하였다. 권력가인 상류계층에서는 쉽게 마실 수 있는 소주는 평민들에게는 특별히 약용으로 마실 수 있는 약용주였다.

조선시대 후기에는 소주의 제조, 이용이 활발해지면서 여러 가지 약재와 과실을 넣어 마시는 풍속이 생겼고 생산량 또한 증가하면서 서민들의 술로 변화해왔다. 과거 막걸리 양조장이 많았고 마포나루에서 남대문으로 짐을 나르던 짐꾼이 많았던 마포에서 소주 생산이 많았다고 전해진다.

소주는 증류식 전통 소주와 희석식 소주로 분류되는데 증류식 소주는 쌀, 보리, 고구마, 감자 등에 누룩을 첨가하여 발효 및 증류하는 것으로 여기에 약재를 넣기도 한다. 증류식 전통 소주는 1965년 쌀 소비를 억제하는 양곡정책으로 어려운 시기를 보내기도 했지만 최근 전통주 활성화 정책으로 새롭게 다양한 증류주를 선보이고 있다. 희석식 소주는 해방 이후 식량부족으로 쌀을 원료로 하는 술 제조가 금지되면서 증류식 소주가 사라지고 등장하게 된 소주이다. 희석이라는 것은 연속식 증류기를 이용해 알코올 도수를 높인 주정에 증류수를 타서 정해진 알코올 도수로 낮춘다는 뜻이다. 재래식 소주가 증류액 자체를 음용한다면, 희석식 소주는 순수한 상태의 주정에 증류수를 넣어 희석한 후 마신다는 차이가 있다. 희석식 소주는 쌀보리, 사탕수수, 당밀, 고구마, 타피오카(Manioc : 뿌리에서 추출한 전분) 등의 전분질 원료를 발효시켜 주정공장에서 대규모로 생산한 주정을 소주공장으로 가져와 정해진 알코올 농도로 희석한다. 이렇게 희석된 소주는 상품성으로서의 맛이 부족하기 때문에 설탕, 올리고당, 아스파라긴산, 포도당, 구연산, 아미노산, 솔비톨, 무기염류 등의 첨가물을 넣어서 출하하게 된다.

Beverage History

소주 : 6.25 전까지는 '여름 술'

조선시대에는 술의 종류가 200여 종이 넘을 정도로 찬란한 술문화를 형성했다.

남부지방에서는 탁주를, 북부지방에서는 소주를 많이 마셨다. 중부지방의 상류층에서는 고급 청주인 약주를 마셨다. 서울 토박이들은, "서울에서는 6 · 25 전까지만 해도 여름에만 소주를 마셨다. 해방과 전란통에 북쪽 사람들이 많이 내려와 겨울에도 소주를 마시면서 소주가 사계절용이 됐다"고 말하고 있다. 조선 정조 때 유득공이 지은 「경도잡지(京都雜志)」와 순조때 홍석모가 지은 「동국세시기(東國歲時記)」를 통해 18, 19세기까지 서울에서 마셨던 술로 두견주, 도하주, 송순주와 소곡주를 꼽고 있다.

또 약주와 소주를 섞은 과하주를 팔았다고 전한다. 과하주는 이름 그대로 여름철에 약주에 소주를 섞어 숙성시킴으로써 저장성을 높인 것이다.

출처 및 발췌 : 원융희(1999), 한의 술, 백산출판사.

Chapter 13 혼성주

01 혼성주의 개요

혼성주(Liquer)는 과일이나 곡류를 발효시킨 술을 증류한 증류주에 꽃, 약초, 향료, 과일 등을 침출물로 향미를 더한 후 단맛(설탕, 캐러멜, 꿀)을 가미하여 제조한 술이다. 색채, 감미, 향, 알코올의 조화가 밸런스를 이루는 술로 주로 식후주나 칵테일의 재료로 사용되며 소화제 또는 위장약으로서 약용효과도 있다.

리큐르(Liqueur)의 어원은 라틴어의 리케파세르(Liquefacere=녹는다)로 프랑스나 유럽에서는 리쾨르(Liqueur/Likor), 영국과 미국에서는 코디알(Cordial)이라고 하는데 코디알은 프랑스어에서 차용된 단어로 강심제 또는 기운을 북돋우는 약의 의미로 중세 라틴어의 코어(Cor)는 심장이라는 의미이다. 고대 그리스의 히포크라테스 때부터 약용으로 사용된 약주는 십자군원정을 통해 유럽에 전파된 증류주 제조방법을 사용하며 발전하였다. 13세기 지중해 아라곤왕국의 의학자인 아르노 드 빌누브(Arnaud de Villeneuve : 1240년경~1311)는 몽펠리에 의대에서 포도 증류주를 이용한 다양한 약용 강좌를 개최했으며, 근대적인 혼성주의 발전에 크게 기여하였다.

혼성주는 프랑스수도원과 베로나예수회를 통해 탄생되었으며 이탈리아 메디치가문에서는 혼성주를 수입, 음용하였다. 19세기에 이르러 연속식 증류기의 발달과 신대륙으로부터의 설탕유입과 해외로부터 다양한 향신료들이 들어오게 되면서 고품질의 혼성주가 출현하게 되었다. 액체의 보석이라고도 하는 혼성주는 프랑스에서는 15~55%의 백색 브랜디(l'eau-de-vie blanche)에 향신료를 녹인 술이라고 정의하고 있으며, 리터당 최소 250g의 설탕이 첨가된 경우 크렘(crèmes)으로 부르는데 크렘 드 카시스(crème de cassis)의 경우 리터당 400g의 설탕이 들어간다.

출처 – http://www.bookine.net/

[아르노 드 빌누브]

02 혼성주의 제조방법

1. 증류법(Distilled Process)

방향성의 물질인 식물의 씨, 잎, 뿌리, 껍질 등을 강한 주정(Spirit)에 담가서 부드럽게 우려낸 다음 고형물을 재증류하는 방법이다. 이렇게 얻은 향기가 좋은 주정에 적정량의 설탕, 시럽 등 감미료와 색료를 첨가한다.

2. 침출법(Infusion Process)

증류하면 변하기 쉬운 과일이나 약초, 향료 등을 주정에 담가서 향미가 술에 용해되면 여과하여 만드는 방법이다. 열을 가하지 않기 때문에 콜드 방식(Cold Method)이라고 하는데 일부 숙성하는 경우도 있다. 보통 가정에서 만드는 과실주와 같이 원료와 당분을 주정에 담가서 만드는데 이렇게 제조한 리큐르를 코디알(Cordial)이라고 한다.

3. 향유혼합법(Essence Process)

주정에 합성 또는 천연향료를 첨가하여 향이나 맛이 주정에 녹아들면 여과한 후 당분을 첨가하여 단맛을 내는 추출 방법이다. 이렇게 만든 리큐르는 품질은 좋지 않지만 가격은 저렴하며, 독일에서 많이 이용하는 방법이다.

03 혼성주의 종류

1. 약초 · 향초류

초기에 수도원에서 혼성주 제조 시 약초 및 향초류 재료를 가장 많이 사용하였다.

1) 크렘 드 비올레뜨(Crème de Violette)

제비꽃의 향기가 있는 자주색의 프랑스산 리큐르로 자연 또는 인공의 제비꽃잎을 브랜디나 주정을 이용해 만든 리큐르이다.

2) 크렘 디베뜨(Crème d'Yvette)

파르마 제비꽃잎에 바닐라, 블랙베리, 라즈베리, 블랙커런트, 오렌지 등을 첨가해 만든 것으로 스파클링 와인과 섞기도 한다.

3) 리꾀르 드 비올레뜨(Liqueur de Violette)

제비꽃잎으로 만든 리큐르로 크림 드 비올레뜨보다 덜 달콤하지만 향은 강하다. 레몬주스와 진이 첨가된 아비아시옹(L'Aviation) 칵테일에도 사용한다.

4) 크렘 드 망뜨(Crème de Menthe)

박하 향이 가미된 달콤한 혼성주로 무색과 초록색 두 가지가 있으며 코르시카 민트나 페퍼민트를 사용한다.

Crème de Violette	Crème d'Yvette	Liqueur de Violette	Crème de Menthe

5) 아니제트(Anisette)

미나리과에 속하는 아니스(Anise) 향이 나는 혼성주로 주로 지중해 지역에서 많이 소비된다. 단맛과 약한 산도가 있으며 얼음, 물 그리고 레몬즙을 넣어 마시기도 한다.

6) 빠스티스(Pastis)

1932년 프랑스의 폴 리카르(Paul Ricard)가 상용화한 아니스 계열의 프랑스산 리큐르로 주로 프랑스 남동부 마르세유 지역에서 많이 마시는 술이다. 아니스 열매, 감초뿌리 그리고 설탕이 첨가되며 알코올 함유량은 40%이며, 마르세유 빠스티스는 45%이다. 빠스티스는 보통 물과 5:1의 비율로 섞어 마신다.

7) 페르노(Pernod)

스타 아니스와 14종의 허브 그리고 향초로 만든 혼성주로 알코올 함유량은 40%이다. 주로 식전주로 마신다.

8) 샤르트뢰즈(Chartreuse)

1737년부터 카르투지오 수도회에서 만드는 혼성주로 130종의 허브와 약초를 사용해 생산되는 리큐르이다. 샤르트뢰즈의 명칭은 프랑스 그르노블(Grenoble)에 있는 카르투지오회(the Carthusians)의 모수도원인 그랑드 샤르트뢰즈(Grande Chartreuse)에서 유래한다. 알코올 55%의 그린 샤르트뢰즈(Green Chartreuse)와 알코올 40%의 옐로우 샤르트뢰즈(Yellow Chartreuse) 두 가지 종류가 있다.

Anisette	Pastis	Pernod	Chartreuse

9) 갈리아노(Galliano)

1896년 이탈리아에서 만든 단맛의 허브 리큐르로 이탈리아와 에티오피아 전쟁의 영웅인 갈리아노 중령의 이름에서 유래한다. 갈리아노는 스타 아니스, 지중해산 아니스, 라벤더, 페퍼민트, 시나몬, 쥬니퍼 베리, 바닐라 등 여러 가지 약초와 향초를 가미한 아름다운 디자인의 병 모양을 가진 노란색의 혼성주로 30%와 42.3% 두 가지 종류가 있다.

10) 베네딕틴(Bénédictine)

1510년 프랑스 북부 노르망디(Normandy) 페캉(Fécamp) 지역에 위치한 베네딕트 수도원의 수도사인 돔 베르나르도 뱅셈리(Dom Bernardo Vincelli)가 만든 신비의 묘약 비법이 150년 후인 1863년 한 상인이며 종교 미술품 수집가에 의해 발견되면서 만들게 되었다. 27종의 약초와 향초를 가미한 달고 중후한 맛을 지닌 리큐르이다.

11) 비앤비(B&B)

1930년대에 좀 더 드라이한 맛을 원하는 소비자 트렌드에 맞게 베네딕틴(Benedictine)과 브랜디(Brandy)를 혼합한 리큐르이다.

12) 캄파리(Campari)

1860년 이탈리아 캄파리(Gaspare Campari)에 의해 만들어진 리큐르로 강장제로 쓰이는 카스카릴라(cascarilla)와 허브로 만든 붉은 색 리큐르로 쓴맛이 나며, 식전주로 마신다.

Galliano

Bénédictine

B&B

Campari

13) 드람뷔(Drambuie)

스카치 위스키에 꿀과 허브 그리고 향신료를 배합한 리큐르이다.

14) 아이리쉬 미스트(Irish Mist)

1947년부터 아일랜드 탈라모어(Tullamore)에서 판매가 시작되었는데 숙성된 아이리쉬 위스키에 꿀과 헤더(heather), 허브, 주정 등을 배합한 리큐르이다.

15) 베르무트(Vermouth)

18세기 중후반 이탈리아에서 현대적인 베르무트주가 생산되었는데 베르무트는 오래 전부터 약용주로 전해져 왔다. 약쑥(wormwood) 등 약 35종의 향초와 약초의 꽃과 잎, 씨와 뿌리 등을 배합하여 화이트 와인에 넣어 수개월 동안 숙성시킨다. 식전주로 마시는 드라이 베르무트(Dry Vermouth)와 식후주로 마시는 스위트 베르무트(Sweet Vermouth)가 있다.

Drambuie	Irish Mist	Dry Vermouth	Sweet Vermouth

2. 과실류

1) 오렌지

(1) 퀴라소(Curacao)

베네주엘라의 북쪽 카리브해 네덜란드령인 퀴라소(Curaçao)섬에서 쓴맛의 말린 감귤류 껍질을 사용한 것이 시초가 되었다. 퀴라소섬의 감귤류는 16세기 스페인 발렌시아의 오렌지 나무를 식재한 것으로 기후에 적응을 못해 작고 쓴맛의 열매가 얼리게 되었는데 이를 퀴라소 리큐어 제조에 사용한 것이다. 쓴맛과 단맛이 강하며 무색이지만 인공색소를 넣은 블루색도 있다.

(2) 쿠앵트로(Cointreau)

1849년 제과업자인 쿠앵트로 집안에서 만든 오렌지 리큐르로 사탕무에서 추출한 알코올에 오렌지 껍질을 원료로 제조한 프랑스산 트리플 섹 계열이며, 알코올은 40%이다.

(3) 트리플 섹(Triple Sec)

19세기에 만들어진 프랑스 스타일의 오렌지 리큐르로 먼저 제조된 퀴라소 리큐르를 기원으로 한다. 식후주로 주로 마시며 다양한 칵테일에 응용된다. 알코올 함유량은 15~40%이다.

(4) 그랑 마니에르(Grand Marnier)

1880년 프랑스의 마니에 라포스톨(Alexandre Marnier−Lapostolle)이 코냑에 쓴맛의 오렌지와 설탕을 가미해 만든 프랑스산 리큐르이다. 그랑 마니에르라는 이름은 '호텔리어의 왕'이라고 칭하는 세자르 리츠(César Ritz)가 재정적 후원자인 마니에 라포스톨을 위해 만들어 주었다는 이야기가 전해진다.

Curacao

Cointreau

Triple Sec

Grand Marnier

(5) 아메르 피콘(Amer Picon)

프랑스산 식전주로 1873년 가에탄 피콘(Gaétan Picon)이 군인 시절 아프리카 알제리에서 만든 리큐르이며, 주정에 말린 오렌지, 용담, 킨키나(Quinquina), 설탕, 시럽, 캐러멜 등이 첨가된다.

(6) 만다린(Mandarine)

만다린 오렌지를 사용한 리큐르로 다양한 브랜드에서 생산된다.

2) 체리

(1) 체리 브랜디(Cherry Brandy)

주정에 신선한 체리를 넣어 만든 리큐르로 붉은 색을 띠며 싱가폴 슬링 등 다양한 칵테일에 응용된다.

(2) 피터 헤링(Peter Heering)

덴마크인 피터 헤링에 의해 1818년부터 생산된 체리 리큐르로 엘리자베스 2세 여왕에게도 납품된 혼성주이다.

Amer Picon

Mandarine

Cherry Brandy

Peter Heering

(3) 체리 마니에(Cherry Marnier)

체리를 사용한 프랑스산 리큐르로 그랑 마니에를 만든 회사에서 출시된다.

(4) 기놀레(Guignolet)

신맛의 검은색 앙주(Anjou)산 체리를 원료로 만든 프랑스 리큐르이다. 기뉴(Guigne)라는 체리를 사용한 데서 기놀레라고 부르게 되었고, 알코올 함유량은 16~18%로 주로 식전주로 마신다.

(5) 마라스키노(Maraschino)

이탈리아와 유고의 국경지대에 많이 있는 마라카스종의 작고 신맛의 마라스키노 체리를 사용하여 만든 것으로 1821년부터 만든 룩사르도(Luxardo)가 유명하다.

(6) 마라스캉(Marasquin)

마라스캉은 마라스키노 체리의 불어식 발음으로 마라스키노 체리를 사용하여 만든 프랑스산 체리 리큐르이다.

Cherry Marnier

Guignolet Kirsch

Maraschino

Marasquin

3) 작은 과실류

(1) 블랙베리 브랜디(Blackberry Brandy)

야생나무 딸기 일종인 블랙베리에 브랜디와 감미료를 첨가하여 제조한 리큐르이다.

(2) 크렘 드 카시스(Crème de Cassis)

블랙커런트(Black Currants : 까막까치밥 열매)의 열매를 분쇄 후 주정에 침전하여 맛과 향을 낸 후 설탕을 첨가한 리큐르이다. 프랑스 브르고뉴 지방의 디종(Dijon)산이 유명하며 앙주(Anjou) 그리고 다른 국가에서도 제조한다.

(3) 프레즈(Fraise)

딸기의 불어명인 프레즈를 원료로 한 프랑스산 리큐르이다.

(4) 프랑부아즈(Framboise)

나무딸기인 라즈베리(Raspberry)의 불어 명으로 나무딸기를 재료로 만든 리큐르이다.

Blackberry Brandy

Crème de Cassis

Fraise

Framboise

4) 기타 과일류

그 외 살구(Apricot Brandy), 배(Pear Brandy), 복숭아(Peach Brandy), 바나나(Crème de Banane), 멜론(Melon), 파인애플(Pineapple), 슬로베리(Sloe berry) 등으로 리큐르를 제조한다.

Apricot Brandy

Peach Brandy

Melon

Sloe Gin

3. 종자류

1) 아마레토(Amaretto)

이탈리아어로 약간 쓴맛이라는 의미의 아마레토 리큐르는 살구씨와 아몬드 등을 첨가해 만들며 다양한 알코올 브렌드가 있다. 사랑이라는 단어인 아모레(Amore)와 유사한 발음인 단맛의 아몬드 향이 나는 이탈리아 스타일 리큐르이다.

2) 크렘 드 카카오(Crème de Cacao)

코코아 씨와 바닐라 추출물에 보드카와 심플 시럽을 가미한 초콜릿 리큐르로 각 국에서 생산되며 색은 무색이나 색을 첨가해 크렘 드 카카오 브라운(Brown)을 만든다.

3) 깔루아(Kahlua)

멕시코산 커피 리큐르로 럼과 옥수수 시럽 그리고 바닐라가 첨가된 것으로 1936년부터 제조된 커피 리큐르의 대표적 상품으로 알코올 함유량은 20%이다.

4) 티아 마리아(Tia Maria)

자메이카 생산의 커피 빈을 사용해 만든 커피 리큐르로 럼과 바닐라 그리고 설탕이 첨가되며 알코올 함유량은 26.5%이다. 티아 마리아의 티아는 아주머니라는 의미로 18세기 자메이카 분쟁 중 젊은 스페인 여인의 피신에 도움을 준 그녀의 하녀 이름을 표기하여 만든 리큐르이다.

5) 아이리쉬 벨벳(Irish Velvet)

아이리쉬 위스키에 커피 맛과 설탕을 가미한 커피 리큐르이다.

		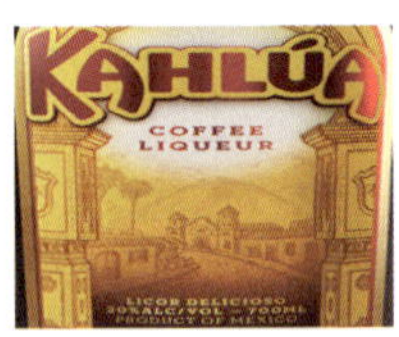	
Amaretto	Crème de Cacao	Kahlua	Irish Velvet

Chapter

14 칵테일

01 칵테일의 정의와 유래

1. 칵테일의 정의

칵테일이란 두 종류 이상의 알코올성 음료, 비알코올성 음료, 향신료, 허브 등을 혼합하여 마시는 음료를 총칭하는 것으로, 믹스드 드링크(mixed drink)라고도 한다. 또 다른 정의는 알코올 음료에 다른 술을 섞거나 혹은 과즙류나 탄산음료 또는 향료 등의 부재료를 혼합하여 만들며, 색, 맛, 향 세 가지 요소의 조화를 살린 예술적 감각의 음료라고 할 수 있다. 표준국어대사전의 사전적 의미로 보면 칵테일은 '위스키, 브랜디, 진 따위의 독한 양주를 적당히 섞은 후 감미료나 방향료(芳香料), 과즙 따위를 얼음과 함께 혼합한 술'이라고 정의하고 있으며, '섞음 술'로 순화 표기되어 있다. 칵테일은 단순히 바에서만 즐기는 음료가 아니라 때에 따라서는 식사 중의 식전주나 식후주로서의 분위기와 칵테일에 담긴 스토리만으로도 충분히 문화적 음료라고 할 수 있다.

2. 칵테일의 역사

칵테일은 혼합주로 그 유래에 대해서는 정확하지 않다. 아마도 우연히 오래 전부터 술에 다른 재료를 섞어 마셨을 것이라 생각된다. 고대 이집트에서는 맥주에 꿀, 대추, 열매 등을 섞어 마시기도 했으며, 호메로스의 일리아드에는 정확하게 무엇을 혼합했는지는 나타나지 않았지만 믹스를 해서 마셨다는 기록이 있다. 또 A.D 640년 경 중국의 당나라에서는 포도주에 말유를 첨가한 음료를 마셨고, 1180년대에 이슬람교인은 꽃과 식물을 물과 약한 알코올에 섞어 마시기도 했다. 그러나 지금과 같은 형태의 칵테일이 만들어지기 시작한 것은 1870년대 독일의 칼 폰 린데(Carl Von Linde)에 의해 암모니아 압축에 의한 인공냉동기가 발명되면서 얼음을 사용한 음료를 만들면서부터이다. 대체로 미국을 시초로 칵테일이 발전되어 온 것이라는 것이 통설이다. 1862년 미국의 제리 토마스(Jerry Thomas)는 세계 최초의 칵테일북인 「The Bar-Tender's Guide and Bon Vivant's Companion」에서 칵테일 레시피에 대해서 다루기 시작했고, 1882년에 해리 존슨(Harry Johnson)은 그의 저서 「New And Im-proved Illustrated Bartenders Manual, Or How to Mix Drinks of the Presents Style」에서 수백 가지의 레시피(recipe)들을 소개했다. 이 레시피들은 제1차 세계대전을 통해 유럽에 전파되었으며, 특히 1920년대 미국에서 금주법이 시행되면서 술을 그대로 마실 수 없게 되자 술과 과즙을 혼합한 술이 유행하게 되었는데 이것이 바로 칵테일이 발전하게 된 계기라고 할 수 있다. 또한 이 기간 동안에 많은 레시피들이 개발되었는데 대표적인 칵테일로는 스크루 드라이버(Screw Driver)와 같은 롱 드링크(Long Drinks)가 있다.

출처 – http://www.thespiritsbusiness.com/

[Jerry Thomas(미국 믹솔로지스트의 아버지)의
The Bar–Tender's Guide and Bon Vivant's Companion(1862)]

3. 칵테일 어원의 유래

칵테일 어원에 대한 유래는 여러 가지 설이 전해지고 있는데 그 중 두 가지를 소개하면 다음과 같다.

첫 번째 설은 미국 독립전쟁 당시 베치 플래너건(Betsy Flanagan)에 의해 유래된 설이다. 당시 버지니아 기병대에 '패트릭 플래너건'(Patrick Flanagan)은 입대한지 얼마 되지 않아 전사하고 말았다. 베치는 남편의 뒤를 이어 전쟁에 참여하기로 마음 먹고 부대 근처인 미국 요크타운(Yorktown) 근처에서 선술집을 운영하기 시작했다. 그녀는 특히 브레이서(bracer)라는 혼합주를 만드는 데 소질이 있어 군인들의 호평을 받았다. 그러던 어느 날 그녀는 반미 영국인 지주의 정원에 들어가 닭을 훔쳐 군인들에게 식사를 제공하고 또 닭의 깃털을 자신이 만든 브레이서 잔에 꽂아 장식하여 두었다고 한다. 그리고 여러 장교들은 그녀가 영국인 지주의 닭을 훔친 것을 성공하는 의미로 건배를 제의하였고, 한 장교가 "보다 많은 칵테일(Cocktail : 닭의 꼬리)을 위하여"라고 외치자 다른 장교들도 따라하게 되었고, 이것이 현재의 칵테일로 전해져 왔다는 것이다.

두 번째 설은 IBA(International Bartender Association)의 공식 교재에 소개된 설이다. 멕시코의 유카탄 반도 캄페체라는 항구에 영국 배가 입항했을 때 상륙한 선원들이 어느 술집에 들어갔는데 한 소년이 껍질을 벗긴 나뭇가지를 사용하여 혼합주를 만들고 있었다. 당시 영국인들은 술을 스트레이트로만 음용했기 때문에 소년에게 그 혼합주에 대하여 질문했고, 소년은 "꼴라 데 가죠(Cola de Gallo)"라고 대답하였다. 소년이 대답한 "꼴라 데 가죠(Cola de Gallo)"는 수탉의 꼬리를 의미하는 말로 소년은 자신이 들고 있던 나뭇가지가 수탉 꼬리처럼 생각되어 말했으나 영국 선원들은 'Tail of Cock'이라 부르게 되었고, 그 후 칵테일이라고 불리게 되었다고 한다.

02 칵테일의 기구와 글라스

1. 칵테일 기구

1) 셰이커(Shaker)

칵테일의 가장 상징적인 기구인 셰이커는 달걀, 크림, 혼성주, 시럽 등과 같이 혼합하기 힘든 재료를 혼합함과 동시에 빠른 시간 내에 냉각시키는 기구이다. 셰이커는 캡(Cap : 뚜껑), 스트레이너(Strainer : 여과기), 바디(Body : 몸통)의 세 부분으로 나누어진다. 그러나 캐주얼한 업장에서 프로피칼 칵테일 조주에 많이 사용하는 보스턴 셰이커(Boston shaker)는 캡과 바디만으로 이루어졌다. 재질은 유리, 은도금, 스테인리스, 플라스틱 등이다.

2) 믹싱 글라스(Mixing Glass)

믹싱 글라스는 음료의 비중이 가볍고 혼합이 잘 되는 재료의 칵테일을 만들 때 사용한다. 두꺼운 유리로 만들어진 원통형 모양의 기구로 셰이커와 같이 술을 섞을 때에도 사용하지만, 얼음과 내용물을 함께 넣고 바 스푼(Bar Spoon)으로 혼합한 후 스트레이너(Strainer)를 사용해서 거른 후 글라스에 따른다. 바에서는 셰이커 바디로 믹싱 글라스를 대신하기도 한다.

3) 바 스푼(Bar Spoon)

바 스푼은 빌드기법처럼 글라스에 얼음과 재료를 직접 넣고 저을 때나 믹싱 글라스를 사용하여 음료를 혼합할 때 젓는 기구이다. 손잡이가 길어 롱 스푼이라고도 하는데 스푼의 중간 부분은 나선형으로 음료를 저을 때 편하게 되어 있다. 끝 부분은 포크 모양으로 가니쉬를 장식할 때나 음료에 들어가는 부재료의 양을 측정하기 위한 도구로 사용된다. 띄우기 기법 사용시 재료가 서로 혼합되지 않게 해준다.

4) 스트레이너(Strainer)

스트레이너는 보스턴 셰이커(Boston Shaker)나 믹싱 글라스를 사용하여 음료를 만든 후 글라스에 따를 때 얼음 또는 기타 과일과 같은 부재료의 내용물을 걸러주는 기구이다. 글라스 림 모양의 원형 철판에 나선형 와이어(Wire)가 달려서 글라스에 스트레이너를 지지해주며 손잡이가 달려 있다.

5) 메저 컵(Measure Cup)

메저 컵은 칵테일 조주 시 음료의 양을 정확하게 측정하기 위하여 사용하는 금속제 기구이다. 양쪽으로 음료의 양을 측정할 수 있는데 1온스의 작은 부분은 포니(Pony)라고 하며, 1.5온스 부분은 지거(Jigger)라고 한다. 보통 업장에서 지거를 사용하지 않고 있는데 항상 지거를 사용하는 것이 바텐더의 기본 수칙이다.

		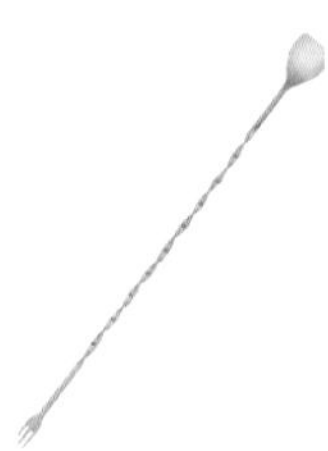	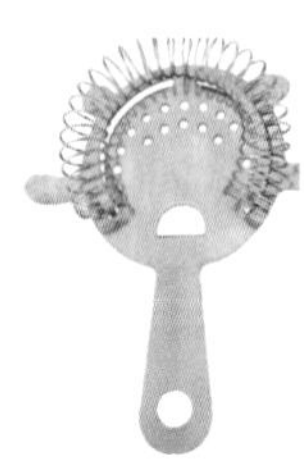	
Shaker	Mixing Glass	Bar Spoon	strainer	measure cup

6) 블렌더(Blender)

블렌더는 혼합이 잘 안되는 재료를 사용할 때나 재료를 신속하게 혼합해야 할 경우 사용하는 전동 기구이다. 트로피컬 칵테일(Tropical Cocktail)과 같이 얼음을 분쇄해야 하는 경우나 프로즌 방식의 얼음을 분쇄해서 만드는 경우 등에 사용된다.

7) 푸어러(Pourer)

푸어러는 술이나 주스병에 꽂아 재료가 한꺼번에 쏟아지는 것을 방지하고, 원하는 양이 지속적으로 나오도록 하는 역할을 한다. 리큐르나 쥬스는 당분이 많이 함유되어 있으므로 사용 후 분리해서 자주 청소해 주어야 한다.

8) 칵테일 픽(Cocktail Pick)

올리브나 체리와 같은 가니쉬(Garnish)들을 꽂아 장식할 때 사용하는데 윗부분에 우산과 같이 펼칠 수 있는 칵테일 파라솔(Cocktail Parasol)도 있다.

9) 칵테일 스터러(Cocktail Stirrers)

칵테일 스터러는 업장에서 음료를 젓는 기구로 칵테일 장식용으로 사용되기도 하는데 주로 플라스틱 제품이 많다.

10) 아이스 스쿱(Ice Scoop)

아이스 스쿱은 아이스 머신(Ice Machine)에서 얼음을 꺼낼 때 사용하는 도구로 사용 후 외부에 위생적으로 잘 보관해야 한다.

11) 아이스 텅(Ice Tongs)

아이스 텅은 아이스 버켓에서 얼음을 꺼내 셰이커나 믹싱 글라스 등에 넣을 때 사용하는 기구이다. 끝부분이 톱니 모양으로 되어 있어 얼음을 잡는 데 용이하다.

Blender	Pourer	Cocktail Pick	Cocktail Stirrers	Ice Scoop	Ice Tongs

12) 아이스 버켓(ice bucket)

아이스 버켓은 얼음을 담아 두는 기구로 아이스 텅을 사용해 얼음을 꺼내야 한다.

13) 아이스 크러셔(Ice Crusher)

아이스 크러셔는 주로 트로피컬 칵테일 제조 시 얼음을 잘게 부수거나 가는 기구로 수동식과 전동식이 있다.

14) 아이스 픽(Ice Pick)

아이스 픽은 큰 얼음 덩어리를 깰 때 사용하는 송곳 모양의 도구이다.

15) 와인 버켓(Wine Bucket)

얼음과 물을 넣은 와인 버켓(Wine Bucket)에 샴페인 혹은 화이트 와인을 넣어 빠른 시간 내에 칠링시키며 유지할 목적으로 사용되는 도구이다.

16) 스퀴저(Squeezer)

스퀴저는 오렌지, 라임, 레몬 등 과실의 즙을 짤 때 사용하는 가구로 유리, 도기로 만든 것에서 집게 모양까지 있다.

17) 코스터(Coaster)

코스터는 글라스에서 발생하는 물기를 흡수하며, 소리를 흡수하는 받침대용 기구이다. 재질로는 종이가 많이 사용되는데 외국의 주류회사나 식음료업장에서는 마케팅용으로 사용하기도 한다.

		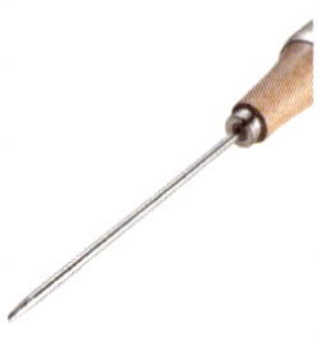			
ice bucket	Ice Crusher	Ice Pick	Wine Bucket	Squeezer	Coaster

2. 글라스 종류

모든 음료는 음용 시 글라스의 선택에 따라 음료의 맛이 다르게 느껴질 수 있기 때문에 음료의 성격과 맛과 향에 따른 적절한 글라스의 선택이 중요하다고 할 수 있다. 글라스에 따라서 시각적인 것과 기능적인 것도 중요하지만 크리스탈 글라스와 같은 고가의 글라스가 주는 투명도와 가벼움이 주는 고급스러움도 음료의 맛을 배가시켜 준다.

출처 – http://www.socialandcocktail.co.uk/

1) 샷 글라스(Shot Glass)

증류주를 스트레이트로 마실 때 사용하는 작은 잔으로 스트레이트 글라스(Straight Glass)라고도 한다. 용량은 1~2온스 정도이며, 계량컵으로도 사용된다.

2) 올드 패션드 글라스(Old Fashioned Glass)

올드 패션 글라스는 고도주를 각 얼음과 함께 차게 해서 마실 때 사용하는 글라스로 락 글라스(Rock Glass)라고도 한다. 옆으로 퍼진 원통형 글라스의 대표적인 스타일이다. 일반적인 용량은 4~8온스이며 주로 사용되는 용량은 6온스이다. 위스키에 얼음을 넣은 '위스키 언 더 락(whisky on the rock)' 같은 음료에 사용된다.

3) 하이볼 글라스(High-ball Glass)

하이볼 글라스는 원통형 모양의 글라스로 가스가 들어있는 청량음료나 하이볼 같은 음료에 주로 사용한다. 글라스의 용량은 6~10온스이며 일부는 윗부분이 약간 넓은 것도 있다. 토닉워터 혹은 미네랄워터에 스피릿(Spirit)을 믹서(Mixer)할 때 쓰인다.

4) 콜린스 글라스(Collins Glass)

콜린스 글라스는 하이볼 글라스와 형태는 비슷하지만 길이가 좀 더 길어 톨 글래스(Tall

Glass) 또는 유럽의 지붕 굴뚝 모양과 유사하다고 해서 침니 글라스(Chimmey Glass)라고도 한다. 진과 클럽소다 등으로 만든 탐 콜린스(Tom Collins)나 탄산이 많이 함유된 음료를 이용한 칵테일용 글라스로 사용한다. 글라스 용량은 10~12온스이다.

5) 칵테일 글라스(Cocktail Glass)

역삼각형 모양으로 칵테일 주조 시 가장 많이 사용하는 글라스이다. 칵테일 글라스의 용량은 약 3~6온스 정도의 사이즈이며 기본적으로 3~4온스가 널리 사용된다. 사이즈가 큰 글라스는 과일주스 등 부재료를 사용할 때 많이 이용하며, 작은 사이즈 글라스는 드라이 마티니 혹은 알코올 도수가 강한 디저트 음료에 주로 이용한다.

6) 리큐르 글라스(Liqueur Glass)

미국에서는 코디얼 글라스(Cordial Glass)라고도 하며, 1온스 정도의 용량으로 리큐르 전용 글라스이다. 푸스 카페나 달콤하고 화려한 칼라의 혼성주를 마실 때 사용한다.

7) 셰리 와인 글라스(Sherry Wine Glass)

스페인산 셰리주나 포르투갈 생산의 마데이라 또는 포트 와인을 마실 때 주로 사용하는 글라스로 용량은 2~4온스 정도이다.

8) 화이트 와인 글라스(White Wine Glass)

화이트 와인 글라스는 레드 와인 글라스보다 작게 제작하는데, 시원하게 칠링해서 마시는 화이트 와인의 특성상 온도가 올라가지 않도록 하기 위해서이다. 6~8온스 정도의 용량으로 손잡이인 스템이 있으며, 와인을 돌려서 향을 발산하기 좋게 둥근 튤립 모양이다.

Shot Glass

Old Fashioned Glass

High-ball Glass

Collins Glass

Cocktail Glass

Liqueur Glass

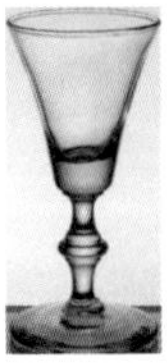
Sherry Wine Glass

White Wine Glass

9) 레드 와인 글라스(Red Wine Glass)

레드 와인 글라스는 화이트 와인 글라스에 비해 크게 만들어 와인이 글라스의 볼과 접촉하는 면적을 크게 하여 잠자던 아로마 발산을 돕는다. 지역별로 차이가 있는데 지역생산 와인 포도 품종이나 특성에 맞게 제작되어 보르도 와인은 보르도 전용 글라스에, 부르고뉴 와인도 동일하게 전용 글라스를 사용해야 와인의 맛을 보다 잘 느낄 수 있다.

10) 샴페인 글라스(Champagne Glass)

샴페인 글라스는 샴페인 소서(Saucer)와 플루트(Flute) 두 종류가 있는데, 일반적으로 샴페인 글라스라고 하면 샴페인 플루트(Cham-pagne Flute)를 지칭한다. 용량은 3~6온스로 샴페인 소서는 아메리칸 스타일을 의미하고, 샴페인 플루트는 유럽 스타일을 말한다. 탄산가스를 함유한 샴페인이나 탄산을 함유한 칵테일을 마실 때는 주로 플루트형을 사용하고 핑크레이디 같은 일반적인 칵테일의 경우 소서형을 주로 사용한다.

11) 브랜디 글라스(Brandy Glass)

브랜디는 주로 식후에 마시는 고도주로 글라스의 볼 윗부분은 좁게, 몸통부분은 둥글고 넓게 하여 향이 글라스 안에 잘 머물도록 만들어졌다. 소량을 글라스에 따라 손으로 감싸서 온도의 변화를 느끼며 시음하며 용량은 6~12온스 정도이다.

12) 필스너 글라스(Pilsner Glass)

필스너 글라스는 원래 체코의 필젠 맥주 전용 글라스로 칵테일 및 일반 맥주 글라스로도 많이 사용한다. 긴 원호모양으로 맥주의 기포를 잘 보존할 수 있으며 용량은 8~10온스이다.

13) 고블렛 글라스(Goblet Glass)

고블렛 글라스는 보통 레스토랑에서 물을 서빙할 때 많이 사용하는데 짧은 다리가 달려있는 스템드 글라스이다. 주로 얼음을 많이 사용하는 열대성 칵테일이나 맥주를 서비스 할 때 이용한다.

14) 사워 글라스(Sour Glass)

사워 글라스는 산미가 있는 위스키 사워, 브렌디 사워 같은 사워 종류의 칵테일에 주로 사용하는 글라스이다. 용량은 4~6온스로 모양은 플루트형 샴페인 글라스와 비슷하지만 글라스의 윗부분이 좀 더 열려있으며 길이는 짧다.

15) 아이리쉬 커피 머그(Irish Coffee Mug)

아이리쉬 커피 머그는 위스키가 첨가되는 아이리쉬 커피(Irish Coffee) 혹은 기타 더운 음료를 제공할 때 사용하는 글라스이다.

16) 마가리타 글라스(Margarita Glass)

잔의 가장자리가 크며 폭이 넓은 림(rim)이 있고 프로즌 칵테일용으로 많이 사용되며 쿠페트(Coupette Glass)라고도 한다.

Red Wine Glass | Champagne Glass | Brandy Glass | Pilsner Glass

Goblet Glass | Sour Glass | Irish Coffee Mug | Margarita Glass

03 칵테일의 기본 기법과 주요 칵테일

기본적인 칵테일 기법에는 직접넣기(Building), 휘젓기(Stirring), 흔들기(Shaking), 띄우기(Float & Layer), 블렌딩(Blending) 등이 있다.

1. 직접넣기

빌드(Build)법은 글라스에 직접 얼음과 재료를 따르는 가장 기본적인 칵테일 조주 기법이다. 탄산음료를 이용해서 만드는 칵테일의 경우 젓는 횟수를 적게 하며, 주스류 같은 경우는 무방하다.

1) 러스티 네일(Rusty Nail)

러스티 네일(Rusty Nail)은 '녹슨 못'이란 뜻으로 칵테일의 컬라에서 유래한다. 위스키의 강하면서 쓴맛과 꿀이 첨가된 달콤한 허브 리큐르인 드람부이(Drambuie)의 맛이 적절하게 조화된 칵테일이다. 사랑의 달콤함과 아픔 또는 인생의 쓴맛과 단맛을 표현한 의미있는 한 잔일 수 있다.

글라스 Old-fashioned Glass
재료 Scotch Whisky 1oz, Drambuie ½oz
기법 Build&Float
가니쉬 없음

만드는 방법
① 올드 패션 글라스에 각 얼음을 3~4개 정도 넣는다.
② 글라스에 위스키(1oz)를 따른다.
③ 드람부이(½oz)를 띄운다.

출처 - https://www.recettes-cocktails.fr/

2) 블랙 러시안(Black Russian)

블랙러시안(Black Russian)은 깔루아가 첨가되어 달콤한 커피맛과 보드카의 강한 맛이 혼합된 칵테일이다. 블랙러시안은 1949년 벨기에 브뤼셀의 호텔 메트로폴(Hotel Metropole) 바텐더였던 구스타브(Gustav Tops)가 만든 칵테일로 과거 냉전시절 공산국가였던 러시아의 어두움과 음흉함을 표현한 칵테일로 식후주로 마신다. 블랙 러시안에 생크림을 소량 첨가하면 화이트 러시안(White Russian)이라는 칵테일이 완성된다.

글라스 Old-Fashioned Glass
재료 Vodka 1oz, Kahlua ½oz
기법 직접넣기(Build)
가니쉬 없음

만드는 방법

① 올드 패션 글라스에 각 얼음을 3~4개 넣는다.
② 보드카(1oz)와 칼루아(½oz)를 넣는다.
③ 바 스푼으로 저어서 제공한다.

출처 – https://www.recettes-cocktails.fr/

2. 휘젓기

휘젓기(Stirring) 기법은 믹싱 글라스에 얼음과 재료를 넣고 바 스푼으로 충분히 휘젓기를 하여 내용물들이 잘 섞이고 믹싱 글라스가 차가워졌다고 생각되면, 스트레이너(Strainer)를 이용하여 냉각된 글라스에 술을 따르는 방법이다. 휘젓기를 너무 오랫동안 하면 얼음이 녹아 술이 희석될 수 있으므로 주의해서 알코올의 본래의 맛과 향이 적절히 냉각되어 최적의 온도에 음용할 수 있도록 조주해야 한다.

1) 드라이 마티니(Dry Martini)

드라이 마티니(Dry Martini) 칵테일은 단맛이 없는 식전주로 '칵테일의 왕'이라고 부른다. 진의 강렬함과 마티니의 향이 스쳐간 느낌의 깔끔함이 특징으로 다양한 조주법이 존재한다.

글라스 Cocktail Glass
재료 Dry Gin 2oz, Dry Vermouth ⅓oz
기법 휘젓기(Stir)
가니쉬 Green Olive

만드는 방법

① 칵테일 글라스에 각 얼음을 2~3개 넣어 글라스를 칠링한다.
② 믹싱 글라스에 각 얼음을 채우고 드라이 진, 드라이 버무스를 넣는다.
③ 바 스푼으로 저어준다.
④ 글라스의 얼음을 버린다.
⑤ 믹싱 글라스에 스트레이너를 사용, 얼음을 걸러 칵테일 글라스에 따른다.
⑥ 칵테일 픽을 사용해서 올리브를 장식한다.

출처 – https://www.recettes-cocktails.fr/

2) 맨해튼(Manhattan)

맨해튼(Manhattan)은 칵테일의 여왕이라고 칭하기도 하는데, 스위트 버무스의 달콤함과 버번 위스키의 강한 풍미가 밸런스를 유지하는 칵테일이다. 이 칵테일은 1870년대 초반, 윈스턴 처칠 수상의 어머니인 제롬(Jennie Jerome) 여사가 미국 대통령 선거 당시 틸덴(Samuel J. Tilden) 후보를 위해 개최한 연회에서 처음 만들었는데, 뉴욕에 있는 맨해튼 클럽(Manhattan Club)에서 열렸기 때문에 그 이름을 따서 맨해튼이라고 지칭하였다.

글라스 Cocktail Glass

재료 Bourbon Whiskey 1½oz, Sweet Vermouth ¾oz, Angostura Bitters 1dash

기법 휘젓기(Stir)

가니쉬 Cherry

만드는 방법

① 칵테일 글라스에 각 얼음을 2~3개 넣어 글라스를 칠링한다.
② 믹싱 글라스에 각 얼음을 채우고 위스키, 스위트 버무스, 앙구스트라 비터를 넣는다.
③ 바 스푼으로 저어준다.
④ 글라스의 얼음을 버린다.
⑤ 믹싱 글라스에 스트레이너를 사용, 얼음을 걸러 칵테일 글라스에 따른다.
⑥ 칵테일 픽을 사용해서 체리를 장식한다.

출처 – https://www.recettes-cocktails.fr/

3. 흔들기

흔들기(Shaking) 기법은 리큐르류, 크림, 계란, 설탕, 시럽, 과일주스 등과 같이 쉽게 섞이지 않는 재료들을 사용할 때 셰이커에 얼음을 넣은 후 먼저 기주 그리고 부재료 순으로 내용물들을 함께 넣어 흔들어 내용물들이 잘 섞이게 하여 차게 한 후 제공하는 기법이다. 칵테일 바에서 바텐더가 직접 셰이커를 흔들는 액션으로 고객에게 쇼맨쉽을 발휘할 수 있는 좋은 기법이다.

1) 브랜디 알렉산더(Brandy Alexander)

브렌디 알렉산더(Brandy Alexander)는 카카오 크림과 밀크의 부드러움이 가미되어 여성의 사랑을 받아온 칵테일이다. 1863년 영국의 국왕 '에드워드 7세'와 덴마크 왕국의 장녀 '알렉산드라'의 결혼을 기념하기 위해 만든 칵테일이라고 전해진다.

글라스 Cocktail Glass
재료 Brandy ¾ oz, Crème de Cacao(Brown) ¾ oz, Light Milk ¾ oz
기법 흔들기(Shake)
가니쉬 Nutmeg Powder

만드는 방법

① 칵테일 글라스에 각 얼음을 2~3개 넣어 잔을 칠링한다.
② 셰이커에 각 얼음 4~5개를 넣은 후 브랜디, 카카오 크림, 우유를 차례대로 넣고 셰이킹 한다.
③ 칵테일 글라스에 있는 얼음을 제거 후 셰이커의 내용물을 글라스에 따른다.
④ 넛맥 가루를 가운데 뿌려 서빙한다.

출처 – http://www.socialandcocktail.co.uk/

2) 다이키리(Daiquirí)

쿠바의 다이키리(Daiquirí) 광산 기술자가 찾아오는 친구들을 위해 조주했다는 칵테일로 쿠바의 흔한 술인 럼을 베이스로 라임주스와 설탕을 넣어 만든 청량감을 주는 칵테일로 헤밍웨이(Ernest Hemingway)가 즐겨 마시던 칵테일로 유명하다. 크러쉬드 아이스와 함께 믹스하면 프로즌 다이키리(Frozen Daiquiri)가 된다.

글라스 Cocktail Glass
재료 Light Rum 1¾oz, Lime Juice ¾oz, Powered Sugar 1tsp
기법 흔들기(Shake)
가니쉬 없음

만드는 방법

① 칵테일 글라스에 각 얼음을 2~3개 넣어 잔을 칠링한다.
② 셰이커에 각 얼음 4~5개를 넣은 후 럼, 라임주스, 설탕을 차례대로 넣고 셰이킹한다.
③ 칵테일 글라스에 있는 얼음을 제거 후 셰이커의 내용물을 글라스에 따른다.

출처 – https://www.recettes-cocktails.fr/

4. 띄우기 혹은 레이어

띄우기(Floating) 혹은 레이어(Layer)는 술이나 재료의 비중을 이용하여 층을 쌓는 방법이다. 무게가 많이 나가는 음료를 먼저 글라스에 따른 다음 가벼운 순으로 따르는데, 플로팅 하는 방법은 바 스푼을 뒤집어서 글라스 안쪽에 대고 글라스 안쪽의 먼저 따른 재료와 섞이지 않게 조심해서 천천히 집중해서 따르면 층이 만들어진다. 띄우기를 하여 만드는 대표적인 칵테일에는 푸스 카페(Pousse Café), B-52 등이 있다.

1) 테킬라 선라이즈(Tequila Sunrise)

1960년대 만들어진 칵테일로 테킬라와 오렌지주스에 붉은 색의 그레나딘 시럽을 띄워 새벽의 일출을 표현한 칵테일이다. 그룹 롤링 스톤즈(The Rolling Stones)의 보컬 믹 재거(Mick Jagger)가 1972년 멕시코 공연 방문 시 테킬라 선라이즈를 마시고 반했다는 일화가 있으며, 1988년 멜 깁슨(Mel Gibson) 주연의 영화 제목이기도 하다. 또한 그룹 이글스(Eagles)의 2집 엘범에 동명의 곡이 수록되기도 했다. 해돋이를 통해 새로운 삶의 활력을 얻는 것처럼 무엇인가 희망을 찾고 싶을 때 마시면 좋은 칵테일이다.

글라스 Footed Pilsner Glass
재료 Tequila 1½oz, Orange Juice 채우기, Grenadine Syrup ½oz
기법 Build & Float
가니쉬 없음

만드는 방법
① 필스너 글라스에 각 얼음 3~4개와 테킬라(1½oz)를 넣는다.
② 오렌지주스를 글라스의 8부를 채우고 저어준다.
③ 그레나딘 시럽(½oz)을 바 스푼을 사용, 조심스럽게 띄우기를 한다.

출처 – https://www.recettes-cocktails.fr/

2) B-52

B-52는 미국의 베트남전쟁과 이라크전에 투입되어 중요한 역할을 수행하였던 전략폭격기 이름이다. 푸스 카페(Pouse Café)와 더블어 띄우기법을 사용하는 대표적 칵테일로 소량이지만 알코올 함량이 높아 쉽게 취하는 칵테일이다. B-52 칵테일에 바카디 151(75.5%)과 같은 고도주를 올려 불을 붙여서 서빙하기도 한다.

글라스 Sherry Glass
재료 Coffee Liqueur ⅓part, Bailey's Irish Cream ⅓part, Grand Marnier ⅓part
기법 Float
가니쉬 없음

만드는 방법

① 셰리 글라스를 준비한다.
② 바 스푼 사용 전 물기를 제거하고 스푼의 뒷면을 이용하여 위의 재료를 차례대로 조심스럽게 쌓는다.

출처 – https://www.recettes-cocktails.fr/

5. 묻히기

묻히기(Rimming)는 글라스의 가장자리에 레몬을 묻힌 후 소금과 설탕을 글라스 바깥쪽 가장자리에 묻히는 기법이다.

1) 마가리타(Margarita)

마가리타(Margarita)는 스페인어로 진주 또는 데이지(Daisy)꽃을 의미하는 단어로 꽃말은 '순정'이다. 미국 LA의 바텐더였던 존 듀레서(J. Durlesser)가 그의 여자 친구 마가리타와 사냥을 나갔다가 마가리타가 오발탄에 맞아 세상을 떠나게 되자 그녀를 추모하기 위해 만들었다고 한다. 1949년 미국 칵테일 콘테스트에서 마가리타 칵테일로 입상했는데 기주로 테킬라를 사용한 것은 마가리타가 멕시코 태생이었고, 생전에 테킬라에 소금과 라임을 곁들여 즐겨 마셨기 때문이다.

글라스 Cocktail Glass
재료 Tequila 1½oz, Triple Sec ½oz, Lime Juice ½oz
기법 Shake
장식 Salt Rimming

만드는 방법
① 칵테일 글리스의 림(Rim)에 아이스 덩을 사용, 레몬즙을 바르고 소금을 묻힌다.
② 셰이커에 각 얼음 4~5개와 테킬라, 트리플 섹, 라임주스를 차례로 넣고 셰이킹 한다.
③ 글라스에 따른다.

출처 – https://www.recettes-cocktails.fr/

2) 키스 오브 파이어(Kiss of Fire)

키스 오브 파이어(Kiss of Fire)는 1955년 개최된 제5회 '일본 바텐더 경연대회'에서 1위에 입상한 칵테일로 이시오가 켄지가 만든 칵테일이다. 일본에서 유행했던 'Kiss of Fire'의 유행가 제목이기도 하며 첫사랑의 달콤함을 설탕 리밍(Rimming)으로 표현하고, 쓴맛의 베르무트와 신맛의 레몬주스의 조화로 사랑의 복잡 미묘한 마음을 잘 표현하였다.

글라스 Cocktail Glass

재료 Vodka 1oz, Sloe Gin ½oz, Dry Vermouth ½oz, Lemon Juice 1tsp(⅛oz, 3.7㎖)

기법 Shake

장식 Sugar Rimming

만드는 방법

① 칵테일 글라스의 림(Rim)에 아이스 텅을 사용, 레몬즙을 바르고 설탕을 묻힌다.

② 셰이커에 각 얼음 4~5개와 보드카, 슬로 진, 드라이 버므스, 레몬주스를 차례로 넣고 셰이킹한다.

③ 글라스에 따른다.

출처 – http://iwamoto-hiroyoshi.com/

6. 블렌딩(Blending)

블렌딩(Blending)은 기주와 과일, 주스 등의 재료와 잘게 깬 얼음을 믹서기에 같이 넣고 돌려서 만드는 기법이다. 주로 트로피칼 칵테일(Tropical Cocktails)을 주조하는 데 많이 사용된다.

섞고 보는 일본 술 문화…하이볼과 츄하이를 아시나요?

하이볼을 좋아하던 친구가 있었다. 일본으로 10개월의 짧다면 짧은 어학연수를 다녀온 그는 한국에 와서도 항상 일본문화를 그리워했다.

한국으로 돌아온 그는 술을 마실 때면 항상 일본식 선술집을 찾았다. 그날 그는 닭연골튀김과 함께 하이볼을 주문했다. 그때였다. 그의 가장 행복한 모습을 본 것은.

하이볼 한 모금을 삼킨 그는 45도 상단 허공을 바라보며 얕은 신음을 냈다. 그가 바라본 허공에는 도쿄의 마천루가 보이는 듯했다. 하이볼 한잔에 망향의 한이 풀리는 순간이었다.

“하이보루는 역시 산토리 위스키가 들어가야 해” 하이볼을 마시며 그가 유일하게 남긴 대사다.

◇ 일단 섞고 보는 일본의 주류 문화

일본에 살았거나 여행을 다녀온 사람들은 알겠지만 일본은 술의 종류가 다양하다. 단순히 종류를 말하는 것이 아니라 디테일이 다르다는 의미다.

사케를 마셔도 물을 섞으면 ‘미즈와리’, 차를 섞으면 ‘오챠와리’라고 부른다. 다양한 칵테일이 존재하고 각각 이름도 다르다. 그중 대표 격인 하이볼과 츄하이를 소개한다.

◇ 위스키와 탄산수 레몬의 조화, 하이볼

하이볼은 일본에서 주로 마시는 칵테일의 일종이다. 보통 위스키, 레몬, 탄산수가 들어간다. 흔히 위스키는 일본 브랜드 산토리의 위스키를 사용한다. 특히 ‘산토리 카쿠빈’이라는 위스키가 대중적으로 많이 사용되며 보통 이자카야에 하이볼이 있다면 ‘산토리 카쿠빈’을 사용할 확률이 높다.

하이볼의 특징이자 장점은 적당히 도수가 있지만 쓰지 않고 목 넘김이 좋으며 상큼하다는 점이다. 직접 만들어 마시기도 하지만 캔으로 나와 간편하게 마실 수 있는 제품도 있다. 일본에서 판매 중인 산토리 하이볼 캔은 알코올 함량 7%, 9% 두 종류가 있다.

우리나라에서 치킨과 맥주의 궁합을 좋아해서 ‘치맥’이라는 말이 있듯 일본에는 ‘가라아게’라는 일본식 닭튀김과 하이볼의 궁합을 일컬어 ‘가라하이보루’라는 말이 있다.

◇ 위스키 대신 소주를 넣으면 완성되는 츄하이

'츄하이'는 하이볼에서 위스키 대신 일본식 소주를 넣으면 된다. '츄하이'라는 말 자체가 소주와 하이볼의 합성어다. 대신 하이볼보다 다양한 맛을 첨가해서 종류가 매우 많다. 국내에서 흔히 알고 있는 츄하이 제품으론 '호로요이'가 있다. 복숭아, 포도, 딸기, 매실 등 수많은 제품이 출시되고 있으며 이 역시 '산토리'에서 나온 제품들이다.

국내에서는 접하기 어렵지만 인기 있는 제품으로는 '디어핑크'라는 '아사히'에서 나온 츄하이의 일종이 있다. 베이스로 위스키도 소주도 아닌 보드카가 들어간다. 복숭아, 망고 등의 맛이 있는데 특이한 맛으로는 '샹디스파클' 맛이 있다.

'샌디개프(shandygaff)'를 일본식으로 표현한 것으로 맥주와 진저에일을 혼합한 칵테일을 말한다. 알코올 함량 3%로 부담없어 빈속에 음료수 대신 마셔도 좋을 정도다.

디어핑크처럼 베이스를 보드카로 사용한 칵테일로 우리나라에서 접할 수 있는 제품은 KGB와 머드쉐이크가 있다.

이같이 쉽게 즐길 수 있는 칵테일의 일종을 RTD(Ready To Drink)나 알콜팝이라고 부른다. 일본은 이러한 주류 문화가 많이 발달되어 있다. 우리나라에서는 막걸리를 활용하여 아이싱, 미스리막걸리 등이 캔으로 출시됐지만 아직은 대중성이 부족하다. 막걸리는 탁하고 숙취가 오래간다는 이미지 때문일 수도 있고 맛이 없어서일 수도 있다.

한국에서 알콜팝이 성장하려면 취하기 위해서가 아닌, 가볍게 술자리를 갖는 문화가 선행되어야 할것 같은데 미지수다. 각 나라마다 음주문화는 역사와 전통이 깊기 때문에...

소믈리에타임즈 | 김도영 기자 beerstorm@sommeliertimes.com

출처 – http://www.sommeliertimes.com/ 소믈리에 타임즈(2015.03.13.)

Chapter 15 비즈니스와 문화

01 테이블 비지니스

인간의 무엇인가를 누구와 나누어 먹는 행위는 단순히 식욕과 배고픔을 해결하는 데 있을 수도 있지만 음식과 음료의 교류를 통해 상대방의 문화수준을 가늠하게 된다. 한국은 5,000년의 무궁한 역사를 가진 민족임에도 일제 강점기 민족문화 말살과 지난 반세기의 급격한 경제화와 사회 문화적 변화, 충격 그리고 유입기를 지나면서 그동안 간직했던 문화적 품성과 세련됨을 잊고 살아왔다.

우리는 글로벌 시대에 비즈니스나 사적 모임 또는 해외여행을 통해 세계 각국의 다양한 인종들과 교류하며 살고있다. 예를 들어 해외에서의 비지니스 미팅의 경우, 상대방이 평가하는 문화적 품격에는 차이가 있다. 하지만 숫자를 밀고 당기는 협상 테이블에서 그 나라와 당사자의 문화적 수준은 중요하지 않을 수 있다. 그렇지만 결정된 비즈니스 협상이 진정한 동반자(Compagne)로 발전되기 위해서는 식사를 겸한 만찬의 여흥 또한 중요하다. 비즈니스에서 상대방과 교감하고 교류하는 식사는 매우 중요한 일정이지만 우리에게 식사(食事)는 '밥을 먹는 일'처럼 치부되어 바쁘게 대화 없이 먹고 마시는 행위에 불과하다. 경제 발전 시기에는 이렇게 스피드하게 생존을 위한 식사도 필요하지만 글로벌 시대에 식사는 단순히 먹는 일이 아닌 깜빠뉴(Compagne), 즉 '빵을 나누어 먹는다'는 의미가 있다. 식사 중 빵과 와인을 나누어 먹고 마시면서 오랜 친구처럼 친근한 비즈니스 파트너가 될 수도 있고, 상대방 문화에 대한 몰이해로 야만인이 될 수도 있다. 프랑스에서는 상대방과 대화 중 퀼티베(Cultivé)라는 단어를 자주 언급한다. '퀼티베'란 뜻은 '교양 있는'의 의미로 동사로는 퀼티베(Cultiver)라고 하는데, 즉 '교양을 쌓다', '자기를 개발하다'는 뜻이다. 그렇다면 비즈니스나 모임에서 많은 대화가 오가는 식사 자리에서의 만남은 교양있는 문화인 간의 만남일 때 서로간의 유대감과 공감을 주고받을 수 있다.

글로벌(Global)한 만남이든 로컬(Local)한 만남이든 간에 기본적인 문화적 소양과 상대방에 대한 배려와 문화적 이해가 중요하다. 타문화를 공부하고 이해하려는 마음과 진심으로 겸손하게 대하는 노력은 상대방에게 호감을 주며, 반대로 본인이 호스트일 때 게스트의 문화적 수준을 알고 평가할 수 있는 기준도 비즈니스와 사교에서 꼭 필요하다. 우리는 경쟁력을 높이기 위해 다양한 분야에 투자하고 노력하고 있다. 그러나 실무적인 전문성도 중요하지만 문화적 경쟁력 또한 비즈니스에서는 매우 중요한 요인이 된다.

02 테이블 세팅과 식사

1. 테이블 세팅

레스토랑의 서양식 정식(Table d'hôte) 코스의 테이블 세팅에는 첨가되거나 빠지는 글라스나 접시 또는 스푼 등이 있지만 가장 기본적인 세팅은 다음과 같다.

중앙에 위치한 큰 접시인 쇼 플레이트(Show plate)의 오른쪽 방향 바깥쪽으로 육류용 나이프인 디너 나이프(Dinner Knife), 생선용 피시 나이프(Fish Knife), 수프 스푼(Soup Spoon), 애피타이저 나이프(Appetizer Knife) 순으로 세팅한다. 그 다음 쇼 플레이트의 왼쪽 방향 안에서 바깥쪽으로 디너 포크(Dinner Fork), 샐러드 포크(Salad Fork), 피시 포크(Fish Fork), 애피타이저 포크(Appetizer Fork) 순으로 놓는다. 또한 빵을 놓는 브레드 플레이트(B&B Plate : Bread&Butter)는 쇼 플레이트 왼쪽에 버터나 잼 그리고 버터 나이프와 함께 제공되며, 쇼 플레이트 바로 위에는 디저트 스푼(Dessert Spoon)과 디저트 포크(Dessert Fork)가 위치한다.

착석해서 우측 나이프 위에는 글라스가 놓이는데 스테이크 나이프와 디저트 포크가 만나는 점의 위치에 물잔(Water Goblet)이, 물잔을 중심으로 위에서부터 샴페인 글라스(Champagne Glass), 레드 와인 글라스(Red Wine Glass), 화이트 와인 글라스(White Wine Glass) 순으로 놓게 된다. 일반적으로 레드 와인 글라스가 화이트 와인 글라스보다 크기가 크므로 혼동될 때 참고하면 된다. 마지막으로 쇼 플레이트 위에 냅킨이 세팅된다. 정식 코스 식사 시에는 쇼 플레이트 양쪽으로 여러 개의 포크와 나이프가 놓이는데 바깥쪽에 있는 것부터 사용하는 것이 올바른 순서이다.

출처 – http://slavejourneys.blogspot.kr/

[테이블 세팅]

2. 식사

식사가 시작되면 쇼 플레이트 위에 세팅된 냅킨을 무릎 위에 두 겹으로 접어 올려놓는데 식사 도중 잠깐 이동 시에는 의자 위에 놓고 식사가 완전히 끝났을 때에만 테이블 위에 놓는다. 그리고 식사는 식전주로 시작되는데 주로 드라이한 스파클링 와인이 서빙되고, 식욕을 돋우는 가벼운 식전 요리로 에피타이저(Appetizer : Hors–d'œuvres)가 나온다. 에피타이저의 프랑스어인 오르 되브르(Hors–d'œuvres)는 앙트레(Entrée)와 유사어지만 두 번의 에피타이저가 나올 경우 먼저 오르 되브르가 나오고, 그 다음에 앙트레가 나오게 된다. 이어서 포타주(Potage)라는 수프가 나오며 화이트 와인과 함께 생선 요리가 제공된다. 과거 프랑스 남서부 지역은 먹고 남은 수프나 맑은 수프(Bouillon)에 진한 레드 와인을 섞어 입으로 바로 마시는 샤브호(Chabrot)라는 풍습이 있었다.

다음으로 메인 요리가 되는 육류 요리가 서비스되는데 때로는 차가운 셔벗(Sharbet : Sorbet)이 생선 요리와 육류 요리 사이에 나오기도 한다. 육류 요리는 레드 와인과 함께 제공된다. 그리고 샐러드가 나오는데 프랑스에서는 주요리의 마무리 단계로 입안을 개운하게 하는 의미로 샐러드를 먹는 데 비해 미국에서는 주요리 직전 또는 고기 요리와 함께 먹는다. 그리고 나면 보통 단맛의 디저트에 앞서서 치즈를 먹게 되는데 치즈는 여러 가지 중 선택할 수 있도록 보통 쟁반에 나온다. 마지막 단계로 디저트가 나오고 차와 커피가 서비스되며, 최종 마무리 단계로 소화 촉진용 브랜디나 리큐르를 마신다.

출처 – http://slavejourneys.blogspot.kr/

[포크와 나이프 사용 방법]

출처 – http://slavejourneys.blogspot.kr/

[식사 중의 사인] [식사 종료의 사인]

3. 주요 식사용 기물

1) 쇼 플레이트

쇼 플레이트는 자리의 중앙에 놓이는 큰 접시로 위에는 보통 냅킨이 놓여 있다.

2) 생선 포크와 나이프

서빙된 생선 요리를 먹을 때 사용하는 것으로 생선 뼈를 발라내기 쉽게 디자인되어 있다. 디너 나이프보다 작고 날카롭지 않으며, 칼날 면적은 넓은 편이다.

3) 버터 나이프

브레드 플레이트에 놓인 빵에 버터를 바르는 나이프로 보통 끝부분이 뭉툭하다. 버터 스프레드(Butter Spread)라고도 하는데 식사 중 빵은 왼쪽에 세팅되므로 오른쪽 동석자의 빵을 먹지 않도록 주의해야 한다.

4) 디너 나이프

가장 기본적인 세팅에 쓰이는 다용도의 나이프로 스테이크 같은 육류를 자를 수 있도록 날이 서 있으며 크기가 큰 편이다. 날이 날카로운 스테이크용 나이프가 제공되기도 한다.

5) 샐러드 포크

디너 포크와 유사하게 생겼으며 길이는 짧고 폭은 조금 넓다.

6) 디저트 포크

포크 중 작은 편에 속하며 포크의 갈래 수는 세 개이다.

7) 수프 스푼

수프를 먹는 스푼은 원형과 타원형이 있다. 수프를 먹을 때는 소리를 내지 않고 저으면서 천천히 먹도록 주의한다.

Dinner Knife

Fish Knife

Soup Spoon

Appetizer Knife

Dinner Fork

Salad Fork

Fish Fork

Appetizer Fork

출처 – http://espritdepays.com/

[샤브호(Chabrot)]

Global Business Manner

와인 에티켓 몰라 다된 밥에 재 뿌린 국내의 모 기업

한 한국 기업과 프랑스 대기업의 공동 프로젝트를 진행하기로 합의한 후 이를 기념하기 위해 프랑스 회사의 회장 부인이 저녁 만찬에 한국측 파트너들을 초대했다. 그런데 어찌된 일인지 이 한국기업은 만찬 다음날 아침 전화로 합의 무산을 통보 받았다. 회장 부인은 만찬을 위해 메인 요리로 한국 사람들이 좋아하는 비프스테이크를 수소문하고 비싼 와인과 버섯 등을 듬뿍 넣어 2시간 이상 소스를 손수 조리하였다. 그런데 한국측 손님들은 정성껏 준비한 소스 맛을 보기도 전에 소금과 후추를 마구 뿌려댔을 뿐만 아니라 스테이크를 썰어보기도 전에 평소 습관대로 마치 패밀리 레스토랑에 온 것처럼 에이 원 소스를 찾았던 것이다. 이를 본 회장 부인은 순간 얼굴이 굳어져 버렸다. 그래도 미국 유학 다녀왔다고 미국 대학 구내식당에서의 경험을 되살려 에이 원 소스를 주문하는 행동을 부인은 자신을 무시하는 것으로 받아들였던 것이다.

게다가 그것도 모자라 함께 온 협상팀 일원 중 한 명은 그만 마시겠다는 뜻으로 와인 잔을 엎어놓기도 했다. 이것은 상대방을 배려하지 못한 자세일 뿐만 아니라 기본 에티켓이 없는 행동이었다. "이유는 묻자 말아 주십시오"라는 게 취소 통보의 전부였다. 나중에 어렵게 전해들은 자초자종은 이랬다. 문제의 그 날 밤 회장님 댁에서 큰 부부싸움이 있었다. 부인은 회장에게 "당신이 저런 야만인들과 비즈니스를 한다는 것을 못 참겠어요. 그사람들과 비즈니스하려면 당장 나하고 이혼한 뒤에나 하세요"라고 말했던 것이다.

출처 – 김기재(2005), 성공비즈니스를 위한 와인가이드, 넥서스BOOKS.

03 비즈니스 테이블 매너와 문화

1. 비즈니스와 와인

국내의 사교나 비즈니스 관계에서는 소주나 맥주를 주로 마셨지만 몇 년 전부터는 일부계층에서 마시던 와인문화가 젊은 계층을 중심으로 대중화되고 비싼 음료로 인식되었던 와인의 거품이 빠지며 소비자의 관심과 수요를 촉진하고 있다. 와인은 친한 친구간의 교류에서는 문제가 되지 않지만 비즈니스 관계에서 호스트의 역할을 할 경우 선택하는 문제에서부터 상대방에게 서비스하는 디테일한 여러 가지 상황을 미리 생각해 보면 쉽지 않은 일이다. 와인은 가장 오래된 음료인 동시에 다양한 문화가 접목된 음료이므로 알고 준비하는 만큼 상대에게 세련된 품격과 인격이 가미된 호감을 주고받을 수 있다. 또한 각 와인 병에는 재미있는 스토리가 담겨 있기 때문에 식사 중 먹을 음식과 함께 와인에 대한 이야기의 소재를 미리 준비한다면 좋은 비즈니스 분위기를 선점할 수 있다. 비즈니스 상대와 와인을 마실 때 주의할 사항과 참고될 내용은 다음과 같다.

- 식사 중 와인은 항상 맛이 좋다고 칭찬해 준다.
- 와인을 미리 선정한 경우에는 간단한 와인 소개를 준비한다.
- 동승자와 건배 시에는 상대방의 눈을 보고 와인 잔은 자신의 눈높이까지만 올린다.
- 건배 제의는 호스트의 역할이므로 손님일 경우 감사의 표시만 한다.
- 와인의 선택은 항상 고가 와인만이 좋은 선택이 아니라 상대방에 감동을 줄 스토리가 제공되어야 한다.
- 상대방이 잔을 들면 바로 응대해 준다.
- 차가운 상태로 마시는 와인은 온도의 변화에 민감하게 신경을 써야 한다.
- 식사 중 와인을 테이스팅 자세로 임하지 않는다.
- 손을 와인 글라스 위에 살짝 올리면 와인을 그만 마신다는 표시가 된다.
- 식사 시 와인 잔은 스템(Stem) 부분을 잡는 것이 원칙이지만 볼 부분을 잡고 마셔도 된다. 매너는 상대방에 대한 배려이므로 분위기가 볼을 잡고 마시는 분위기면 상관없다.
- 와인을 따를 때는 가만히 받으면 되지만 글라스의 아랫부분인 베이스에 손을 살짝 올리고 가벼운 목례를 하면 감사의 표시가 된다.
- 와인을 따를 때 호스트의 시음이 끝나면 여자 동승자부터 와인을 따르게 한 후 시계 방향으로 따라준다.
- 와인 서빙 시 작은 글라스인 경우 1/3 정도, 대형 글라스인 경우 1/4 정도만 따른다.
- 와인을 고를 때는 병아래 펀트(Punt)가 움푹 들어간 와인을 선택하는 것이 좋다.
- 와인은 천천이 음미하면서 원샷하지 않는다.
- 상대방이 와인에 대한 지식이 많을 경우, 아는 척해서 불쾌하게 만들지 않는다.
- 와인 선택이 어려운 경우에는 소믈리에(Sommelier)에게 물어본다.
- 상대방의 와인 잔을 주시하고 권한다.
- 화이트 와인에서 레드 와인으로 바꿀 경우에는 글라스를 교체한다.

2. 비즈니스와 식사

식사를 통해 좋은 호감을 가질 수도 있고 반대로 서로가 이질적 문화를 확인하는 자리일 수도 있지만 기본적인 배려가 있다면 즐거운 시간이 될 수 있다. 식사 중 지켜야 할 기본적인 매너를 나열하면 다음과 같다.

- 직원을 호출할 때는 오른손을 가볍게 든다.
- 식사 중에는 가급적 소리를 내지 않는다.
- 비즈니스 상대방과 대화를 즐기며 먹는 속도를 맞춘다.
- 재채기와 하품은 최대한 조심하고 실수를 한 경우는 미안함을 표시한다.
- 음식을 입안에 넣은 채로 대화하지 않는다.
- 식사 중 후추나 소금 또는 소스를 함부로 첨가하지 않는다.
- 식사 중에는 가능하면 이동하지 않으며 화장실은 착석 전에 다녀오며 통신기기로 인한 대화의 방해가 없도록 주의한다.
- 식사 중 필요한 기물이 거리가 있을 때는 동승자에게 부탁하여 받는다.
- 식탁에는 상석과 일반적인 규칙이 있으므로 착석 전 미리 앉지 말고 호스트가 지정한 자리에 앉는다.
- 식사 중 본인의 신체인 머리나 얼굴을 만지지 않는다.
- 상대방의 실수는 보고 모르는 척하는 것이 상대방에 대한 배려이다.
- 냅킨은 입에 묻은 음식을 닦을 때와 핑거볼 후 물기 제거에만 사용한다.
- 실수로 기물을 떨어뜨렸을 경우 종업원에게 요구하며, 집에 초대되었을 경우 직접 주워 교체해 호스트에게 달라고 한다.
- 식사 중 상황에 적절한 건배사를 준비한다.
- 초대된 자리에서 음식에 대한 칭찬과 경의의 표시는 호스트와 서비스 종사원에게 좋은 인상을 준다.

에티켓? 매너? '팁'에 담긴 사회적 메시지

글로벌 비즈니스를 하다 보면 늘 마주하게 되는 상황이 바로 '팁'이다. 아직 팁 문화가 익숙하지 않은 우리나라 사람들에게는 팁의 규모부터 태도까지 모든 게 고민이다. 중요한 것은 문화에 따라 팁이 단순한 호의의 표현 수단을 넘어 당연히 지불해야 할 비용이 되기도 한다는 점이다. 그 나라의 팁 문화를 이해하고 그 안에 담긴 메시지를 들여다볼 필요가 있는 것이다.

계산서를 받아 들고 팁을 생각할 때 우리는 생각이 많아진다. 지갑이 두둑하고 홀쭉하고의 판단 기준을 떠나 팁에 대한 어정쩡한 태도 때문에 혼란스럽다. 너무 적게 줘서 인색한 사람으로 여겨지는 것은 아닌가, 필요 이상으로 많은 비용을 지불하는 것은 아닌가 하는 비용의 문제도 고민이다. 또 호의와 선의를 표현하는 자발성의 문제인지 아니면 당연한 일, 혹은 의무로 받아들여져 호의가 손상되는 건 아닌지도 고민된다. 이렇게 생각이 확장되면 팁은 이미 사소한 문제를 넘어 아리송하고도 뭔가 아쉬움을 남기거나 찝찝함을 남기는 문제가 되는 것이다.

이러한 고민은 세계적인 부호였던 록펠러 재단의 회장 록펠러 또한 겪었던 일이다. '석유왕'으로 성공한 후에도 단골로 다니던 식당을 바꾸지 않았던 그는 어느 날 지갑에 남은 5센트를 팁으로 주었다. 그러자 종업원은 "내가 만일 당신처럼 부자라면 10센트 때문에 쩨쩨하게 굴지 않겠다"고 말했고, 록펠러는 "부자인 나도 10센트를 아끼는데 당신에게는 10센트가 하찮은가"라고 되물었다고 한다. 록펠러 회장의 가치관을 오늘날에도 그대로 가져오는 데 과연 무리는 없을까. 팁에 대한 여러 관점들을 살펴보고 팁을 대하는 우리의 자세를 정리해 앞으로는 고민하는 시간을 줄여 보자.

◇ 팁은 매너인가? 에티켓인가? 규정인가?

팁은 매너인가, 에티켓인가에 대한 답을 하려면 먼저 매너와 에티켓에 대한 정리를 할 필요가 있다. 에티켓은 문을 열기 전 노크를 해야 한다는 것에 해당한다. 하지 않을 때는 에티켓이 없는 사람이 되는 것이다. 반면 노크를 할 때 안에서 듣는 사람을 배려해서 노크하는 소리 조절을 한다면 매너가 좋은 것으로 해석된다. 그럼 팁을 내는 것은 에티켓이 있는 것일까, 매너가 좋은 것일까? 이에 대한 답변은 사회적 변화의 흐름을 반영한다고 할 수 있겠다. 미국에서 팁은 에티켓을 지나 하나의 규정이 돼 가고 있다. 마땅히 지불해야 할 서비스 소비자의 의무이자 서비스 제공자가 받아야 할 권리로 해석된다. 이 지점에서 팁 문화가 익숙하지 않은 우리 입장에서는 반감이 생길 여지도 있다. 우리처럼 팁 문화가 크게 발달하지 않은 사회에서 팁은 만족할 만한 서비스를 제공한 사람에 대한 고마움을 표시하는 매너로 해석될 여지가 남아 있어 팁에 대한 잣대가 사회문화적으로 이해돼야 할 부분이 있다는 것을 알려 준다.

◇ 미국의 팁 문화 이해하기

미국 대부분의 서비스 종사자들은 최저 임금 이하의 시급을 받고 있다. 미국의 공정 노동법이 정한 연방 최저 임금은 7달러 선이지만 식당 종업원이 받는 시간당 임금 중간 값은 4달러 선으로 책정돼 있다. 연방 정부는 이를 보호한다는 명목으로 공정 노동법에서 규정한 최저 임금이 보장되지 않으면 나머지를 사업주가 지급해야 한다고 규정하고 있지만, 종업원이 고용주에게 그런 요구를 하기는 쉽지 않아서 팁에 생계를 의존하게 되는 것이다. 게다가 '일일 팁 기록표'를 작성하고 미국 정부는 팁을 정식 수입으로 간주해 세금을 부과하고 있다. 이런 연유에서 미국에서의 팁은 종업원 스스로가 챙겨야 하는 중요한 수입원이 된 것이고 본인들의 생계를 위해 떳떳하게 요구해야 하는 것으로 인식되고 있다. 이런 상황이라면 아무리 기부를 많이 한 록펠러라 해도 그의 근검절약의 가치가 설득력을 잃게 되는 사회적 상황인 것이다. 미국의 팁은 바로 사회경제적 약자에 대한 배려인 동시에 약자의 생계를 위해 서로 지켜야 할 룰(rule)로 자리 잡고 있다는 것을 이해하자.

사진출처 – http://www.lhotellerie-restauration.fr/

◇ 팁에 대한 룰

미국에서의 팁에 대한 룰은 조직적이랄 만큼 구체적으로 규정돼 있다. 점심 레스토랑 이용 시는 세금을 제외한 식사 값의 10~15%, 저녁 식사는 20% 정도를 테이블 위에 현금으로 두거나 카드 영수증의 팁 란에 금액을 적는다. 점심과 저녁으로 나뉘기도 하지만 레스토랑의 격으로 나눠 고급 레스토랑에서는 20% 이상은 지불한다. 뷔페인 경우에도 10%의 팁을 준다. 많은 인원이 식사를 할 경우 대부분 팁이 포함된 계산서를 가져오고 가격표에는 '그러투어티 차지(gratuity charge)' 혹은 '서비스 차지(service charge)' 항목이 있으니 팁을 두 번 주지 않도록 한다.

식사 서비스를 제외한 모든 사소한 서비스들에도 1~2달러의 팁을 지불한다고 생각하면 된다. 요청에 의해 자리를 바꿔 주거나, 기념 이벤트 진행을 도와주거나, 특별한 서비스를 제공했다면 최소한 5달러의 팁을 제공하고, 코트를 보관한다면 코트당 1달러, 우산이나 서류 가방을 함께 맡겼다면 2달러, 발레파킹을 하는 경우 1~2달러, 호텔 도어맨이 짐 내리거나 싣는 것을 도와줬다면 개당 1달러씩 지불한다. 방 청소를 하는 메이드에게는 매일 아침 베개에 1~2달러를 두는데 매일 담당 메이드가 달라지기 때문에 몰아서 주지 않도록 한다. 택시 운전사에게는 요금의 15%를 주고 혼잡한 시간에 걸려 예상보다 시간이 오래 걸렸다면 2~3달러를 가산해서 준다. 클럽이나 바를 이용할 때 "캐시 온 딜리버리(Cash on Delivery)"라고 말했다면 한 잔의 음료에 대해 1달러를 더해서 그때마다 지불하고, "탭(Tab)"이라고 했다면 마지막 전체 금액의 15~20%를 팁으로 지불한다.

◇ 여전히 남는 팁에 대한 고민

그렇다면 서비스에 대해 불만족했을 때도 팁을 줘야 할까. 미국인은 서비스에 불만이 있어도 팁은 지불하는 편인데 불만의 표시로 동전으로 둔다거나 담당 웨이터나 매니저를 불러 불만을 제기하고 정정하는 쪽을 택한다. 불만족스러운 서비스에 대해 아무런 이유를 전하지 않고 팁을 주지 않는 것은 사회적인 관례에 반하는 일이라고 생각한다.

최근에 미국에서는 한 목사가 "나는 신에게도 10%의 팁을 주는데 왜 당신에게는 18%를 줘야 하나"라는 글을 영수증에 남기고 팁 란에는 '0'을 적었다. 이 식당은 손님이 18명 이상이면 팁을 18% 주는 것으로 규정했었고 목사의 일행은 20여 명이었다. 그 영수증을 받은 종업원의 동료는 영수증을 인터넷에 올렸고 팁 주는 것을 거부하면서 종교를 들어 변명한 목사에 대한 비난 여론이 생겼다. 그만큼 팁이라는 것은 그 문화를 만든 당사자들간에도 논란이 되기도 한다.

팁의 시작은 좋은 서비스에 약간의 대가를 더하는, 호의에 대한 호의로 응답하는 매너와도 같은 것이었지만, 오늘날의 팁은 서로 지켜야 할 횡단보도의 신호 체계와 같은 규정으로 자리를 잡아가고 있다는 것은 씁쓸한 사회적 현상이기도 하다. 다만, 팁을 대하는 우리의 자세는 그곳의 문화를 존중하고 따라주는 '매너'이자 그 나라 사람들에 대한 배려라는 생각으로 고민을 마무리하면 되지 않을까.

허은아 (주)예라고 대표

자료 – 한국경제매거진, 제98호 2013년 7월

참고문헌 & 인용문헌

참고문헌 & 인용문헌

강대훈 · 김태경(2010), 음료&칵테일 실무론, 현학사.
고종원 · 김기환 · 김재희 · 이정훈 · 홍정화(2013), 세계 와인과의 산책, 대왕사.
고치원 · 유윤종(1999), 칵테일 교실, 동신출판사.
구현철 · 고종원(2004), 국제매너와 에티켓, 대왕사.
김경숙(1999), 음료 · 주장관리, 대왕사.
김기재(2005), 성공비즈니스를 위한 와인가이드, 넥서스BOOKS.
김상진(1999), 음료 서비스 관리론, 백산 출판사.
김영준(2007), 신의 물방울 와인문화의 이해와 실무, 새로미.
김의근 · 이정실(2000), 주장관리론, 대왕사.
김종태(2000), 우리나라 차 산업의 현황과 전망, 차문화, 5~6월호.
김준철(1994), 국제화시대의 양주상식, 노문사.
김준철(1997), 와인 알고 마시면 두 배로 즐겁다, 세종서적.
김준철(2003), 와인, 백산출판사.
김희수 · 전홍진(2003), 생활 속에서 만나는 와인 이야기, 시공사.
동아사이언스(2015.08.17.), '잃어버린 효모의 기원을 찾아서', 강석기 과학 칼럼.
두산세계대백과
레저산업진흥연구소(2008), 호텔용어사전, 백산출판사.
류철, 최성만(2005), 와인 이야기, 현학사.
마이클 슈스터(2007), 와인 테이스팅의 이해, 바롬웍스.
매일신문(2010.7.31.) [전통주, 세계화의 길을 묻다] ④ 김천 과하주.
문준용(2004), 커피와 차, 현암사.
박광순(2002), 홍차 이야기, 도서출판 다지리.
박영배(2001), 호텔 · 외식산업 음료 · 주장관리, 백산출판사.
박영배(2012), 커피&바리스타, 백산출판사.
박한표(2005), 글로벌문화와 매너, 한울출판사.
서울신문(2016.06.27.), 美대표 위스키 '잭 다니엘'…알고보니 흑인 노예의 레시피.
서진우(2005), 조주기능사, 기문사.
서한정 편역(2003), 와인 에센셜, 아카데미북.
손지호(2003), 와인, 대원사.
스테판 멜리시오르 뒤랑 · 알랭 스텔라 · 카트린 동젤 · 키티 차 상마니(2000), 창해ABC북/차, 창해.
신재영 · 윤용보 · 원갑연(2000), 외식서비스론, 기문사.
심경숙 · 최영준(1999), 음료 · 주장관리, 대왕사.
씨그램 스쿨(1997), Bartender Manual.
씨그램 스쿨(2001. 4), Bartender Manual
알랭 스텔라(2000), 커피, 창해.
약사공론(2016.12.20.), 약사의 손에서 탄생한 콜라, 알고 계셨나요.
영남일보(2013.5.10.), [酒유천하 – 경북의 술을 찾아서 4] 400년 역사의 김천 '과하주'.
오교성 · 김병숙 · 신형섭 · 이성희(2002), 조주 이론과 실무, 백산출판사.
원융희(1993), 음료 · 주장관리, 형설출판사.

참고문헌 & 인용문헌

원융희(1999), 한의 술, 백산출판사.
원홍석 · 전현모 · 권지영(2012), 와인과 소믈리에, 백산출판사.
유경민 · 박원수(2004), 식음료실무, 대왕사.
유도재 · 최병호(2013), 호텔식음료실무론, 백산출판사.
이상희(2012), 음료학 개론, 새로미.
이석현 · 김의겸 · 김종규 · 김학재 · 김선일(2007), 조주학개론(현대 칵테일과 음료이론), 백산출판사.
이종기(1997), 술, 술을 알면 세상이 즐겁다, 도서출판 한송.
이종학(2010), 술과 장미의 나날, 시공사.
이주호(1999), 이제는 와인이 좋다, 바다출판사.
이준재(2007), 칵테일 주장관리실무, 대왕사.
이진수 · 이진미(2008), 찻잎 속의 차, 이른 아침.
장 루이 스파르몽 · 장 클로드 콜랭 · 크리스티앙 드글라(2000), 창해ABC북/맥주, 창해.
장인식(2007), 조주기능해설, 기문사.
장홍(1998), 문화를 포도주 병에 담은 나라 프랑스, 도서출판 고원.
정동호 · 윤백현 · 이영희(2012), 茶생활문화대전, 홍익재.
정수경 옮김(2001), 오즈 클라크의 와인 이야기, 푸른길.
정은숙(2010), 막걸리 기행, 한국방송출판(주).
조영현(2012), The WINE, 백산출판사.
차석빈 · 허윤정(2003), 펼치면 매너가 보인다, 현학사.
최성일(2008), Coffee Training, 커피문화원.
최성희(2002), 우리 차 세계의 차 바로알고 마시기, 중앙생활사.
최인섭 편저(2002), 프랑스 조리실무용어, 대왕사.
최인섭 · 강영욱(2008), 주장관리론, 대왕사.
케빈 즈랠리(2013), 와인 바이블, 한스미디어.
한국경제매거진, 에티켓? 매너? '팁'에 담긴 사회적 메시지, 제98호 2013년 7월.
한국바&레스토랑마스터협회(2012), 커피바리스타 마스터, 한올출판사.
한국식품과학회(2008), 식품과학기술대사전, 광일문화사.
한국커피교육협의회(2008), 바리스타 자격시험 예상문제집, 월간COFFEE.
한복진(2005), 우리가 정말 알아야 할 우리 음식 백가지 1, 현암사.
한복진, 신현섭 옮김(2001), 한손에 잡히는 와인, Cookand.
허용덕 · 허경택(2009), 와인&커피 용어해설, 백산출판사.
홍영택 · 최태영(2000), 실무 칵테일 백과, 심지사.
뉴스1코리아(2016.11.07), 최종일의 [세상곰파기] 스리랑카 홍차 '독립' 뒤엔 고집스러운 한 장인의 40년 투쟁이.
머니위크(2013.6.19.), 누룩서 역작 빚은 배상면의 '도전 60년'.
소믈리에 타임즈(2015.3.13.), 섞고 보는 일본 술 문화…하이볼과 츄하이를 아시나요?
시선뉴스(2016.9.6.), [시선★피플] 세계에 커피문화를 전파한 스타벅스 CEO '하워드 슐츠'.
주간경향(2014.10.07.), [와인기행] 말벡의 고향 카오르의 블랙와인.
주간동아(2016.11.30.), "담백한 우리 음식과 잘 어울려요".
중앙시사매거진(2016.5.23), 이석우의 와인 이야기(2) 평론가들 점수 왜 다른가.

참고문헌 & 인용문헌

중앙시사매거진(2016.6.20.), [컬트와인의 효시 '그레이스 패밀리 빈야드'의 딕 그레이스]
조선비즈(2012.12.17.), 제품에 녹아든 예술… 기업가치 높이는 '효자' 마케팅.
CEO스코어데일리(2016.7.26.), 국내 주류업계, '쪼개고 뭉치기' 역사.
Broom, Dave(1998), The Connoisseur's Book of Spirits & Cocktails, Cariton Books.
Christian Flaceliere(1999), 100 menu autour d'un Vin, Solar.
Ed McCarthy et Mary Ewing–Mulligan(1998), Le vin pour les nuls, Sybex.
Gérard Debuigne(1992), Dictionnaire des vins, Larousse.
P. Dussert–Gerber(1992), Guide des Vins d'Europe, Alain Michel.
Peter Hohrmann(2001), The Bartender's Guide, Salamander Books, Ltd., 2001.
https://en.wikipedia.org/
http://www.coffeecrossroads.com/
http://www.camanoislandcoffee.com/
http://www.istitutoitalianocaffeologia.it/
http://www.theroasterie.com/
http://www.swsbm.com/
http://cubicocoffee.com/
http://nutscoffee.com/wp–content/
http://2.bp.blogspot.com/
http://www.bunn.com/
https://www.groupon.sg/
https://www.behance.net/
http://www.gaggia.com/
https://www.dutch–coffee.nl/
http://expresso.cultureforum.net/
https://www.turkishcoffeeworld.com/
http://www.sisunnews.co.kr/news/
https://fr.wikipedia.org/
http://expresso.cultureforum.net/
http://www.hankyung.com/
https://encykorea.aks.ac.kr/
http://www.goodasgold.com/
http://www.betterbeverage.co.uk/
http://www.palaisdesthes.com/
http://news1.kr/
http://www.hainaut–terredegouts.be/
http://www.microbrewery.or.kr/
http://www.moreaboutadvertising.com/
http://newatlas.com/
http://www.ceoscoredaily.com/

참고문헌 & 인용문헌

http://www.koreawine.co.kr/
http://koreasool.co.kr/
http://www.moonbaesool.co.kr/
http://www.leegangju.co.kr/
http://www.andongsoju.com/
http://www.le-vin-pas-a-pas.com/
https://lecon-de-vigne.fr/
http://www.chateau-mouton-rothschild.com/
http://www.diogene-atmosphere.com/
http://cave-coupe-dor.eklablog.com/
http://wine-academy.wiine.me/
http://winefolly.com/
http://wakawakawinereviews.com/
http://www.wine-family.com/
http://www.conchaytoro.com/
http://elportaldemendoza.com/
http://www.conchaytoro.com/
http://wakawakawinereviews.com/
http://www.lopezdeheredia.com/
https://lagendaduvin.com/
http://weekly.donga.com/
http://photo.le-bourguignon.fr/
http://www.hainaut-terredegouts.be/
http://www.nadalie.com/oak-wood-toasting.php
http://wine-and-bubbles.com/
https://www.le-vin-pas-a-pas.com/
https://venividivinoitaly.com/
http://bartendersassociation.com/
http://jmagazine.joins.com/
http://www.vin-vigne.com/
https://quentinsadler.wordpress.com/
http://urbinavinos.blogspot.kr/
http://maggieswine.com/
http://www.vin-vigne.com/
http://www.allfranceinfo.com/
http://goutaste.com/
http://jacksonvillewineguide.com/
http://finewineconcierge.com/
http://www.tante-emma-laden.fr/

참고문헌 & 인용문헌

http://biz.chosun.com/
http://www.wine-searcher.com/
http://www.blogyourwine.com/
http://www.grapesandgrainsnyc.com/
https://www.nicks.com.au/
https://wineandi.wordpress.com/
http://weekly.khan.co.kr/
http://www.wine21.com/
http://www.fouduvin.ca/
http://www.riedel.com/
http://technoresto.org/
http://www.boozenews.com/
http://www.hainaut-terredegouts.be/
http://design-your-dreams.over-blog.com/
http://jmagazine.joins.com/
https://champagnewhisky.com/
http://whiskey-frog.de/
http://fr.cognac-expert.com/
https://www.masterofmalt.com/
http://www.bookine.net/
http://www.thespiritsbusiness.com/
http://www.socialandcocktail.co.uk/
https://www.recettes-cocktails.fr/
http://www.socialandcocktail.co.uk/
http://iwamoto-hiroyoshi.com/
http://www.sommeliertimes.com/
http://slavejourneys.blogspot.kr/
http://espritdepays.com/
http://www.lhotellerie-restauration.fr/
http://www.songhwa.co.kr/

최인섭

· 프랑스 국립 Toulouse 대학교 석사(MAITRISE)
· 프랑스 국립 Toulouse 대학교 초급박사과정(D.E.A)
· 프랑스 국립 Toulouse 대학교 박사(DOCTORAT NOUVEAU REGIME)
· 프랑스 파리 L'Ecole Le Cordon Bleu 수학
· 프랑스 파리 Ritz-Escoffier Ecole de Gastronomie Française 수학
· AHLA(미국호텔협회) 인증 Wine Sommelier
· CIVB Bordeaux Wine Course 수료
· 현, 극동대학교 호텔관광경영학과 교수

Beverage, Culture & Business Manners

2017년 1월 25일 초판 인쇄
2017년 1월 30일 초판 발행

저　　자 최인섭
발 행 인 배영환
발 행 처 도서출판 현우사
등록번호 제10-929호
주　　소 서울시 영등포구 영중로 138-1(영등포동 8가 80-2) 드림프라자 B 901호
Tel 02) 2637-4806, 4863 Fax 02) 2637-4807
홈페이지 www.hyunwoosa.co.kr
E-mail okpress1208@naver.com
정　　가 18,000 원
I S B N 978-89-8081-490-9 93590

불법복사는 지적재산을 훔치는 범죄행위입니다.
저작권법에 의하여 무단전재와 무단복제를 금합니다.
이를 위반할 시에는 처벌을 받게 됩니다.